'शासितों' की राजनीति

विश्व की लोकप्रिय राजनीति पर विचार

'शासितों' की राजनीति

विश्व की लोकप्रिय राजनीति पर विचार

पार्थ चटर्जी

अनुवाद

कुँवर प्रांजल सिंह

वाणी प्रकाशन

प्रकाशन के उत्कृष्टतम 62 वर्ष

सजिल्द प्रथम संस्करण : 2025

vaniprakashan.com

वाणी प्रकाशन

4695, 21-ए, दरियागंज, नयी दिल्ली-110 002

फ़ोन : + 91 11 23273167, 23275710

शाखाएँ

अशोक राजपथ, पटना-800 004, बिहार

कॉफ़ी हाउस कैम्पस, महात्मा गांधी मार्ग, प्रयागराज-211 001, उत्तर प्रदेश

महात्मा गांधी अन्तरराष्ट्रीय हिन्दी विश्वविद्यालय, वर्धा-442 001, महाराष्ट्र

sales@vaniprakashan.in

vaniprakashan@gmail.com

'Shasiton' Ki Rajniti

by Partha Chatterjee

Translated by Kunwar Pranjal Singh

ISBN : 978-93-6944-641-4

Sociology/Politics

मूल्य : ₹ 695

जी.एस. ऑफ़सेट, दिल्ली-110 095 में मुद्रित

वाणी प्रकाशन का लोगो मक़बूल फ़िदा हुसैन की कूची से

भूमिका

नवम्बर 2001 में लियोनार्ड हेस्टिंग्स स्कोफ़ मेमोरियल व्याख्यान देने के लिए मैं कोलम्बिया विश्वविद्यालय की विश्वविद्यालय सेमिनार समिति और विशेष रूप से रॉबर्ट बेलकनैप के प्रति आमन्त्रित करने के लिए आभार व्यक्त करता हूँ। यह वास्तव में कोलम्बिया संकाय के उन प्रतिष्ठित सदस्यों का सम्मान था जो मुझसे पहले ये व्याख्यान दे चुके थे। मैं विशेष रूप से अकील बिलग्रामी, निकोलस डर्क्स, एडवर्ड सईद और गायत्री चक्रवर्ती स्पिवाक का व्याख्यानों में उनके गर्मजोशीपूर्ण और उदार परिचय के लिए और मेरे कई छात्रों सहित श्रोताओं का, उसके बाद हुई चर्चाओं में उनकी उत्साही भागीदारी के लिए आभारी हूँ। व्याख्यानों को प्रकाशन के लिए तैयार करते समय, मैंने अपने श्रोताओं द्वारा उठाये गये कई प्रश्नों का ध्यान रखा है।

मुझे यह अवश्य स्वीकार करना चाहिए कि संयुक्त राज्य अमेरिका के न्यूयॉर्क में और व्याख्यान से पहले के हफ़्तों में हमारी बदक़िस्मत दुनिया में जो कुछ हुआ था, उसकी विशाल छाया के तहत बोलना थोड़ा कठिन था। मैं किसी शानदार ज्ञानोदय की पेशकश का दावा नहीं कर सकता, और निश्चित रूप से दुनिया की कठिन समस्याओं का कोई जादुई समाधान नहीं दे सकता। तब मैंने अपने दर्शकों के सामने जो लाने की आशा की थी, और अब मैं अपने पाठकों के सामने जो पेश करने की उम्मीद करता हूँ, वह एक निश्चित समझ है, चाहे वह कितनी भी धुँधली और अनिश्चित क्यों न हो, वह अधिकांश लोगों की ऊर्जा और आकांक्षाओं की प्रेरणा है। यह ऐसी दुनिया है जिससे अधिकांश लोग परिचित हैं और मैं किसी विशेषाधिकार प्राप्त अन्दरूनी हुनर का दावा नहीं करता। मैं स्वयं अपनी भूमिका कुछ हिस्सों के लिए एक बाहरी पर्यवेक्षक की तरह मानता हूँ जब मैं कोलम्बिया और न्यूयॉर्क से दूर रहता हूँ और काम करता हूँ, तो यह दुनिया मेरी चेतना में

घुसपैठ करती है और उन तरीक़ों से अपनी उपस्थिति की घोषणा करती है, जिन्हें मैं नज़रअन्दाज़ नहीं कर सकता। मेरा मानना है कि यह लोकप्रिय राजनीति दुनिया के अधिकांश हिस्सों से तारुफ़ रखती है जहाँ आज राजनीतिक आधुनिकता गढ़ी जा रही है। इसे तीसरी दुनिया की झुग्गी बस्ती या अरब स्ट्रीट कहकर तिरस्कारपूर्वक ख़ारिज करना मूर्खतापूर्ण और ग़ैर-ज़िम्मेदाराना दोनों है। यहाँ की राजनीति अक्सर महानगरीय जीवन के नागरिक शिष्टाचार के विपरीत है, लेकिन यह अनेक कारणों से अपने दावों में दृढ़ है क्योंकि पहला, यह बहुआयामी राजनीति है, और दूसरा यह उद्देश्यपूर्ण लामबन्दी और नेतृत्व के लिए खुली हुई है।

'शासितों' की राजनीति में वैश्विक और स्थानीय दोनों आयाम हैं। और हाल के वर्षों में दोनों आयामों में महत्त्वपूर्ण और परस्पर सम्बन्धित परिवर्तन हुए हैं। इसलिए मैंने इस पुस्तक में पिछले वर्ष दिये गये चार अन्य व्याख्यानों को शामिल करने का निर्णय लिया है जो राजनीतिक समाज के बारे में मेरी समझ को उसके व्यापक वैश्विक सन्दर्भ में स्थापित करने में मदद कर सकते हैं और साथ ही, वर्तमान स्थानीय सन्दर्भ में राजनीतिक नेतृत्व की सम्भावनाओं और सीमाओं को भी स्पष्ट कर सकते हैं। ये अतिरिक्त व्याख्यान परिप्रेक्ष्य में एक दिलचस्प बदलाव भी प्रदान कर सकते हैं–पश्चिमी अकादमी में राजनीति के बारे में बात करने से लेकर 'पूर्व' में इसके बारे में बात करने तक। यह एक ऐसा बदलाव है जिसकी मुझे अब इतनी आदत हो गयी है कि मैं स्थानान्तरण के सटीक तौर-तरीक़ों के प्रति सचेत नहीं हूँ। मैं इसे अपने पाठकों पर छोड़ता हूँ कि वे इसका निष्कर्ष स्वयं निकालें।

मैं पिछले कुछ वर्षों से दुनिया के अधिकांश हिस्सों में राजनीतिक समाज के विचार पर काम कर रहा हूँ। कहने की ज़रूरत नहीं है, दुनिया भर में कई स्थानों पर कई लोगों के साथ मेरी चर्चाओं से मुझे काफ़ी फ़ायदा हुआ है। मैंने 2001 में बर्लिन के विसेनशाफ़्ट्स कॉलेज में एक फ़ेलोशिप के दौरान व्याख्यानों का वर्तमान संस्करण लिखना शुरू किया। मुझे बेंगलुरु, कोलकाता, कैम्ब्रिज (मैसाचुसेट्स), दिल्ली, हैदराबाद, इस्ताम्बुल, काठमाण्डू, लन्दन, पेरिस और ताइपे में भी इन विचारों के पुराने संस्करणों पर चर्चा का लाभ मिला। तलाल असद, कार्लोस फ़ोर्मेंट, महमूद ममदानी और डेविड स्कॉट का एक छोटा समूह, जिनके साथ मैं कभी-कभी एक-दूसरे के काम पर चर्चा करने के लिए न्यूयॉर्क में मिलता था, बहुत प्रेरक था। सबाल्टर्न स्टडीज़ के सम्पादकीय समूह में मेरे सहकर्मी कई वर्षों से मेरे बौद्धिक साथी रहे हैं; मैं उन सभी को धन्यवाद देता हूँ। हमेशा की तरह, मैं सेंटर फ़ॉर स्टडीज़

इन सोशल साइंसेज़, कोलकाता, जो साल के अधिकांश समय में मेरा कार्यस्थल है, में अपने सहयोगियों की मित्रता और समर्थन के लिए उनका आभारी हूँ।

मैं इन व्याख्यानों के प्रकाशन की देखरेख में मदद और समझ के लिए कोलम्बिया यूनिवर्सिटी प्रेस के पीटर डिमॉक, ऐनी राउटन और लेस्ली बायलर को धन्यवाद देता हूँ। मैं अहमद अली, दिलीप बनर्जी, विकास बोस, सबुज मुखोपाध्याय का भी आभारी हूँ। चित्रबानी के फ़ादर पी.जे. जोसेफ को इस पुस्तक में उनकी तस्वीरों का उपयोग करने की अनुमति देने के लिए धन्यवाद। अभिलेखागार के अभिजीत भट्टाचार्य और सेंटर फ़ॉर स्टडीज़ इन सोशल साइंसेज़, कोलकाता के पुस्तकालय के कर्मचारी, हमेशा की तरह, बेहद मददगार रहे हैं; मैं उन सभी को धन्यवाद देता हूँ।

–पार्थ चटर्जी

कोलकाता
31 मार्च 2003

अनुवादक की ओर से...

भारत की राजनीति, समाज और संस्कृति को एक पैनी निगाह से देखती हुई यह कृति समाज-विज्ञान और सृजनात्मक साहित्य के बीच की दूरी को कम कर देती है। कदाचित इसलिए यह विद्यार्थियों और उस्तादों के बीच इतनी लोकप्रिय रही है। इस लोकप्रिय और कालजयी रचना का अनुवाद करना आसान काम नहीं था। फिर भी इस जोखिम को मैंने इसलिए उठाया कि इस किताब का अध्ययन किये बिना हिन्दी के समाज-विज्ञान की बौद्धिक दुनिया लोकतन्त्र के उस पक्ष को नहीं समझ सकती जिसे केवल 'शासित' कहकर सम्बोधित किया जाता रहा है, जिसका सीधा सम्बन्ध लोकप्रिय सम्प्रभुता से है। दरअसल पार्थ चटर्जी ने लोकप्रिय सम्प्रभुता के सैद्धान्तिक आधार का ख़ुलासा अपनी किताब के शीर्षक 'शासितों की राजनीति' में ही कर दिया है और यह दावा किया है कि आधुनिक राज्य की वैधता स्पष्ट रूप से और दृढ़ता से लोकप्रिय सम्प्रभुता की अवधारणा पर आधारित है। इस आधार पर पार्थ चटर्जी ने लोकतन्त्र के उस सिद्धान्त को चुनौती दी जहाँ यह सामान्य रूप से मान लिया गया था कि लोकतन्त्र का मौलिक मूल्य 'लोकप्रिय सम्प्रभुता' है। इसी आधार पर पार्थ चटर्जी ने लोकतन्त्र को लोगों के शासन के स्थान पर 'शासितों की राजनीति' के रूप में परिभाषित किया है।

इस किताब से मेरा पहला परिचय 2015 में प्रोफ़ेसर उज्ज्वल कुमार सिंह ने कराया था। तब मैं दिल्ली विश्वविद्यालय के राजनीति विज्ञान विभाग में एम.ए. का छात्र था। इस किताब की भाषा इतनी चुस्त और संश्लिष्ट थी कि मुझ जैसे हिन्दी माध्यम के विधार्थी को दो बार पढ़ना पड़ता था। इस मुश्किल को आसान बनाने के लिए मैंने हर उस दरवाज़े पर दस्तक दी जिसे मैं पहचानता था कि वह मुझे इस किताब की सैद्धान्तिकी को हिन्दी में समझा सकता था। उस दरमियान किसी ने पास बैठाकर इस किताब की कुछ लाइनों को समझाया और किसी ने दरवाज़े से ही

लौटा दिया। इस कड़ी में मै अलीशा ढींगरा को नहीं भूल सकता जिन्होंने उन दिनों अपने पीएच.डी. से समय निकालकर मुझे इस किताब की सैद्धान्तिक बनावट और पद्धति को समझने में मेरी मदद की। शायद यही वह समय था जब इस किताब से मेरा एक रिश्ता बन गया।

इस रिश्ते को निभाते हुए मैं अक्सर अपने मित्रों–अमरजीत, राजेन्द्र, नौशाद तथा विकास–के बीच इस किताब की चर्चा करने लगा। मित्रों के द्वारा यह कहा जाने लगा कि जब इस किताब पर इतना बोलते हो तो क्यों न इस किताब का हिन्दी अनुवाद कर डालो! मित्रों की यह बात सुनकर मैं इसके अनुवाद पर विचार करने लगा। अपने इस मंसूबे को लेकर जब मैं अभय कुमार दुबे के पास पहुँचा तो अभय जी ने मेरे इस विचार को प्रोत्साहित करते हुए पार्थ चटर्जी से सम्पर्क करने को कहा और रास्ता भी दिखाया। और जब मैंने इस किताब के कुछ पन्नों का अनुवाद करके अभय जी को दिखाया, तब अभय जी ने बहुत साफ़ शब्दों में कहा, "इस बात को अपने दिमाग़ में बैठा लीजिए कि अनुवाद मूल कृति का पुनरुत्पादन नहीं, पुनर्रचना है। अनुवाद एक समूचे पाठ को एक दूसरी भाषा में, दूसरी लिपि में, दूसरी वाक्य-रचना में, दूसरी संस्कृति के जगत में रचना है।" अभय जी की इस सीख ने मेरे दिलोदिमाग़ में चल रहे कई मिथकों को तोड़ दिया जो अनुवाद से जुड़े थे। मसलन, अनुवाद कैसे शुरू किया जाये, कैसे होगा, अनुवाद की कैसी भाषा होगी? आज यह किताब जब हिन्दी की शक्ल-सूरत ले रही है तो इसका पूरा श्रेय मैं प्रोफ़ेसर अभय कुमार दुबे को देना चाहूँगा। उन्होंने मुझ जैसे नाचीज़ पर भरोसा किया, इसके लिए मैं उनका शुक्रगुज़ार हूँ। इसी के साथ मैं आकांक्षा सिंह और मेरे माता-पिता के प्रति आभार प्रकट करता हूँ जिन्होंने इस किताब के अनुवाद को न केवल पढ़ा बल्कि इसको पूरा करने के लिए प्रोत्साहित भी किया और समय-समय पर फटकार भी लगायी। इस क्रम में, मैं अदिति जी को विशेष धन्यवाद देना चाहूँगा जिन्होंने मुझ पर अन्तिम समय तक भरोसा बनाये रखा। पाण्डुलिपि को सुधारने और छपने योग्य बनाने में डॉ. रमाशंकर सिंह तथा वाणी प्रकाशन के सम्पादकीय मण्डल ख़ासतौर से कुमार वीरेन्द्र और भारद्वाज जी का आभारी हूँ।

अन्त में, मैं यहाँ कुछ दबी आवाज़ में हिन्दी के समाज-विज्ञान के पाठकों से एक गुज़ारिश और शिकायत करना चाहूँगा। अख़बारी लेखन पढ़ते रहने के कारण बहुत-से पाठक सीधे सरल और छोटे वाक्य पढ़ने का इस कदर अभ्यस्त हो चुके हैं कि लम्बे और जटिल वाक्य समाने आते ही उनकी शिकायत होती है कि हिन्दी

सरल लिखी जानी चाहिए। यदि आप 'सरल हिन्दी' के भावात्मक अर्थ की तह में जायेंगे तो पाठक आपसे किसी बाल-पत्रिका जैसी सरल हिन्दी भाषा में समाज-विज्ञान लिखने का ज्ञान दे रहा होता है। मेरा इरादा बाल-पत्रिकाओं की अवमानना करने का बिल्कुल नहीं है बल्कि यह कहूँगा कि उसके लिए ख़ास क़िस्म की संवेदनशीलता की आवश्यकता होती है लेकिन जब आप समाज-विज्ञान या ज्ञान के किसी अनुशासन की किताब पढ़ रहे हों तो ऐसी अपेक्षा हिन्दी भाषा में ज्ञान-निर्माण के लिए कोई बहुत ठीक बात नहीं होगी। विचित्र बात यह है कि अंग्रेज़ी पढ़ते समय पाठकगण यह शिकायत नहीं करते। उसके लिए वे शब्दकोश भी देखते हैं! सरलीकृत हिन्दी की माँग करने वाला यह पाठक अनुवादक से भी किसी 'पाठ' के सरलीकरण की माँग करने लगता है। वह अपेक्षा करता है कि अनुवादक जटिल वैचारिक लेखन की भी छोटे-छोटे वाक्यों में तोड़कर पेश करेगा। अनुवादक यह माँग पूरी करने के चक्कर में पाता है कि उसने वाक्य तो तोड़ दिये और काफ़ी हद तक सरल भी कर दिये लेकिन मूल लेखन की बारीकियाँ और उसकी अन्तर्निहित एकात्मक अर्थवत्ता हाथ से निकल गयी।

आशा करता हूँ कि हिन्दी के समाज-विज्ञान से जुड़े विद्यार्थी, शोधार्थी और हिन्दी के गम्भीर पाठक पार्थ चटर्जी की इस कालजयी रचना से लाभान्वित होंगे। कहना न होगा कि अनुवाद की ख़ामियों की ज़िम्मेदारी केवल मेरी है।

–कुँवर प्रांजल सिंह

अनुक्रम

भूमिका 5

अनुवादक की ओर से... 9

भाग 1 : लियोनार्ड हेस्टिंग्स स्कोफ़ मेमोरियल व्याख्यान-2001

- बहुरूपी समय में राष्ट्र 17
- जनसंख्या और राजनीतिक समाज 41
- 'शासितों' की राजनीति 67

भाग 2 : वैश्विक/स्थानीय : 11 सितम्बर से पहले और बाद में

विश्व-शान्ति के पहले की दुनिया 107

समर-सूक्त 132

सेकुलरवाद का प्रतिवाद 137

क्या भारतीय शहर अन्ततः बोर्ज़्वा बन रहे हैं? 155

उपसंहार 172

ग्रन्थ-सूची 176

अनुक्रमणिका 183

भाग : 1

लियोनार्ड हेस्टिंग्स स्कोफ़ मेमोरियल व्याख्यान-2001

अध्याय : एक

बहुरूपी समय में राष्ट्र

एक

मेरी दिलचस्पी दुनिया भर की लोकप्रिय राजनीति से है और जब मैं 'लोकप्रिय' का ज़िक्र करता हूँ तो यह ज़रूरी नहीं है कि वह किसी विशेष संस्थागत रूप या राजनीति की प्रक्रिया से सम्बन्ध रखता हो। हालाँकि मेरी तजवीज़ यह है कि मैं जिस राजनीति का वर्णन कर रहा हूँ, वह आधुनिक सरकारी कामकाज और उसकी गतिविधियों से निर्धारित होते हुए, वह आपेक्षिक सरकार का हिस्सा बनी हुई है। इन अपेक्षाओं और गतिविधियों ने सरकार और आबादी के बीच के सम्बन्धों को पक्का कर दिया है। मैं जिस लोकप्रिय राजनीति का मार्ग प्रशस्त कर रहा हूँ, वह इन्हीं सम्बन्धों में विकसित और आकार लेता है। दरअसल मेरा तात्पर्य दुनिया के उन अधिकांश हिस्सों से है जो आधुनिक पूँजीवादी संस्थानों के विकास में प्रत्यक्ष भागीदार नहीं थे बल्कि ये 'आधुनिक पूँजीवादी लोकतन्त्र' को ही पश्चिमी आधुनिकता का अव्यवस्थित पर्याय मानते हैं। लेकिन मैं ज़ाहिर करूँगा कि पश्चिमी आधुनिकता के कई आयाम महत्त्वपूर्ण रूप से आधुनिक ग़ैर-पश्चिमी समाज में उपस्थित हैं जो पश्चिमी समाज के ऐतिहासिक इकाई का हिस्सा न होते हुए भी आधुनिकता से सम्बन्ध रखते हैं। हालाँकि मुझे दुनिया में उन लोगों की संख्या का अनुमान लगाना हो जो वैचारिक रूप से लोकप्रिय राजनीति के मेरे विवरण में शामिल होंगे, तो मैं कहूँगा कि मैं समकालीन मानवता के तीन-चौथाई से अधिक लोगों के राजनीतिक जीवन की चर्चा कर रहा हूँ

सामाजिक सिद्धान्त की प्रचलित अवधारणाओं जिनमें नागर समाज और राज्य, नागरिकता और अधिकार, सार्वभौमिक सम्बद्धता और विशेष पहचान के पुनर्विश्लेषण की आवश्यकता है। मैं जिस लोकप्रिय राजनीति पर विचार कर रहा हूँ, उसके लिए लोकतन्त्र का प्रश्न अपने आप में लाज़िमी हो जाता है क्योंकि

कई अवधारणाओं को लेकर स्थितियाँ अपरिचित जैसी हो सकती हैं और प्रेरकत्व जैसी लग सकती हैं। दरअसल, नागर समाज आधुनिक आभिजात्य की क़िलेबन्दी की तरह दिखाई दे सकता है जो नागरिक अधिकारों और तार्किक क़ानूनों में फैले हुए समुदायों के लोकप्रिय जीवन से अलहदा है। नागरिकता–औपचारिकता और वास्तविकता के नाम पर दो अलग-अलग आकार लेती है। लेकिन यहाँ पुराने तौर-तरीक़ों से हटकर जिनमें यूनानियों से लेकर मैकियावेली और मार्क्स तक शासन और शासित की चर्चा होती रहती है, मैं आपको उनके बारे में सोचने के लिए आमन्त्रित करता हूँ जो शासन करते हैं और जो शासित होते हैं। मैं इस बात पर ज़ोर दूँगा कि लोकतन्त्र लोगों का, लोगों के द्वारा शासन नहीं है बल्कि लोकतन्त्र शासन करने की राजनीति के तौर पर देखा जाना चाहिए।

मैं इसके वैचारिक तर्कों को अपने अध्याय दो में विस्तारित करूँगा। लोकप्रिय राजनीति से परिचय कराने के लिए मैं आधुनिक राजनीति में हो रहे उन विरोधों पर ध्यान केन्द्रित करना चाहूँगा जो अधिकांश दुनिया में व्याप्त हैं। जिनमें नागरिक राष्ट्रवाद के सार्वभौमिक आदर्श का विरोध शामिल है जो व्यक्तिगत स्वतन्त्रता एवं धर्म, जाति, भाषा या संस्कृति के भेदों से सम्बन्धित समान अधिकारों और सांस्कृतिक पहचानों की विशेष माँगों पर विभेद या पिछड़ापन या ऐतिहासिक अन्याय या अन्य सम्भावित कारणों के अलग-अलग उपचारों की माँग कर रहा है। यहाँ मैं तर्क दूँगा कि यह विरोध बीसवीं सदी के दौरान आये आधुनिक राजनीति में हुए संक्रमण का लक्षण है, जो लोकप्रिय सम्प्रभुता के विचार पर आधारित लोकतान्त्रिक राजनीति की आवधारणा को एक ऐसी अवधारणा में परिवर्तित कर रहा है, जहाँ लोकतान्त्रिक राजनीति सरकारियत द्वारा आकार ले रही है।

बेनेडिक्ट एंडरसन ने नागरिक राष्ट्रवाद के सार्वभौमिक आदर्श पर पकड़ बनाते हुए अपनी कालजयी रचना *इमेजिंड कम्युनिटीज़* में दिखाया कि राष्ट्र एक समरूपी काल-क्षण में विराजमान है।[1] इस कल्पना में एंडरसन आधुनिक ऐतिहासिक मानसिकता का अनुसरण करते हुए आधुनिकता के सामाजिक स्थान को समरूपित ख़ाली क्षण के रूप में परिभाषित करते हैं। मार्क्सवादी लहजे में इसे पूँजी का समय माना जाता है। एंडरसन ने वाल्टर बेंजामिन के प्रारूपों को विश्लेषित करते हुए लोकप्रिय काल्पनिक पत्रों के निजी जीवन का अनुसरण करने के लिए दैनिक समाचारपत्रों के पाठन और उनके अनुभव के द्वारा गठित बृहद् अनाम सामाजिकता की भौतिक सम्भावनाओं को देखने का नायाब प्रयोग किया है। यह वही समकालिकता है जो ख़ाली क्षण के समरूपी अनुभव पर राजनीतिक-आर्थिक

का ऐसा वर्गीकरण किया है जहाँ क़ीमत, मज़दूरी, बाज़ार आदि की वास्तविकता को न्योता दिया जा सके। दरअसल ख़ाली समय ही अपने आप में पूँजी का समय है। जिसके दायरे में, पूँजी अपने ख़िलाफ़ किसी प्रकार के प्रतिरोध की अनुमति नहीं देती है। त्वरित तौर पर जब किसी प्रतिरोध का सामना होता भी है तो वह उसे पूर्व आधुनिक या पूर्व पूँजी का एक अलग समय मान लेती है। इसलिए पूँजी (या आधुनिक के लिए) के लिए इस तरह का प्रतिरोध पूरी मानवता के इतिहास के ही परे समझा जाता है, जिसमें बिखराव की सम्भावना होती है। आख़िरकार पूँजी के काल की अस्थिरता ही प्रतिरोध के अगड़े-पिछड़े की सफल ब्रांडिंग करती है, पूँजी और आधुनिकता की अन्तिम जीत की वजह भी यही है।

अपनी हालिया किताब द *स्पेक्ट्रेम ऑफ़ कम्पेरिजन्स* में एंडरसन ने राष्ट्रवाद और जातीयता की राजनीति के बीच अन्तर करते हुए *इमेजिंड कम्युनिटीज़* का विश्लेषण किया है। जहाँ एंडरसन समुदाय की आधुनिक कल्पनाओं द्वारा निर्मित दो प्रकार की क्रमिकता को स्पष्ट करते हैं। एक है आधुनिक सामाजिक चिन्तन की रोज़मर्रा से जुड़ी सार्वभौमिकता की असीमित शृंखला : राष्ट्र, नागरिकता, क्रान्तिकारी, नौकरशाही, कार्यकर्ता, बुद्धिजीवी आदि। दूसरा सरकारियत की बाध्यता की शृंखला, जो आधुनिक जनगणना और आधुनिक चुनावी प्रणालियों द्वारा उत्पादित जनसंख्या के असंख्य वर्गों का सीमित योग है। आमतौर पर असीमित शृंखला को प्रिंट-पूँजीवाद के क्लासिक उपकरणों अर्थात् समाचारपत्र और उपन्यास के माध्यम से कल्पना के रूप में वर्णित किया जाता है। व्यक्तियों की आपस में एकजुटता की सम्मुखता ही इस कल्पना की सदस्य भी है। इसी एकजुटता में चुने गये विकल्पों से राजनीतिक कल्पना पारम्परिक प्रथाओं के द्वारा लगायी गयी सीमाओं को पार कर जाती है जो सम्भावित रूप से मुक्ति की राह है। इसके विपरीत, बाध्यता की शृंखला केवल पूर्णांकों के साथ संचालित हो सकती है। इसका तात्पर्य यह है कि वर्गीकरण की प्रत्येक श्रेणी के लिए, कोई भी व्यक्ति केवल एक या शून्य के रूप में गिना जा सकता है, कभी भी अंश के रूप में नहीं, जिसका अर्थ है कि किसी श्रेणी की आंशिक या मिश्रित सम्बद्धता से इनकार किया जाता है। कोई केवल काला हो सकता है या काला नहीं, मुस्लिम हो या मुस्लिम नहीं, आदिवासी हो या आदिवासी नहीं, केवल आंशिक सन्दर्भ के आधार पर निरूपित नहीं किया जा सकता। एंडरसन सुझाव देते हैं कि बाध्यता की शृंखला काफ़ी सँकरी है और शायद स्वाभाविक रूप से परस्पर विरोधी भी। यहीं से जातीय राजनीति का उपकरण तैयार होता है।

एंडरसन बाउंड और अनबाउंड सीरियल्स के बीच इस अन्तर का उपयोग राष्ट्रवाद की अविशिष्ट अच्छाई और जातीय राजनीति की अशुद्धता को निरूपित

करने के लिए अपने तर्क देते हैं। स्पष्ट तौर पर, वह नवजागरण की विशेषता वाले सार्वभौमिक आलोचनात्मक विचार में प्रविष्ट नैतिक और महान चीज़ों को संरक्षित करने के इच्छुक हैं। ऐतिहासिक संघर्ष और परिवर्तन के निर्विवाद तथ्यों का सामना करते हुए, उसकी आकांक्षा में व्याप्त नैतिक सार्वभौमिकता की पुष्टि करते हुए, वे मानवीय इच्छाओं और मूल्यों की परिवर्तनशीलता को नकारते हुए उन्हें अयोग्य या अल्पकालिकता से अलग नहीं करते, बल्कि उन्हें वास्तविक तथा एकीकृत रूप में शामिल करते हैं। ऐतिहासिक आधार पर नैतिक सार्वभौमिकता को स्थापित किया जाना चाहिए। एंडरसन ने बीसवीं शताब्दी में प्रगतिशील ऐतिहासिक सोच की सार्वभौमिक परम्परा को ऐसे राजनीतिक समय के चरित्र से जोड़ा है जिसमें हम रहते हैं, जो दुनिया के लिए रास्ता बनाने वाले ब्रह्माण्ड को विस्थापित करते हुए औद्योगिक भौतिक सभ्यता में निहित रोज़मर्रा की प्रथाओं को प्रतिबिम्बित करता है[2]। जिससे राष्ट्रवाद का उल्लेखनीय प्रसार तथा राजनीति की एक गहन मानकीकृत अवधारणा का मार्गप्रशस्त होता है। राजनीति की इस तरह की अवधारणा का सामान्यीकरण करने की आवश्यकता है जिससे दुनिया को एकमुश्त देखा जा सके। ग़ौरतलब है कि इस अवधारणा में समय आसानी से अन्तरिक्षीय हो जाता है, इसलिए हमें यह कहना होगा कि आधुनिकता की वास्तविकता समय-स्थान के साथ चलती है। इन अर्थों में राजनीति आधुनिकता के रिक्त समरूपी समय-स्थान में विद्यमान है।

मैं असहमत हूँ। मेरा मानना है कि आधुनिकता का या वास्तव में पूँजी का यह दृष्टिकोण ग़लत है क्योंकि यह एकतरफ़ा है। यह आधुनिक जीवन के काल-स्थान के केवल एक आयाम को देखता है। लोग केवल ख़ाली सजातीय समय में ख़ुद की कल्पना कर सकते हैं; वे उसमें निवास नहीं करते हैं। ख़ाली सजातीय समय पूँजी का यूटोपियन समय है। यह अतीत, वर्तमान और भविष्य को रैखिक रूप से जोड़ता है और उन सभी ऐतिहासिक कल्पनाओं की सृजनात्मकता जिनमें पहचान, राष्ट्रीयता और प्रगति के पहल शामिल हैं, उनकी पहचान करते हुए उनकी कल्पनाओं में सम्भावनाएँ पैदा करता है; जिसका विश्लेषण एंडरसन करते हैं। लेकिन ख़ाली सजातीय समय वास्तविक अन्तरिक्ष में कहीं भी स्थित नहीं है–यह यूटोपियन है। आधुनिक जीवन के वास्तविक स्थान में 'हेटरोटोपिया'(यह मेरे द्वारा फूको से उधार लिया गया शब्द है। ज़ाहिर है कि मैं इस शब्द के इस्तेमाल के प्रति असहज हूँ)[3] शामिल हैं। यहाँ समय विषम है, असमान रूप से कुन्द है। यहाँ औद्योगिक मज़दूर भी पूँजीवाद के कार्य-अनुशासन को आत्मसात् नहीं करते हैं, यदि वह उत्सुकता से

करते भी हैं तो उनका सम्बन्ध पूँजी के अनुशासन के अनुरूप नहीं होता। सभी के लिए राजनीति का मतलब एक जैसा नहीं है। मेरा मानना कि इसे नज़रअन्दाज़ करना यूटोपियन के लिए वास्तविक को त्यागने जैसा है।

होमी भाभा अस्थायी रूप से राष्ट्र की स्थिति का वर्णन करते हुए बताते हैं कि कैसे राष्ट्र के वृत्तान्तों को दोहरे समय में विभाजित किया गया था और इस प्रकार अपरिहार्य द्वन्द्व उत्पन्न होता है। एक में, लोग राष्ट्रीय शिक्षाशास्त्र के विषय होते थे क्योंकि वे हमेशा ऐतिहासिक प्रगति की प्रक्रिया में बने रहे, राष्ट्र की नियति को पूरा करने के लिए पूरी तरह से विकसित नहीं हुए; लेकिन दूसरे में, लोगों की एकता, राष्ट्र के साथ उनकी स्थायी पहचान, लगातार संकेतित तौर पर दोहरायी और निष्पादित की जानी थी।[4] मैं इस बेचैनी के मसले को कुछ तर्कों के साथ पेश करते हुए मौलिक आधुनिक राजनीति के पहलुओं को उजागर करूँगा। उन्हें अस्वीकार करना या तो इच्छाधारी तसदीक होगी या फिर राष्ट्र के भीतर प्रभुत्व की मौजूदा संरचना का समर्थन होगा।

उत्तर-औपनिवेशिक दुनिया से कई उदाहरणों का हवाला देना सम्भव है जो एक कुन्द और विषम समय की उपस्थिति का सुझाव देते हैं। उन जगहों पर, कोई भी औद्योगिक पूँजीपतियों को एक व्यापारिक सौदे को बन्द करने में देरी कर सकता है क्योंकि उन्होंने अपने सम्बन्धित ज्योतिषियों या औद्योगिक श्रमिकों से नहीं सुना था कि एक नयी मशीन को तब तक नहीं छूयेंगे जब तक कि उसे उचित धार्मिक संस्कारों के साथ प्रतिष्ठित नहीं किया जाता, या यह कि मतदाता जो अपने पसन्दीदा नेता या मन्त्रियों की हार का शोक मनाने के लिए ख़ुद को आग लगा देंगे, जो खुले तौर पर अपने ही क़बीले के लोगों के लिए अधिक नौकरियाँ हासिल करने और दूसरों को बाहर रखने का दावा करते हैं। इसे सह-उपस्थिति कहना आधुनिकता और पूर्व-आधुनिकता के समय के बीच केवल पश्चिमी आधुनिकता के यूटोपियनवाद का समर्थन करना है। हाल के नृवंशविज्ञान सम्बन्धी कार्यों ने स्थापित किया है कि ये 'अन्य' समय पूर्व-आधुनिक अतीत से केवल बचे नहीं हैं : वे आधुनिकता के साथ मुठभेड़ के नये उत्पाद भी हैं। इसलिए, इसे आधुनिकता का विषम समय कहना चाहिए। और अपने विवादास्पद बिन्दु को थोड़ा और आगे बढ़ाने के लिए मैं यह जोड़ूँगा कि पश्चिमी यूरोप और उत्तरी अमेरिका के बाहर उत्तर-औपनिवेशिक दुनिया वास्तव में अधिकांश आबादीवाली आधुनिक दुनिया का गठन करती है।

अब मैं विस्तृत तौर पर यह विश्लेषित करना चाहूँगा कि पूँजी के सजातीय समय के यूटोपियन आयाम और सरकार के विषम समय के द्वारा गठित वास्तविक

स्थान और राष्ट्र को वर्णित करने के प्रयासों से उत्पन्न प्रभावों के बीच निरन्तर तनाव के कई उदाहरण मौजूद हैं।

दो

भीमराव रामजी अम्बेडकर (1891-1956) कोलम्बिया विश्वविद्यालय के विलक्षण छात्रों में से एक थे। भारत में महाराष्ट्र के अछूत महार समुदाय में जनमे। उन्होंने उच्च शिक्षा प्राप्त करने और एक पेशेवर कैरियर के लिए तमाम बाधाओं के ख़िलाफ़ लड़ाई लड़ी। उन्होंने राजनीति विज्ञान में पीएच.डी. की डिग्री 1917 में कोलम्बिया विश्वविद्यालय से प्राप्त की। हमेशा प्रोफ़ेसरों जॉन डेवी और एडविन सेलिगमैन के शागिर्द बने रहे।[5] वह भारत में दलित, पूर्व अछूत जातियों के बीसवीं शताब्दी के अग्रणी राजनीतिक नेता के रूप में प्रसिद्ध हैं। इस भूमिका में उन्हें दलितों के अलग राजनीतिक प्रतिनिधित्व के लिए, शिक्षा और सरकारी रोज़गार में उनके पक्ष में तरजीही आरक्षण या सकारात्मक कार्रवाई के लिए, और उनकी विशिष्ट सांस्कृतिक पहचान के निर्माण के लिए तथा धर्म—बौद्ध धर्म के धर्मान्तरण की ज़ोरदार लड़ाई लड़ने के लिए सम्मानित और अपमानित दोनों किया जाता रहा है। साथ ही, अम्बेडकर भारतीय संविधान के प्रमुख वास्तुकार, हस्तक्षेपवादी आधुनिकीकरण राज्य के कट्टर समर्थक और समान नागरिकता और धर्मनिरपेक्षता के आधुनिक गुणों के क़ानूनी संरक्षण के रूप में भी प्रसिद्ध हैं। बी.आर. अम्बेडकर के बौद्धिक और राजनीतिक कैरियर की तुलना में यूटोपियन एकरूपता और वास्तविक विषमता के बीच तनाव शायद ही कभी अधिक नाटकीय रूप से खेला गया हो।

यहाँ मेरा ध्यान अम्बेडकर के जीवन के कुछ ख़ास पलों पर होगा, ताकि एक ओर सार्वभौमिक नागरिकता की प्रतिद्वन्द्वी माँगों और दूसरी ओर विशिष्ट अधिकारों की सुरक्षा द्वारा आधुनिक राजनीति के लिए उत्पन्न विरोधाभासों को उजागर किया जा सके। मेरा प्रयास यह दर्शाने का होगा कि राष्ट्र का ऐसा कोई ऐतिहासिक आख्यान उपलब्ध नहीं है जो उन अन्तर्विरोधों को सुलझा सके।

अम्बेडकर एक विशुद्ध आधुनिकतावादी थे। वह विज्ञान, इतिहास, तार्किकता, धर्मनिरपेक्षता और इन सबसे ऊपर आधुनिक राज्य में मानव तर्क के यथार्थीकरण पर भरोसा रखते थे। लेकिन दलित बुद्धिजीवी के रूप में, वह इस सवाल से अनभिज्ञ नहीं थे : भारत की तथाकथित जाति व्यवस्था के भीतर प्रचलित सामाजिक असमानता के अनूठे रूप का कारण क्या है? दो प्रमुख कृतियों–*हू वेयर द शूद्राज* (1946) और *द अनटचेबल्स* (1948) में, अम्बेडकर ने अस्पृश्यता की विशिष्ट

ऐतिहासिक उत्पत्ति की खोज की[6]। उन्होंने निष्कर्ष निकाला कि अस्पृश्यता अति प्राचीन काल से वापस नहीं गयी थी; इसका एक निश्चित इतिहास था जिसे वैज्ञानिक रूप से लगभग 1500 वर्षों से अधिक समय तक स्थापित नहीं किया जा सकता था।

यहाँ हमारा काम अम्बेडकर के सिद्धान्त की सत्यता का आकलन करना नहीं है। हमारे उद्द्देश्यों के लिए वह सुझाव दिलचस्प है जिससे उनकी कथा-संरचना आकार लेती है। उनका कहना है कि शुरुआती दौर में ब्राह्मणों, शूद्रों और अछूतों के बीच समानता की स्थिति थी। इसके अलावा, यह समानता प्रकृति की किसी पौराणिक अवस्था में नहीं थी, बल्कि एक निश्चित ऐतिहासिक क्षण में विद्यमान थी जहाँ सभी इंडो-आर्यन जनजाति ख़ानाबदोश पशुपालक थे। इसके बाद बौद्ध धर्म के रूप में, व्यवस्थित कृषि और उसकी प्रतिक्रिया का चरण आया, यह वैदिक जनजातियों में धार्मिक त्याग का भी काल है। इसके बाद ब्राह्मणों और बौद्धों के बीच संघर्ष हुआ, जिसके कारण बौद्ध धर्म की राजनीतिक हार हुई, शूद्रों का पतन हुआ, और गोमांस खाने वाले 'विच्छिन्न व्यक्ति' को अस्पृश्यता से हटा दिया गया। जाति के उन्मूलन के लिए आधुनिक संघर्ष में उस प्राथमिक समानता की वापसी की खोज थी जहाँ राष्ट्र की मूल ऐतिहासिक स्थिति भी मौजूद हो। इस प्रकार एकरूपता की काल्पनिक खोज को ऐतिहासिक बना दिया गया है। जैसा कि हमें इल्म है कि आधुनिक राष्ट्रवाद एक परिचित ऐतिहासिक आख्यान है।

यह दिखाने के लिए कि कैसे यह आख्यान औपनिवेशिक सरकारियत के विषम समय में बाधित होता है, एहतियातन मुझे राष्ट्रवाद की कल्पना की ओर मुड़ना चाहिए।

तीन

भारतीय राष्ट्रवाद के बारे में सबसे महान आधुनिकतावादी उपन्यासों में से एक बांग्ला लेखक सतीनाथ भादुड़ी (1906-1965) का *धोराई चरित्रमानस* (1949-51) है।[7] *रामचरितमानस* के रूप में फ़िट करने के लिए जान-बूझकर उपन्यास को यह नाम दिया गया है जो सोलहवीं शताब्दी के सन्त कवि तुलसीदास (1532-1623) द्वारा राम के महाकाव्यात्मक कथानक का पुन:कथन है जिसमें पौराणिक राजा, जिसने अपने अनुकरणीय जीवन और आचरण के माध्यम से पृथ्वी पर सबसे उत्तम राज्य का निर्माण किया। तुलसीदास की रामायण शायद भारत के विशाल हिन्दी भाषी क्षेत्रों में सबसे व्यापक रूप से ज्ञात साहित्यिक कृति है, जो जाति, वर्ग और सम्प्रदाय के विभाजन को काटती हुई नैतिक प्रवचन को रोज़मर्रा की भाषा प्रदान

करती है। इसे उत्तरी भारत में ब्राह्मणवादी सांस्कृतिक मूल्यों के सामान्यीकरण के लिए सबसे शक्तिशाली ग्रन्थ भी माना जाता है। सतीनाथ भादुड़ी के महाकाव्य के आधुनिकतावादी पुन:कथन की विशिष्टता यह है कि इसका नायक धोराई पिछड़ी जातियों में से एक है।

धोराई उत्तरी बिहार का एक ततमा है (पूर्णिया ज़िला है, लेकिन सतीनाथ इसे काल्पनिक नाम जिरानिया देते हैं)। यह एक कृषक समाज के समूह का हिस्सा नहीं है बल्कि इसकी विशेषज्ञता झोंपड़ियों और कुओं की ख़ुदाई से सम्बन्धित है। जब धोराई एक बच्चा था, उसके पिता की मृत्यु हो गयी, और जब उसकी माँ ने पुनर्विवाह करना चाहा, तो उसने उसे गाँव के पवित्र व्यक्ति बाउका बाबा के प्रभार में छोड़ दिया। धोराई साधु गीत गाते हुए पौराणिक राजा राम और उनके राज्य के बारे में बताते हुए घर-घर जाकर, भिक्षा माँगता। धोराई की मानसिक दुनिया पौराणिक क्षण में डूबी हुई है। वह कभी स्कूल नहीं जाता लेकिन जानता है कि जो लोग रामायण पढ़ सकते हैं, वे महान योग्यता और सामाजिक अधिकार वाले व्यक्ति हैं। निश्चित रूप से, उनके बुज़ुर्ग—जो उनके आसपास हैं—सरकार के बारे में जानते हैं, और अदालतों और पुलिस के बारे में जानते हैं, और कुछ पड़ोस के लोग जो बाग़ों और अधिकारियों के रसोईघरों में काम करते हैं, वे भी आपको बता सकते हैं कि ज़िला मजिस्ट्रेट कब ज़िला बोर्ड के अध्यक्ष से नाराज़ थे या जब नयी रसोई नौकरानी पुलिस अधिकारी के बँगले में शाम को कुछ ज़्यादा ही समय बिता रही हो। लेकिन जीवित रहने की उनकी सामान्य रणनीति, पीढ़ियों के अनुभव से परिपूर्ण कि सरकार और इसकी प्रक्रियाओं के साथ उलझनों से दूर रहना है। एक बार, एक झगड़े के बाद, धनगर के पड़ोसी टोले के निवासियों ने बउका बाबा की झोंपड़ी में आग लगा दी। पुलिस जाँच के लिए आती है और धोराई, एकमात्र चश्मदीद गवाह, जिसे यह बताने के लिए कहा जाता है कि उसने क्या देखा था, जैसे ही वह बोलने वाला होता है, वह बउका बाबा की आँखों पर ध्यान देते हुए कहता है कि बाबा कह रहे हैं कि, "बात मत करो। यह पुलिस है, एक घण्टे में चली जायेगी। धनगर हमारे पड़ोसी हैं, हमें इनके साथ रहना है।" धोराई इस बात को समझते हुए पुलिस को बताता है कि उसने कुछ नहीं देखा था और नहीं जानता कि किसने उनके घर में आग लगा दी थी।

एक दिन धोराई गाँव के अन्य लोगों के साथ गन्ही बाबा के बारे में सुनता है, जिनके बारे में कहा जाता था कि वे अपने बउका बाबा या वास्तव में किसी भी बाबा से बड़े पवित्र व्यक्ति थे, क्योंकि वे लगभग स्वयं भगवान राम जितने बड़े थे। उन्होंने सुना कि गन्ही बाबा मांस या मछली नहीं खाते, उन्होंने कभी शादी नहीं की और

पूरी तरह से नग्न घूमते थे। यहाँ तक कि उस क्षेत्र का सबसे विद्वान बंगाली स्कूल मास्टर भी गन्ही बाबा का अनुयायी बन गया था। जल्द ही गाँव में सनसनी फैल जाती है, जब पता चलता है कि एक कद्दू पर गन्ही बाबा की एक छवि दिखाई दी थी। बड़े उत्सव के साथ, गाँव के मन्दिर में चमत्कारी कद्दू स्थापित किया जाता है और देश के सबसे महान पवित्र व्यक्ति को प्रसाद चढ़ाया जाता है। वास्तव में गन्ही बाबा, एक महान आत्मा थे क्योंकि यहाँ तक कि मुसलमानों ने मांस और प्याज़ खाना बन्द करने का वादा किया था। शमा गाँव में, जिसे कभी किसी ने शान्त नहीं देखा था, अब से केवल सबसे हलकी ताड़ी पीने और पूरी तरह अफ़ीम से दूर रहने की क़सम खायी थी। कुछ समय बाद, कुछ ग्रामीण स्वयं गन्ही बाबा को देखने के लिए ज़िला क़स्बे तक गये, और उत्साह में कुछ कमी के साथ वापस आये। भारी भीड़ ने उन्हें उस महान व्यक्ति को क़रीब से देखने से रोक दिया था लेकिन उन्होंने जो देखा, वह असंगत था। गन्ही बाबा, उन्होंने बताया, शहर के फैंसी वकीलों और शिक्षकों की तरह, चश्मा पहनते थे! किसी ने कभी किसी सन्त को चश्मा पहने देखा है? एक-दो तो फुसफुसाये भी कि कहीं वह आदमी नक़ली तो नहीं।

सतीनाथ भादुड़ी द्वारा बीसवीं सदी के शुरुआती दशकों में ततमों के बीच धोराई के पालन-पोषण की जो जटिल रूप से रचित कथा है, उसे आसानी से औपनिवेशिक शासन और उत्तर भारत में राष्ट्रवादी आन्दोलन की एक वफ़ादार नृवंशविज्ञान के रूप में पढ़ा जा सकता है। उदाहरण के लिए, शाहिद अमीन के अध्ययन से हम जानते हैं कि कैसे महात्मा गांधी की शक्ति का निर्माण भारत के कृषकों के बीच उनकी चमत्कारी शक्तियों की कहानियों और उनके अनुयायियों और निन्दकों के भाग्य के बारे में अफ़वाहों के माध्यम से किया गया था, या कैसे कांग्रेस के कार्यक्रम और उद्देश्यों के बारे में बताया गया था। आन्दोलन स्वयं मिथक और लोकप्रिय धर्म की भाषा में ग्रामीण क्षेत्रों में प्रसारित किया गया था।[8] दरअसल 1920 और 1930 के दशक में गांधी और उनके द्वारा चलाये गये आन्दोलन आम घटनाओं का एक समूह थे। और यह एक असामान्य अनुभव नहीं है कि यह आन्दोलन भारत के शहरों और गाँवों दोनों में लाखों लोगों के जीवन से जुड़ा था। दरअसल, इतिहासकार इन्हें महान घटनाओं के रूप में वर्णित करते हैं। लेकिन इन घटनाओं के वृत्तान्तों की समझ बहुभाषीय रूप में वर्णित होती रही है, साथ ही जीवन-जगत् में भी भिन्न-भिन्न रूप में विद्यमान है। विषम समय के अस्तित्व में राष्ट्र भी समान आयोजनों के माध्यम से गठित किया गया है।

बेशक, यहाँ आपत्ति की जा सकती है कि राष्ट्र वास्तव में अमूर्त है, जैसा कि एंडरसन का प्रसिद्ध वाक्य कि राष्ट्र 'एक कल्पित समुदाय' है, इसलिए यह आदर्श और मुक्त समय के सजातीय क्षण में विद्यमान रहा है। जहाँ लोग विविध समूहों के द्वारा ठोस स्थान में रहते हुए राष्ट्रीय नागरिकों के अबाध्य क्रम में तत्त्व बन सकते हैं। निस्सन्देह, यह सभी राष्ट्रवादियों का सपना भी है। सतीनाथ भादुड़ी ने स्वयं पूर्णिया ज़िले में कांग्रेस संगठन के एक प्रमुख पदाधिकारी होते हुए अपने सपने को साझा किया था। वे अपने पात्रों के दैनिक जीवन की संकीर्णता और विशिष्टता से भली-भाँति परिचित थे। उन्होंने बदलावों के बीच राष्ट्रीय नागरिक बनाने की उम्मीद को शामिल किया था। उन्होंने देखा कि निम्न वर्ग के ततमा और धनगर भी जाग्रत हो रहे थे। उनका नायक धोराई ततमाओं को स्थानीय ब्राह्मणों की अवहेलना करने और ख़ुद ही पवित्र धागा पहनने की प्रक्रिया में ले जाता है, जो इस समय पूरे भारत में चल रही है, जिसे समाजशास्त्री एम.एन. श्रीनिवास संस्कृतीकरण के रूप में वर्णित करते हैं। लेकिन इतिहासकार डेविड हार्डीमैन ने इसी दौर में दिखाया है कि सम्भ्रान्त वर्चस्व और सबाल्टर्न प्रतिरोध के बीच कटु संघर्ष और अक्सर हिंसक संघर्ष भी चल रहा था।[9] सरकारी वर्गीकरणों का जटिल जाति और साम्प्रदायिक जाल सतीनाथ के आख्यान से कभी भी अनुपस्थित नहीं है। लेकिन महान राजकुमार राम की जीवन-कथा के लिए जान-बूझकर संकेतित तौर पर सतीनाथ ने अपने नायक धोराई को उसके रिश्तेदारों द्वारा उसके ख़िलाफ़ रची गयी एक क्रूर साज़िश में झोंक दिया। उसे शक है कि उसकी पत्नी के धनगर टोले के एक ईसाई व्यक्ति से सम्बन्ध हैं। वह गाँव छोड़ देता है, निर्वासन में चला जाता है और दूसरे समुदायों के बीच दूसरे गाँव में अपना जीवन फिर से शुरू करता है। धोराई अपने घर की तंगी से परेशान उस दुनिया को धमकाता है जहाँ नयी पक्की सड़क, जिसके साथ-साथ मोटरकार और ट्रक अब भारी-भरकम बैलगाड़ियों के बीच तेज़ी से गुज़रते हैं, उसकी कल्पना को नया आयाम देते हैं। यह वह नहीं जानता कि यह सड़क कहाँ से शुरू होती है? यह कहाँ समाप्त होती है? शायद कोई नहीं जानता। कुछ गाड़ियाँ मक्का से लदी होती हैं, अन्य गाड़ियाँ वादी को ज़िला अदालत में लाती हैं, अन्य गाड़ियाँ रोगियों को अस्पताल ले जाती हैं।[10] धोराई अपने मन में उन परछाइयों को देखता है जहाँ राष्ट्र आकार ले रहा है और देश की विशालता की तरह प्रतिबिम्बित हो रहा है। सतीनाथ अपने नायक को रामराज की भाँति एक महाकाव्य के रूप में लक्षित न करते हुए नागरिकता की ओर ले जाते हैं।

चार

अम्बेडकर की नागरिकता के सपने को सरकारी वर्गीकरण के तथ्य से भी जूझना पड़ा। 1920 की शुरुआत में, उन्होंने भारत में अछूतों द्वारा सामना की जाने वाली प्रतिनिधित्व की समस्या को सामने रखा था : "प्रतिनिधित्व का अधिकार और राज्य के अधीन पद धारण करने का अधिकार नागरिकता के लिए दो सबसे महत्त्वपूर्ण अधिकार हैं। लेकिन अछूतों की अस्पृश्यता इन अधिकारों को उनकी पहुँच से बहुत दूर रखती है, इसलिए उनका (अछूतों का) प्रतिनिधित्व केवल अछूत ही कर सकते हैं।" सभी नागरिकों का सामान्य प्रतिनिधित्व अछूतों की विशेष आवश्यकताओं को पूरा नहीं करेगा, क्योंकि प्रबल जातियों के बीच पूर्वाग्रहों और स्थापित प्रथाओं को देखते हुए, यह उम्मीद करने का कोई कारण नहीं था कि बादवाले अस्पृश्यों की मुक्ति के लिए क़ानून का उपयोग करेंगे। "उच्च जाति के पुरुषों से बनी एक विधायिका अस्पृश्यता को दूर करने, अन्तरजातीय विवाह को मंज़ूरी देने, सार्वजनिक सड़कों, सार्वजनिक मन्दिरों, सार्वजनिक स्कूलों के उपयोग पर प्रतिबन्ध को हटाने के लिए क़ानून पारित नहीं कर सकती। ऐसा इसलिए नहीं कि वे नहीं कर सकते , बल्कि इसलिए कि वे ऐसा करेंगे नहीं।"[11]

लेकिन ऐसे कई तरीक़े थे जिनसे अस्पृश्यों के प्रतिनिधित्व की विशेष ज़रूरतों को पूरा किया जा सकता था, और इनमें से कई को औपनिवेशिक भारत में आज़माया गया था। एक राजनीतिक रूप से प्रभावशाली उच्च जातियों के ख़िलाफ़ निचली जातियों के हितों के औपनिवेशिक अधिकारियों द्वारा संरक्षण या अछूत समूहों के विशिष्ट पुरुषों के औपनिवेशिक सरकार द्वारा उनके प्रतिनिधियों के रूप में सेवा करने के लिए नामांकित किया गया था। दूसरा तरीक़ा यह था कि विधायिका में केवल निचली जातियों के उम्मीदवारों के लिए एक निश्चित संख्या में सीटें आरक्षित की जायें। फिर भी एक अन्य निचली जाति के मतदाताओं के लिए अलग निर्वाचक-मण्डल होता था जो स्वयं अपने प्रतिनिधियों का चुनाव कर सकते थे।

भारत में औपनिवेशिक संवैधानिक राजनीति की बेहद जटिल दुनिया में, ऐसे अनगिनत विविधताओं के सवालों के सभी तरीक़ों पर बहस हुई और कोशिश की गयी। इसके अलावा, जाति जातीय प्रतिनिधित्व का एकमात्र विवादास्पद मुद्दा नहीं था; धार्मिक अल्पसंख्यकों के और भी अधिक विभाजक मुद्दा से होते हुए औपनिवेशिक भारत में नागरिकता की राजनीति के साथ जटिल रूप से जुड़ गया।

अम्बेडकर ने औपनिवेशिक शासन द्वारा विशेष प्रतिनिधित्व-संरक्षण के इन तरीक़ों में से एक को स्पष्ट रूप से ख़ारिज कर दिया। 1930 में, जब कांग्रेस ने स्वतन्त्रता या स्वराज को अपने राजनीतिक लक्ष्य के रूप में घोषित किया, तब अम्बेडकर ने दलित वर्गों के एक सम्मेलन में घोषणा की :

> भारत में सरकार के नौकरशाही स्वरूप को इस रूप में प्रतिस्थापित किया जाना चाहिए जो लोगों की, लोगों द्वारा और लोगों के लिए सरकार हो...हमें लगता है कि कोई भी हमारी शिकायतों को उतनी अच्छी तरह से दूर नहीं कर सकता जितना हम कर सकते हैं। उन्हें तब तक हटाओ जब तक कि हमारे हाथ में राजनीतिक सत्ता न आ जाये। जब तक ब्रिटिश सरकार ज्यों की त्यों है, तब तक इस राजनीतिक शक्ति का कोई अंश हमारे पास नहीं आ सकता। स्वराज संविधान में ही हमें राजनीतिक सत्ता अपने हाथों में लेने का मौक़ा मिलता है। जिसके बिना पर हम अपने लोगों का उद्धार कर सकते हैं। हमारे अस्तित्व पर इतना ज़बरदस्त आर्थिक, सामाजिक और धार्मिक प्रभाव। हम इच्छुक हैं कि यह हो सकता है, हालाँकि स्वराज का विचार अतीत में हम पर किये गये कई और अन्यायों की याद दिलाता है।[12]

दुविधा यहाँ स्पष्ट रूप से दिखाई देती है। औपनिवेशिक सरकार, पारम्परिक हिन्दू धर्म के धार्मिक अत्याचार से पीड़ित लोगों के उत्थान की आवश्यकता के बारे में अपने सभी उपहासों के लिए, केवल अधीनस्थ लोगों को ही प्रजा के रूप में देख सकती थी। यह उन्हें कभी नागरिकता नहीं दे सकती थी। केवल एक स्वतन्त्र राष्ट्रीय संविधान के तहत ही अस्पृश्यों के लिए नागरिकता की कल्पना की जा सकती थी। फिर भी, यदि स्वतन्त्रता का अर्थ उच्च जातियों का शासन था, तो अछूत समान नागरिकता और उस सामाजिक अत्याचार के अन्त की उम्मीद कैसे कर सकते थे जिससे वे सदियों से पीड़ित थे? अम्बेडकर की स्थिति स्पष्ट थी : अस्पृश्यों को राष्ट्रीय स्वतन्त्रता का समर्थन करना चाहिए, यह जानते हुए कि इससे उच्च जातियों का राजनीतिक वर्चस्व बढ़ेगा, लेकिन उन्हें नये संविधान के ढाँचे के भीतर समानता के लिए संघर्ष जारी रखना चाहिए।

1932 में, अछूतों के लिए समान नागरिकता प्राप्त करने का तरीक़ा अम्बेडकर और गांधी के बीच एक नाटकीय गतिरोध का मुद्दा बन गया। संवैधानिक सुधारों पर ब्रिटिश सरकार और भारतीय राजनीतिक नेताओं के बीच बातचीत के दौरान, अम्बेडकर ने तथाकथित दबे-कुचले वर्गों का प्रतिनिधित्व करते हुए तर्क दिया था कि उन्हें एक अलग निर्वाचक-मण्डल का गठन करने और केन्द्रीय और प्रान्तीय

विधानमण्डल में स्वयं अपने प्रतिनिधियों का चुनाव करने की अनुमति दी जानी चाहिए। कांग्रेस, जिसने इस समय तक मुसलमानों के लिए अलग निर्वाचक-मण्डल की माँग को स्वीकार कर लिया था, इस बात को वह अस्वीकार कर चुके थे कि अछूत हिन्दुओं से अलग एक समुदाय थे और इसके बजाय उन्हें सामान्य मतदान के द्वारा सीटों को आरक्षित करने के लिए तैयार किया जाये। अम्बेडकर ने स्पष्ट किया कि वे इस सूत्र को स्वीकार करने के लिए तैयार होंगे, यदि कोई आशा है कि अंग्रेज़ सभी भारतीयों को सार्वभौमिक वयस्क मताधिकार प्रदान करेंगे। चूँकि मताधिकार सम्पत्ति और शिक्षा योग्यता द्वारा गम्भीर रूप से सीमित था। दलित जातियाँ सामान्य आबादी के भीतर एक पतली अल्पसंख्यक के रूप में बिखरी हुई थीं और मुस्लिम अल्पसंख्यक के विपरीत महत्त्वपूर्ण क्षेत्रीय सघनता की कमी के कारण चुनावों पर कोई प्रभाव होने की सम्भावना नहीं थी। इसे सुनिश्चित करने का एकमात्र तरीक़ा था कि विधायिका में कम से कम कुछ लोग शामिल हों जो अछूतों के सच्चे प्रतिनिधि हों, उन्हें दलित वर्गों के एक अलग निर्वाचक-मण्डल द्वारा चुने जाने की अनुमति दी जाये।

गांधी अम्बेडकर के इस सुझाव पर जहाँ वह कहते हैं कि उच्च जाति के कांग्रेसी नेता कभी भी अछूतों का ठीक से प्रतिनिधित्व नहीं कर सकते। गांधी तीखी प्रतिक्रिया व्यक्त करते हुए 'सबसे निर्दयी काट' कहते हैं। बल्कि एक महात्मा-जैसी शेख़ी बघारते हुए, उन्होंने घोषणा की : "मैं अपने आप को अछूतों के विशाल जनसमूह का प्रतिनिधित्व करने के लिए अपने आप में दावा करता हूँ। यहाँ मैं केवल कांग्रेस की ओर से नहीं बोलता, बल्कि मैं अपनी ओर से बोलता हूँ। और मैं दावा करता हूँ कि अगर अछूतों का जनमत संग्रह होता है तो मुझे उनका वोट मिलेगा और मैं इस चुनाव में शीर्ष पर रहूँगा।" उन्होंने ज़ोर देकर कहा कि धार्मिक अल्पसंख्यकों के प्रश्न के विपरीत, अस्पृश्यता का मुद्दा हिन्दू धर्म का आन्तरिक मामला था और इसे उसी के भीतर सुलझाया जाना था।

> मुझे अछूतों से कोई आपत्ति नहीं है, यदि वे चाहें तो इस्लाम या ईसाई धर्म में परिवर्तित हो सकते हैं। मुझे इसे सहन करना चाहिए, लेकिन मैं सम्भवतः यह बर्दाश्त नहीं कर सकता कि हिन्दू धर्म के लिए क्या हो सकता है, अगर गाँवों में दो विभाजन होते हैं। जो लोग केवल अछूतों के राजनीतिक अधिकारों की बात करते हैं, वे अपने भारत को नहीं जानते, यह नहीं जानते कि भारतीय समाज आज कैसे बना हुआ है और इसलिए मैं पूरी ऊर्जा के साथ कहना चाहता कि अगर विरोध करने वाला मैं अकेला व्यक्ति होता तो इस बात का मैं जीवन भर विरोध करूँगा।

अपने वचन के अनुसार, गांधी ने दलित वर्गों के लिए अलग निर्वाचक मण्डल की माँग को मानने के बजाय उपवास पर जाने की धमकी दी। भारी दबाव में आकर अम्बेडकर ने मान लिया और, बातचीत के बाद, गांधी के साथ हस्ताक्षर किये, जिसे पूना पैक्ट के रूप में जाना जाता है, लेकिन हिन्दू मतदाताओं के भीतर ही दलितों को पर्याप्त संख्या में आरक्षित सीटें दी गयीं।[13] स्वतन्त्र भारत के संविधान में पूर्व की अछूत जातियों के प्रतिनिधित्व के लिए मूल रूप, लेकिन निश्चित रूप से, इस समय तक देश दो सम्प्रभु राष्ट्र-राज्यों में विभाजित हो चुका था।

1930 के दशक की शुरुआत में भारत में राष्ट्रीय एकरूपता और अल्पसंख्यक नागरिकता की समस्या उत्पन्न हुई और अस्थायी रूप से हल हो गयी। लेकिन संकल्प का स्वरूप शिक्षाप्रद है। यह ग्राफ़िक रूप से वर्णनात्मक रणनीति के साथ-साथ शक्ति के एक अनुमान के रूप में राष्ट्र की उभयवृत्ति को दर्शाता है, जैसा कि होमी भाभा ने कहा है, "सादृश्य, यहाँ तक कि लाक्षणिक, श्रेणियों, अल्पसंख्यक में एक निरन्तर फिसलन पैदा करता है। सांस्कृतिक विभिन्नता जो राष्ट्र की लेखनी में लगातार ओवरलैप होती है।"[14] अम्बेडकर, जैसा कि हमने देखा है, एक शैक्षणिक श्रेणी के रूप में सजातीय राष्ट्र के विचार के साथ उनका कोई मतभेद नहीं था–प्रगति के रूप में राष्ट्र, राष्ट्र बनने की प्रक्रिया में सिवाय इसके कि वह गांधी और अन्य कांग्रेसी नेताओं के साथ इस बात पर ज़ोर देते कि यह केवल अज्ञानी जनता ही नहीं थी जिन्हें उचित नागरिकता में प्रशिक्षण की आवश्यकता थी बल्कि उच्च जाति के अभिजात वर्ग ने भी अभी तक यह स्वीकार नहीं किया था कि लोकतान्त्रिक समानता जातिगत असमानता के साथ असंगत थी। लेकिन अम्बेडकर ने नागरिकता पर संवैधानिक वार्ताओं में उस एकरूपता को प्रदर्शित करने में गांधी के साथ शामिल होने से इनकार कर दिया। उन्होंने ज़ोर देकर कहा–अछूत, देश के भीतर अल्पसंख्यक थे और उन्हें राजनीतिक निकाय में विशेष प्रतिनिधित्व की आवश्यकता थी।

दूसरी ओर, गांधी और कांग्रेस ने राष्ट्र को एक ओर अविभाज्य बताते हुए पहले ही स्वीकार कर लिया था कि देश में मुसलमान अल्पसंख्यक हैं। अछूत? हिन्दू धर्म के लिए एक आन्तरिक समस्या का प्रतिनिधित्व किया। अदृश्य रूप से, भारत की एकरूपता हिन्दुओं की एकरूपता के खाँचे में खिंच जाती है। अस्पृश्यता को हटाना एक शैक्षणिक कार्य है, जिसे क़ानून द्वारा आवश्यक होने पर सामाजिक सुधार द्वारा पूरा किया जाना है, लेकिन हिन्दुओं के बीच जातिगत असमानता ब्रिटिश शासकों या मुस्लिम अल्पसंख्यकों के सामने नहीं की जानी है। यही एक-दूसरे को पुन:स्थापित करने की प्रक्रिया में समरूपता का तल बिखर जाता है।

इस बीच, हमारे काल्पनिक नायक धोराई ने 1930 के दशक में राष्ट्रवाद में अपनी शिक्षा प्राप्त करना जारी रखा। अपने बन्धनों से मुक्त होकर, वह दूसरे गाँव में चला जाता है और बटाईदारों और मज़दूरों की एक पिछड़ी जाति कोइरी के बीच नये सिरे से जीवन शुरू करता है। धोराई ने राजपूत ज़मींदारों और कोइरी अधीर और सन्थाल मज़दूरों के किसान-जीवन, धान, जूट, तम्बाकू और मक्का उगाने, साहूकारों और व्यापारियों के जीवन की वास्तविकताओं को सीखना शुरू किया। जनवरी 1934 में, बिहार अपने रिकॉर्ड किये गये इतिहास में सबसे भयंकर भूकम्प से तबाह हो गया। नुक़सान का जायज़ा लेने पहुँचे सरकारी अधिकारी; कांग्रेसी राष्ट्रवादी स्वयंसेवक पहुँचते हैं। एक साल से भी अधिक समय से, कोइरी अस्पष्ट रूप से सुनते हैं कि उन्हें 'राहत' दी जा रही है। और फिर उन्हें बताया जाता है कि सर्वेक्षण में पाया गया था कि मिट्टी की दीवारों और फूस की छतों से बनी कोयरी झोंपड़ियों की मरम्मत ख़ुद कोयरी ने आसानी से की थी, लेकिन राजपूत ज़मींदारों के ईंट के घरों को भारी नुक़सान पहुँचा था। इसलिए, रिपोर्ट ने सिफ़ारिश की थी कि राहत का बड़ा हिस्सा राजपूतों को दिया जाना चाहिए।

इस प्रकार धोराई की शिक्षा में एक नया अध्याय शुरू होता है–उनकी खोज कि बंगाली वकील और राजपूत ज़मींदार तेज़ी से महात्मा के प्रमुख अनुयायी बन रहे थे। लेकिन भले ही पुराने शोषक राष्ट्रीय स्वतन्त्रता के नये सन्देशवाहक बन जाते हैं, लेकिन महात्मा का रहस्य बरक़रार रहता है। एक दिन महात्मा का पत्र लेकर गाँव में एक स्वयंसेवक आता है। वह कोइरी से कहता है कि वे बारी-बारी से महात्मा को एक-एक पत्र भेजें। नहीं, नहीं, उन्हें डाक टिकट के लिए भुगतान नहीं करना है। उन्हें बस इतना करना है कि अधिकारी के पास चलें जो उन्हें एक पत्र देगा, जिसे उन्हें महात्मा ज़ी के पोस्टबॉक्स में रखना होगा–सफ़ेद वाला, याद रखें, रंगीनवाले नहीं। इसे 'वोट' कहा जाता था। स्वयंसेवक धोराई को निर्देश देता है :

अधिकारी को यह याद से कहना है कि, "तुम्हारा नाम धोराई कोइरी है, तुम्हारे पिता कीर्तु कोइरी हैं।" धोराई जैसा कहा जाता है, वैसा ही करता है।

> वोटिंग बूथ के अन्दर धोराई सफ़ेद डिब्बे के सामने हाथ जोड़कर खड़ा हो गया और पत्र को उसमें डाल दिया। महात्मा जी की स्तुति, कांग्रेस के स्वयंसेवक की स्तुति, उन्होंने धोराई को रामराज्य-निर्माण के महान कार्य में गिलहरीवाली छोटी भूमिका दी थी, लेकिन उनका दिल दु:ख से टूट गया–अगर वे लिख सकते थे, तो वे स्वयं पत्र लिखते महात्मा को। ज़रा सोचिए, ये सभी लोग महात्मा को पत्र लिख रहे हैं, देश के एक छोर से दूसरे छोर तक, एक साथ, एक ही समय पर। तातमातुली, जिरानिया...

धोराई स्वयंसेवक...वे सब एक ही चाहते थे। उन सबने महात्मा को वही पत्र भेजा था। सरकार, अधिकारी, पुलिस, ज़मींदार...सब उनके ख़िलाफ़ थे। भिन्न-भिन्न जातियों के थे, फिर भी इतने पास आ गये थे....मकड़ी के जाले की तरह जुड़े हुए थे, रेशे इतने पतले थे कि पकड़ने की कोशिश करो तो टूट जाते हैं। दरअसल, आप हमेशा यह नहीं बता सकते थे कि यह वहाँ था या नहीं। जब वह हवा में धीरे-धीरे लहराता था, या सुबह की ओस की बूँदें उससे चिपक जाती थीं, या जब सूरज की अचानक किरण उस पर पड़ती थी, तो आप उसे देखते थे, और वह भी एक पल के लिए। यह रामजी की धरती थी जिस पर उनके अवतार महात्मा जी अपना महीन जाला बुन रहे थे..."अरे बूथ के अन्दर क्या कर रहे हो?" अफ़सर की सूझ-बूझ ने उसकी सुध-बुध तोड़ी। धोराई जल्दी से बाहर आ गया।[15]

वोट नागरिकता का महान गुमनाम प्रदर्शन है, यही कारण है कि शायद यह बहुत ज़्यादा मायने नहीं रखता था कि धोराई का इस अनुष्ठान से परिचय प्रतिरूपण के एक अधिनियम के माध्यम से हुआ था। लेकिन इसने केवल इस सवाल को छुपाया कि राष्ट्र के भीतर कौन किसका प्रतिनिधित्व करता है। हालाँकि कोइरियों ने महात्मा के लिए ईमानदारी से मतदान किया, लेकिन वे यह देखकर निराश थे कि जिस राजपूत ज़मींदार के साथ उन्होंने वर्षों तक संघर्ष किया था, वह कांग्रेस के समर्थन से ज़िला बोर्ड का अध्यक्ष चुना गया था। महात्मा जी की सुनी, अब सरकार में मन्त्री थे, लेकिन जब एक नयी सड़क बनायी गयी, तो निश्चित रूप से, यह राजपूत घरों के ठीक बग़ल में चली गयी।

लेकिन धोराई ने अपने लिए रामायण की एक प्रति ख़रीदी। एक दिन, उसने ख़ुद से वादा किया, वह इसे पढ़ना सीखेगा। हालाँकि, राम के राज्य का मार्ग अचानक बाधित हो गया, जब ख़बर आयी कि महात्मा को अंग्रेज़ों ने गिरफ़्तार कर लिया है, महात्मा ने घोषणा की थी यह अन्तिम संघर्ष था। महात्मा जी के प्रत्येक सच्चे अनुयायी को अब उनकी सेना में शामिल होना चाहिए। हाँ, सेना को अत्याचारियों के ख़िलाफ़ कार्रवाई करनी चाहिए, गिरफ़्तार होने का इन्तज़ार नहीं करना चाहिए। धोराई 1942 के भारत छोड़ो आन्दोलन में लामबन्द हो गया। यह किसी भी अन्य युद्ध से अलग था; स्वयंसेवकों ने कहा कि यह एक क्रान्ति थी। साथ ही, उन्होंने पुलिस स्टेशन पर धावा बोल दिया और उसे आग लगा दी। सुबह तक ज़िलाधिकारी, पुलिस अधीक्षक और सभी वरिष्ठ अधिकारी भाग चुके थे। महात्मा जी की जय, क्रान्ति की जय! ज़िले ने स्वतन्त्रता प्राप्त कर ली थी, वे स्वतन्त्र थे।

यह लम्बे समय तक नहीं चला। सप्ताह बाद, ट्रकों और बन्दूक़ों के साथ अन्दर चले गये। स्वयंसेवकों सहित धोराई वनों की ओर प्रस्थान कर गया। वह अब एक वांछित व्यक्ति, एक विद्रोही था। लेकिन वे सभी वांछित पुरुष थे—वे महात्मा जी के सैनिक थे। वन में उनमें एक विचित्र समानता थी। उन्होंने अपने मूल नामों को छोड़ दिया था और एक-दूसरे को गांधी, जवाहर, पटेल, आज़ाद कहते थे। वे राष्ट्र के प्रतिनिधियों की गुमनाम प्रतिकृतियाँ थे। सिवाय इसके कि उन्हें इसके रोज़मर्रा के जीवन से दूर कर दिया गया था। कुछ समय बाद, यह शब्द आया कि अंग्रेज़ों ने जर्मनों और जापानियों के साथ युद्ध जीत लिया है, कांग्रेस के नेता रिहा होने वाले थे और सभी क्रान्तिकारियों को आत्मसमर्पण करना होगा। आत्मसमर्पण? और मुक़दमा चलाकर जेल भेजा जाये? कौन जानता है; फाँसी भी हो सकती है? धोराई की इकाई ने आत्मसमर्पण नहीं करने का संकल्प लिया।

पाँच

मार्च 1940 में मुस्लिम लीग ने राष्ट्रीय मंचों पर यह ख़्याल रखना शुरू कर दिया था कि भारत में सत्ता के हस्तान्तरण के लिए किसी भी संवैधानिक योजना के तहत एक ऐसी व्यवस्था शामिल की जानी चाहिए जो भौगोलिक रूप से मुस्लिम बहुल क्षेत्रों को स्वतन्त्र, स्वायत्त और सम्प्रभु राज्यों के रूप में समूहीकृत किया जा सके। यह संकल्पना पाकिस्तान के रूप में जानी जाने लगी। कांग्रेस ने इस योजना का विरोध किया। कुछ महीने बाद, दिसम्बर 1940 में, अम्बेडकर ने *पाकिस्तान ऑर द पार्टीशन ऑफ़ इंडिया* नामक एक लम्बी पुस्तक लिखी, जिसमें उन्होंने इस प्रस्ताव के पक्ष और विपक्ष पर विस्तार से चर्चा की।[16]

आश्चर्यजनक रूप से इस पुस्तक का वर्तमान में हो रहे अम्बेडकर पुनरुत्थान में शायद ही कभी उल्लेख किया जाता है।[17] एक राजनीतिक विश्लेषक और वास्तव में एक आश्चर्यजनक पूर्वज्ञान के रूप में अपने कौशल को दिखाने के अलावा, मुझे लगता है कि यह एक ऐसा पाठ है जिसमें अम्बेडकर ने अपनी राजनीति की दोहरी माँग के साथ सबसे अधिक उत्पादक रूप से संघर्ष किया–एक, राष्ट्र के भीतर सार्वभौमिक और समान नागरिकता के लिए संघर्ष को आगे बढ़ाने के लिए और दो, राजनीतिक निकाय में दलित जातियों के लिए विशेष प्रतिनिधित्व सुरक्षित करने के लिए।

यह पुस्तक अपनी संवादात्मक संरचना में लगभग सुकरातीय है, जिसमें सबसे पहले मज़बूत सम्भव शब्दों में, पाकिस्तान के लिए मुस्लिम मामला प्रस्तुत किया

गया है। और फिर पाकिस्तान के ख़िलाफ़ हिन्दू मामला, और फिर विभाजन न होने की स्थिति में मुसलमानों और हिन्दुओं के लिए उपलब्ध विकल्पों पर विचार किया गया है। सबसे चौंकाने वाली बात यह है कि अछूतों के अघोषित प्रतिनिधि के रूप में जिस तरह से अम्बेडकर ने बहस में पूर्ण तटस्थता की स्थिति अपनायी, वह इस मामले में बिल्कुल भी इस सवाल से ओझल नहीं है कि मामला कैसे सुलझाया जाये–अम्बेडकर के लिए इस मामले का सम्बन्ध न तो मुसलमानों से है और न ही हिन्दू पक्ष से। बल्कि वह केवल प्रतिद्वन्द्वी तर्कों का न्याय करने और सबसे यथार्थवादी समाधान के लिए विचारणीय था। लेकिन निश्चित रूप से, यह केवल एक कथात्मक रणनीति है। हम जानते हैं कि इस सवाल में अम्बेडकर का बहुत बड़ा हित था : उनके लिए सबसे महत्त्वपूर्ण मुद्दा यह था कि भारत के अछूतों के लिए विभाजन बेहतर होगा या नहीं। *पाकिस्तान ऑर पार्टीशन ऑफ़ इंडिया* में महत्त्वपूर्ण रूप से अम्बेडकर यथार्थवादी राजनीति के ठोस दावों में राष्ट्रीयता के यूटोपियन न्याय का दावा करते हैं।

दोनों पक्षों के तर्कों का विश्लेषण करते हुए अम्बेडकर हिन्दू और मुसलमान दोनों के लिए विभाजन को जायज़ मानते हैं। शासित होने की सम्भावना कैसी हो? इस मुक़ाम पर निर्णायक तर्क तब आता है जब विभाजन एक विकल्प के तौर पर और भारत ब्रिटिश मुक्त स्वतन्त्र राष्ट्र के रूप में हो। अनिवार्य रूप से बहुसंख्यकों के प्रभुत्ववाली एकल केन्द्रीय सरकार के विचार के प्रति मुसलमानों की शत्रुता को देखते हुए, यह निश्चित था कि यदि विभाजन नहीं होता, तो भारत को एक कमज़ोर केन्द्रीय सरकार के साथ रहना होगा जिसमें अधिकांश शक्तियाँ प्रान्तों को सौंपी जायेंगी। यह एक 'बीमारू राज्य' ही होगा। जहाँ द्वेष की भावना प्रधान रहेगी। इस बात का इल्म रहे कि पाकिस्तान को दफ़नाना और पाकिस्तान के अतीत को दफ़न करना दोनों बातें समान नहीं हैं।[18]

इसके अलावा, स्वतन्त्र भारत में सशस्त्र बलों का भी सवाल था। एक लम्बे अध्याय में, अम्बेडकर सीधे औपनिवेशिक शासन के केन्द्र की थाह लेते हुए ब्रिटिश भारतीय सेना की साम्प्रदायिक संरचना पर चर्चा करते हैं, यह एक ऐसा विषय है जिस पर सज़िशन ख़ामोशी है। वह बताते हैं कि लगभग साठ प्रतिशत भारतीय सेना में पंजाब, उत्तर-पश्चिम सीमान्त और कश्मीर के पुरुष शामिल थे, और उनमें से आधे से अधिक मुसलमान थे। क्या एक कमज़ोर केन्द्र सरकार, जिसे मुस्लिम आबादी द्वारा सन्देह के साथ माना जाता है, इन सैनिकों की वफ़ादारी की कमान

सँम्भालेगी? दूसरी ओर, क्या नयी सरकार को सेना की साम्प्रदायिक संरचना को बदलने का प्रयास करना चाहिए, क्या उत्तर-पश्चिम के मुसलमानों द्वारा विरोध किये बिना इसे स्वीकार कर लिया जायेगा?[19]

सकारात्मक रूप से न्याय करने पर, पाकिस्तान का नया राज्य एक सजातीय राज्य होगा। पंजाब और बंगाल की सीमाओं को क्रमश: सजातीय मुस्लिम और हिन्दू क्षेत्रों को पाकिस्तान और भारत के साथ एकीकृत करने के लिए फिर से तैयार किया जा सकता है। दोनों प्रान्तों के विभाजन की माँग करने से बहुत पहले, अम्बेडकर ने पहले ही देख लिया था कि हिन्दू और सिख विशेष रूप से मुसलमानों के लिए बनाये गये देश में रहने के लिए सहमत नहीं होंगे और भारत में शामिल होना चाहेंगे। उत्तर-पश्चिम सीमान्त प्रान्त और सिन्ध के लिए, जहाँ हिन्दू आबादी बहुत कम वितरित की गयी थी, एकमात्र यथार्थवादी समाधान जनसंख्या का आधिकारिक रूप से पर्यवेक्षण हस्तान्तरण था, जैसा कि तुर्की, ग्रीस और बुल्गारिया में हुआ था। जो भारत या हिन्दुस्तान बनेगा वह समग्र होगा, सजातीय नहीं। लेकिन अल्पसंख्यक प्रश्न को तब अधिक यथोचित रूप से सँम्भाला जा सकता था। "मेरे लिए, ऐसा लगता है कि अगर पाकिस्तान हिन्दुस्तान के भीतर साम्प्रदायिक समस्या का समाधान नहीं करता है, तो यह काफ़ी हद तक इसके अनुपात को कम कर देता है और इसे मामूली महत्त्व और शान्तिपूर्ण समाधान के लिए बहुत आसान बना देता।"[20]

और फिर, वास्तविक-राजनीतिक तर्क की शानदार चालों की एक कड़ी में, अम्बेडकर दिखाते हैं कि केवल अखण्ड भारत में, जिसमें एक तिहाई से अधिक आबादी मुस्लिम है, हिन्दू प्रभुत्व एक गम्भीर ख़तरा हो सकता है। ऐसे राज्य में, बहुसंख्यकों के अत्याचार से डरकर, मुसलमान ख़ुद को एक मुस्लिम पार्टी में संगठित कर लेंगे, जैसे कि मुस्लिम हिन्दू राज के लिए आह्वान करने वाले हिन्दू दलों के उदय को भड़काते हैं। दूसरी ओर, विभाजन के बाद, हिन्दुस्तान में मुसलमान एक छोटा और व्यापक रूप से बिखरा हुआ अल्पसंख्यक होगा। वे विभिन्न सामाजिक और आर्थिक कार्यक्रमों को आगे बढ़ाते हुए अनिवार्य रूप से इस या उस राजनीतिक दल में शामिल होंगे। इसी तरह, हिन्दू महासभा जैसी पार्टी के लिए बहुत कम ज़मीन बची होगी, जो ख़त्म हो जायेगी। और जहाँ तक हिन्दू समाज के निचले तबक़े की बात है, तो वे हिन्दू उच्च जातियों के नागरिकता और सामाजिक सम्मान के अपने अधिकारों के लिए लड़ने को मुस्लिम अल्पसंख्यकों के साथ मिलकर काम करेंगे।[21]

हमें भारत के विभाजन के पक्ष और विपक्ष में अम्बेडकर के तर्कों के आन्तरिक गुणों का आकलन करने की जद्दोजहद करने में समय जाया करने की आवश्यकता नहीं है। हालाँकि 1940 के दशक के प्रारम्भिक सन्दर्भ में उनकी दूरदर्शिता उल्लेखनीय है। मैं यहाँ उनके तर्कों को अपने तर्क का आधार बना रहा हूँ। वह सार्वभौमिक और समान नागरिकता के मूल्य के बारे में पूरी तरह से अवगत हैं और असीमित क्रमिकताओं के नैतिक महत्त्व का पूरी तरह से समर्थन करते हैं। दूसरी ओर, वह महसूस करते हैं कि सार्वभौमिकता का नारा अक्सर वास्तविक असमानताओं के स्थायीकरण को कवर करने का एक मुखौटा होता है। लोकतान्त्रिक राष्ट्रवाद की राजनीति अधिक वास्तविक समानता प्राप्त करने के लिए एक साधन प्रदान करती है। लेकिन केवल वंचितों के लिए पर्याप्त प्रतिनिधित्व सुनिश्चित करके इन समूहों के भीतर एक राजनीतिक नीतिकुशलता को भी निर्मित करती है। समूहों, वर्गों, समुदायों, सभी प्रकार की जातीयता-बद्ध शृंखलाओं की एक रणनीतिक राजनीति अपरिहार्य हैं। इस प्रकार एकरूपता को त्यागा नहीं जाता है, इसके विपरीत, विभाजन विषमता जैसे विशिष्ट सन्दर्भों के अक्सर एक रणनीतिक समाधान की आपूर्ति बन सकता है। दूसरी ओर, सार्वभौमिक राष्ट्रवाद के यूटोपियन दावों के विपरीत, विषमता की राजनीति कभी भी सभी लोगों के लिए हर समय एक सामान्य सूत्र उत्पन्न करने का दावा नहीं कर सकती है : इसके समाधान हमेशा रणनीतिक, प्रासंगिक, ऐतिहासिक रूप से विशिष्ट और अनिवार्य रूप से अन्तिम होते हैं।

अन्त में, मैं एंडरसन के राष्ट्रवाद और नृजातीयता की राजनीति के बीच के अन्तर पर लौटता हूँ। वह इस बात से सहमत हैं कि सरकारियत की 'बाँधी हुई शृंखला' समुदाय की भावना पैदा कर सकती है, जो कि निश्चित रूप से जातीय पहचान की राजनीति है। लेकिन एंडरसन की सोच में समुदाय को लेकर इस प्रकार की भावना भ्रामक है। इन वास्तविक और काल्पनिक जनगणनाओं में, "पूँजीवाद, राज्य मशीनरी और गणित धन्यवाद के पात्र हैं कि यही कल्पनाएँ समुदायों को क्रमिक रूप से एकत्रित करती हैं।"[22] इसके विपरीत, राष्ट्रवाद की 'प्रतिबद्ध शृंखला' एक अनुमान नहीं है, राष्ट्रीय समुदाय के स्वतन्त्र व्यक्तिगत सदस्यों को पूर्णांक में बदलने की आवश्यकता है। यह कल्पना है कि राष्ट्र ऐतिहासिक समय की शुरुआत से लेकर आज तक अपनी पहचान के जनगणना-समान सत्यापन की आवश्यकता के बिना समान रूप में अस्तित्व में है। यह सदस्यता के कठोर और मनमाने मानदण्ड को लागू किये बिना राष्ट्र के कल्पित सामूहिक जीवन को एक साथ अनुभव कर सकता है। क्या यूटोपियन स्पेस को छोड़कर ऐसी 'अनबाउंड सीरियलिटी' कहीं भी मौजूद हो सकती है?

इन 'अनबाउंड सीरियल्स' का समर्थन करना जबकि 'बाउंड' को ख़ारिज करना, वास्तव में आधुनिक सरकारियत के बिना राष्ट्रवाद की कल्पना करने जैसा है। हमारे पास कौन सी आधुनिक राजनीति हो सकती है जिसमें पूँजीवाद, राज्य मशीनरी या गणित का कोई टीला न हो? ऐतिहासिक क्षण जिसे एंडरसन और कई अन्य लोगों ने भी प्रस्तावित किया है, वह पौराणिक क्षण है जहाँ शास्त्रीय राष्ट्रवाद आधुनिकता के साथ विलीन हो जाता है। मेरा मानना है कि शास्त्रीय राष्ट्रवाद की यूटोपियन राजनीति पर फिर से ज़ोर देना उपयोगी नहीं रह गया है। दरअसल, मैं इसे उत्तर-औपनिवेशिक इंडिया का विकल्प नहीं मानता, बल्कि उत्तर-औपनिवेशिक दुनिया के एक सिद्धान्तकार के लिए उपलब्ध रास्ता इस प्रकार का होना चाहिए कि एक तरफ़ वह वैश्विक सार्वभौमवाद से दूर हो और दूसरी तरफ़ जातीय रूढ़िवाद से। यह सरकार के जटिल कारोबार को दूषित भी करता है। आधुनिक राष्ट्रवाद के सार्वभौमवाद द्वारा उत्पन्न और वैध की गयी विषमताओं ने यहाँ किसी भी नैतिक रूप से साफ़-सुथरे विकल्प के लिए जगह नहीं छोड़ी है। उत्तर-औपनिवेशिक सिद्धान्तकार के लिए, उत्तर-औपनिवेशिक उपन्यासकार की तरह, केवल तभी पैदा होता है जब महाकाव्य आधुनिकता का पौराणिक समय-स्थान हमेशा के लिए खो गया हो।

हमारे काल्पनिक नायक धोराई के भाग्य का वर्णन करते हुए मैं अपनी बात समाप्त करता हूँ। भगोड़े विद्रोहियों के अपने बैंड के साथ जंगलों में रहते हुए, धोराई को समानता और स्वतन्त्रता के अपने सपनों की सीमाओं के साथ आमने-सामने लाया जाता है। यह जाति और समुदाय की बँधी हुई शृंखला नहीं है जो भ्रामक साबित होती है, बल्कि समान नागरिकता का वादा है। भगोड़े जीवन की कठोरता साहचर्य को छिन्न-भिन्न कर देती है और जिससे पुराने पदानुक्रम फिर से प्रकट हो जाते हैं। सन्देह, साज़िश, बदला और प्रत्यारोप शासक भावनाएँ बन जाती हैं। धोराई की रामायण की प्रति उसकी गठरी में बँधी पड़ी है, बिना खुली, बिना पढ़ी। इन सबके बीच एक युवक बैंड में शामिल हो जाता है। वह कहता है कि वह तातमातुली के बगलवाले गाँव का ईसाई धनगर हैं। धोराई को लड़के के साथ एक अजीब-सा बन्धन महसूस होता है। क्या वह कल्पना कर सकता है—वह बेटा हो सकता है जिसे उसने कभी नहीं देखा है? धोराई लड़के की देखभाल करता है और उससे कई सवाल पूछता है। जितना अधिक वह उससे बात करता है, उतना ही उसे विश्वास हो जाता है कि यह वास्तव में उसका पुत्र है। लड़का बीमार पड़ जाता है, और धोराई उसे उसकी माँ के पास ले जाने का फ़ैसला करता है। जैसे ही वह तातमातुली के पास पहुँचता है, वह मुश्किल से अपनी उत्तेजना को नियन्त्रित कर पाता है। क्या यह

बाद के दिनों के अछूत राम का महाकाव्य होने वाला था? क्या वह अपनी निर्वासित पत्नी और बेटे के साथ एकजुट होने जा रहा था? माँ प्रकट होती है, अपने बेटे को अन्दर ले जाती है, फिर से बाहर आती है और दयालु अजनबी को बैठने के लिए आमन्त्रित करती है। वह अपने बेटे के बारे में, अपने मृत पति के बारे में बात करती है। धोराई उसकी बात सुनता है। वह कोई और है, उसकी पत्नी नहीं। लड़का कोई और है, उसका बेटा नहीं। धोराई कुछ मिनटों के लिए विनम्र बातचीत करता है और फिर चला जाता है, हम नहीं जानते कि कहाँ। लेकिन वह अपने पीछे रामायण की प्रति के साथ अपनी गठरी छोड़ जाता है, जिसकी उसे और कोई आवश्यकता नहीं है। भविष्यवाणी के समय में धोराई हमेशा के लिए अपना वादा किया हुआ स्थान खो चुका है।

या उसके पास है? स्वतन्त्रता के बाद, बी.आर. अम्बेडकर भारतीय संविधान की मसौदा समिति के अध्यक्ष और बाद में क़ानून मन्त्री बने। इन क्षमताओं में, वह दुनिया के सबसे प्रगतिशील लोकतान्त्रिक संविधानों में से एक को एक साथ रखने में महत्त्वपूर्ण भूमिका निभाते थे, धर्म या जाति के बावजूद स्वतन्त्रता और समानता के मौलिक अधिकारों की गारंटी देते थे और साथ ही, पूर्व अछूत जातियों के लिए विधानसभाओं में विशेष प्रतिनिधित्व प्रदान करते थे।[23] लेकिन क़ानून बदलना एक बात थी; सामाजिक प्रथाओं को बदलना एक और मामला था। हिन्दू समाज में जातिगत भेदभाव को समाप्त करने में राज्य की उदासीनता से निराश, अम्बेडकर ने 1956 में बौद्ध धर्म में परिवर्तित होने का फ़ैसला किया। यह सुनिश्चित करने के लिए अलगाववाद का कार्य था, लेकिन साथ ही, जैसा कि अम्बेडकर ने बताया, यह एक ऐसे धर्म से सम्बद्धता भी थी जो सामाजिक समानता के समर्थन में हिन्दू धर्म की तुलना में कहीं अधिक सार्वभौमिक था।[24] उनके धर्मान्तरण के कुछ सप्ताह बाद, केवल बीस साल बाद दलित मुक्ति के पैग़म्बर के रूप में पुनर्जन्म के बाद वर्तमान में उनकी यही स्थिति है—भारत की उत्पीड़ित जातियों के लिए यथार्थवादी ज्ञान और मुक्ति के सपने, दोनों का स्रोत बन गये।

भारत में लोकतान्त्रिक राष्ट्रवाद की स्थापना के क्षण में सार्वभौमिक सम्बद्धताओं और विशेष पहचानों के बीच अनसुलझे संघर्ष के बारे में अपनी कहानी को समाप्त करने के लिए, मुझे यह बताना चाहिए कि आज यहाँ क्या दाँव पर लगा है। 2000 में एक भारतीय शोध संस्थान में एक बैठक में, शिक्षाविदों और नीति-निर्माताओं के एक प्रतिष्ठित पैनल ने राष्ट्रीय जीवन में सार्वभौमिक आदर्शों और नैतिक मूल्यों की गिरावट पर शोक व्यक्त किया था। दर्शकों में से एक दलित कार्यकर्ता ने पूछा कि

ऐसा क्यों है कि उदार और वामपन्थी बुद्धिजीवी सहस्राब्दी के इस मोड़ पर एक निराशाजनक इतिहास बयाँ कर रहे हैं। जहाँ तक वे देख सकते थे, बीसवीं सदी का उत्तरार्ध दलितों के पूरे इतिहास का सबसे उज्ज्वल काल था, क्योंकि उन्होंने अस्पृश्यता के सबसे बुरे रूपों से छुटकारा पा लिया था, एक समुदाय के रूप में ख़ुद को राजनीतिक रूप से लामबन्द कर लिया था, और अब सरकारी सत्ता में हिस्सेदारी पाने के लिए अन्य उत्पीड़ित समूहों के साथ रणनीतिक गठजोड़ कर रहे हैं। यह सब इसलिए हो सका क्योंकि लोकतन्त्र की स्थितियों ने जातीय विशेषाधिकारों के गढ़ों को चुनावी बहुमत में संगठित उत्पीड़ित समूहों के प्रतिनिधियों से हमला करने के लिए खोल दिया था। इस भावपूर्ण हस्तक्षेप से पैनलिस्ट चुप हो गये। मुझे एक बार फिर समझाया गया कि राष्ट्रवाद के सार्वभौमवादी आदर्शों को बनाये रखना नैतिक रूप से अवैध है, साथ ही यह माँग किये बिना कि सरकारियत से उत्पन्न राजनीति को देश के आधुनिक राजनीतिक जीवन के वास्तविक समय-स्थान के समान रूप से वैध हिस्से के रूप में मान्यता दी जाये। इसके बिना सरकारी प्रौद्योगिकियाँ प्रसार और सेवा करना जारी रखेंगी, जैसा कि उन्होंने औपनिवेशिक युग में एक वैश्विक पूँजीवादी व्यवस्था में वर्ग-शासन के हेरफेर करने योग्य उपकरणों के रूप में किया था। बहुरूपीय समय के संचालन के लिए वास्तविक नैतिक स्थान खोजने की माँग कर और उस आदेश के प्रारम्भिक प्रतिरोध से राजनीतिक न्याय की नयी शर्तों का आविष्कार करने में सफल हो सकते हैं।

सन्दर्भ

1. बेनेडिक्ट एंडरसन (1983), *इमेजिनरी कम्युनिटीज़ : रिफ़लेक्सन ऑन द ओरिजिन एंड स्प्रेड ऑफ़ नेशनलिज़्म*; लन्दन : वर्सो।
2. बेनेडिक्ट एंडरसन (1998), द *स्पेक्ट्रे ऑफ़ कम्पैरिजन्स : नेशनलिज़्म, साउथ-ईस्ट एशिया एंड द वर्ल्ड*; लन्दन, वर्सो, पृ. 29
3. मिशेल फूको (1998), 'डिफ़रेंट स्पेसेस' संकलित जेम्स डी. फ़ौबियन (सम्पादित), *एसेंशियल वर्क ऑफ़ फूको*, वोल्यूम 2: *एस्थेटिक्स, मेथड एंड एपिस्टोमॉलॉजी*, न्यूयॉर्क : न्यू प्रेस, 175-85
4. होमी भाभा (1990), 'डिस्सेमीनेशन' संकलित भाभा (सम्पादित), नेशन एंड नेशनलिज़्म, लन्दन : रूटलेज, 291-322
5. अलमनस, ऑथर ऑफ़ इंडियन कॉन्स्टिट्यूशन ऑनर्ड, कोलम्बिया यूनिवर्सिटी प्रेस रिकॉर्ड, 21, नं. 9 (नवम्बर 3, 1995) : 3

6. बी.आर. अम्बेडकर (1946), *हु वेयर द शुद्राज़?*, हाउ दे कम टु बी द फ़ोर्थ वर्ना इन द इंडो-आर्यनसोसायटी, रीप्रिंट, बम्बई : ठाकर्स, 1970; अम्बेडकर (1948), द अनटचेबल्स : हु वेयर दे एंड व्हाई दे बिकम अनटचेबल्स, न्यू डेल्ही : अमृत बुक कम्पनी।
7. सतीनाथ भादुड़ी (वोल्यूम एक 1949; वोल्यूम दो 1951), *ढोडाय चरितमानस* संकलित *सतीनाथ भादुड़ी ग्रन्थावली*, शंख घोष तथा निर्माल्य आचार्य (सम्पादित), कोलकाता : सिगनेट, 1-296
8. शाहिद अमीन (1984), 'गांधी एज महात्मा' संकलित रणजीत गुहा (सम्पादित), *सबाल्टर्न स्टडीज़*, वोल्यूम 3, दिल्ली : ऑक्सफ़ोर्ड यूनिवर्सिटी प्रेस, पृ. 1-61; शाहिद अमीन (1995), *इवेंट, मेटाफ़र, मेमोरी : चौरी चौरा 1992-1992*, दिल्ली ; ऑक्सफ़ोर्ड यूनिवर्सिटी प्रेस।
9. एम.एन. श्रीनिवास (1966), *सोशल चेंज इन मॉडर्न इंडिया*, बर्कले : केलिफ़ोर्निया यूनिवर्सिटी प्रेस; डेविड हार्डीमैन (1987), *द कमिंग ऑफ़ द देवी आदिवासी असर्शन इन वेस्टर्न इंडिया*, दिल्ली : ऑक्सफ़ोर्ड यूनिवर्सिटी प्रेस।
10. *ढोडाय चरितमानस*, पृ. 7
11. गेल ओम्वेट (1994), *दलित एंड द डेमोक्रेटिक रिवोल्यूशन : डॉ. अम्बेडकर एंड द दलित मूवमेंट इन कलोनियल इंडिया*, नयी दिल्ली : सेज, पृ. 146
12. वही; पृ. 168-9
13. रविन्दर कुमार (1987), 'गांधी, अम्बेडकर एंड द पूना पैक्ट, 1932' संकलित जिम मस्सेलोस (सम्पादित), *स्ट्रगलिंग एंड रूलिंग : द इंडियन नेशनल कांग्रेस 1885-1985*, नयी दिल्ली; स्टर्लिंग, ओम्वेट, *दलित्स*, पृ. 161-189
14. भाभा, 'डिसेमिनेशन'
15. *ढोढाय*, पृ. 292-3
16. अम्बेडकर (1945), *पाकिस्तान ऑर द पार्टीशन ऑफ़ इंडिया*, बम्बई; ठाकर।
17. अरुण शौरी (1997), *वर्शपिंग फ़ाल्स गॉड्स : अम्बेडकर एंड द फ़ैक्ट व्हिच हेव बीन एरासेद*, नयी दिल्ली : एसए पब्लिकेशन।
18. पाकिस्तान, पृ. vii
19. वही, पृ. 55-87
20. वही, पृ. 105
21. वही; 352-58
22. एंडरसन एस्पेक्ट्रे (1998), पृ. 44
23. मार्क गैलेंटर (1984), *कोम्पेटिंग इक्वलिटी : लॉ एंड द बैकवर्ड क्लासेज़ इन इंडिया*, दिल्ली : ऑक्सफ़ोर्ड यूनिवर्सिटी प्रेस।
24. गौरी विश्वनाथन, *आउट साइड द फील्ड: कन्वर्सन, मॉडर्निटी एंड बेलीफ़*, प्रिन्सटन यूनिवर्सिटी प्रेस, पृ. 211-39

अध्याय : दो

जनसंख्या और राजनीतिक समाज

एक

निश्चित रूप से, उत्कृष्ट क्षण फ्रांसीसी क्रान्ति का ही था, जब प्रबुद्ध आधुनिकता के वादे राष्ट्र के भीतर नागरिकता की सार्वभौमिक राजनीतिक आकांक्षा को समग्रता के रूप में देखा जाता था। इस पल को पिछले दो सौ वर्षों में कई तरीक़ों से महत्त्वपूर्ण माना गया है, शायद सबसे व्यापक तथा सार्वभौमिक रूप से राष्ट्र के साथ लोगों की पहचान और राज्य के साथ राष्ट्र की पहचान को अब लगभग स्वीकार कर लिया गया है। इसमें कोई सन्देह नहीं है कि आधुनिक राज्य की वैधता अब स्पष्ट रूप से लोकप्रिय सम्प्रभुता की अवधारणा पर आधारित है। बेशक, यह आधुनिक लोकतान्त्रिक राजनीति का आधार है, लेकिन लोकप्रिय सम्प्रभुता के विचार का प्रभाव लोकतन्त्र की तुलना में अधिक सार्वभौमिक है। यहाँ तक कि आधुनिक शासनों में सबसे अलोकतान्त्रिक शासन को भी अपनी वैधता का दावा दैवीय अधिकार या वंशवादी उत्तराधिकार या विजय के अधिकार से कही ज़्यादा लोगों की इच्छा में ही अभिव्यक्त होता है। निरंकुश, सैन्य तानाशाही, एकदलीय शासन यह सभी प्रकार के शासन लोगों के पक्ष से ही संचालित होते रहे हैं।

लोकप्रिय सम्प्रभुता के विचार की शक्ति और उन्नीसवीं शताब्दी में यूरोप और अमेरिका में लोकतान्त्रिक और राष्ट्रीय आन्दोलनों पर इसका प्रभाव सर्वविदित है। लेकिन आधुनिक पश्चिम के रूप में शुमार इसकी व्यापकता अधिक प्रभावशाली है। 1798 में मिस्र में नेपोलियन के अभियान के परिणामों की बहुत चर्चा हुई।[1] आगे पूर्व में, मैसूर के शासक राजकुमार टीपू सुल्तान, जो तब दक्षिणी भारत में अंग्रेज़ों के साथ एक क्रूर संघर्ष में बन्दी बना लिये गये थे, 1797 में फ्रांस में क्रान्तिकारी सरकार के साथ बातचीत के परिणामस्वरूप गठबन्धन और दोस्ती की एक सन्धि की स्थापना की गयी थी। इसकी संजीदगी ने 'गणतान्त्रिक सिद्धान्त को स्थापित

करते हुए तुम और तुम्हारा राष्ट्र की संकल्पना के स्थान पर लोगों को एक समुदाय के रूप में चिह्नित किया है'। ऐसा कहा जाता है कि इस प्रश्न के उत्तर में राजकुमार को 'नगर सुल्तान टीपू' के रूप में सम्बोधित किया गया था।[2]

बेशक, यह सम्भावना से कहीं अधिक है कि टीपू सुल्तान की गणतन्त्रीय सहानुभूति उनके आह्वान से अधिक गहरी नहीं थी। उनके पत्र में निर्देशित था कि सामरिक सिद्धान्त के अनुसार, "आपके दुश्मन मेरे और मेरे लोगों के हो सकते हैं; लेकिन शत्रु तुम्हारे ही कहे जायेंगे।" लेकिन उन्नीसवीं सदी के भारत में आधुनिकतावादी सुधारकों की नयी पीढ़ी की भावनाओं पर ऐसी कोई आपत्ति के बादल नहीं दिखाई देते हैं। कोलकाता के स्कूल में, हमने 1830 में राममोहन राय की इंग्लैंड की ऐतिहासिक यात्रा के बारे में पढ़ा, जिन्हें भारतीय आधुनिकता का जनक कहा जाता था। हमें बताया गया कि जब उनकी नाव मार्सिल्स में रुकी तो राममोहन राय जुलाई राजशाही द्वारा अपने सही स्थान पर बहाल किये गये तिरंगे को सलामी देने के लिए इतने उत्सुक थे कि जल्दबाज़ी में गैंगवे से नीचे गिर गये और उनका पैर टूट गया। मुझे बाद में अधिक विश्वसनीय जीवनियों से पता चला कि उनकी चोट केप टाउन में पहले से लगी हुई थी, लेकिन उनकी दुर्बलता स्वतन्त्रता, समानता और बन्धुत्व के लिए उनके उत्साह को कम नहीं कर सकी। एक साथी यात्री ने यह जानकारी देते हुए लिखा कि– "दो फ्रांसीसी फ्रिगेट जो क्रान्तिकारी ध्वज, गौरवपूर्ण त्रिकोणीय ध्वज के तहत टेबल बे में खड़े थे, पैर में चोट होने के बावजूद वह उन्हें देखने जाने पर अडिग थे। इन ध्वजों को देखना उनके उत्साह की आग को प्रज्वलित करता था, लेकिन वे दर्द को अनदेखा कर देते थे। राममोहन को जहाज़ों के चारों ओर ले जाया गया और उन्होंने अपने मेज़बानों को बताया कि वे अपने डेक पर लहराते बैनर के नीचे कितना ख़ुश थे। शक्ति पर अधिकार की शानदार जीत का एक और सबूत जब उन्होंने जहाज़ों को छोड़ दिया तो ज़ोर से दोहराया–'महिमा, गौरव, फ्रांस की महिमा!'"[3]

हालाँकि दुनिया के दूसरी तरफ़, कैरेबियन में, अन्य औपनिवेशिक लोगों ने इस बीच पाया था कि सार्वभौमिक नागरिकता के वादे को सीमांकित किया गया था, जिसका नुक़सान पैर टूटने से कही ज़्यादा था। हाईटियन क्रान्ति के नेता पेरिस की ग़ुलामी से प्रेणणा लेते हुए स्वतन्त्रता और समानता के सन्देश के प्रति संजिदा हुए। वे इस बात पर निराश थे, उन्हें फ्रांस में क्रान्तिकारी सरकार द्वारा बताया गया था कि मनुष्य और नागरिक के अधिकार नीग्रो तक विस्तारित नहीं थे। भले ही उन्होंने ख़ुद को स्वतन्त्र घोषित कर दिया था, क्योंकि वे अभी तक नागरिक नहीं थे।[4] महान मिराब्यू ने नेशनल असेंबली से उपनिवेशवादियों को याद दिलाते हुए

कहा कि, "फ्रांस की आबादी के प्रतिनियुक्तियों की संख्या के अनुपात में, हमने न तो अपने घोड़ों की संख्या और न ही अपने खच्चरों की संख्या पर ध्यान दिया है।"[5] अन्त में, हाईटियन क्रान्तिकारियों के औपनिवेशिक शासन से अपनी स्वतन्त्रता की घोषणा करने के बाद, फ्रांस ने 1802 में सेंट-डोमिंग्यू को औपनिवेशिक नियन्त्रण के साथ-साथ ग़ुलामी को फिर से स्थापित करने के लिए एक अभियान तन्त्र भेजा। इतिहासकार मिशेल-रॉल्फ़ ट्रौइलॉट ने कहा है कि हाईटियन क्रान्ति अपने समय से पहले हुई थी। प्रबुद्धता के युग में पश्चिमी प्रवचन के पूरे स्पेक्ट्रम में हथियार उठाकर स्वशासन का दावा करने वाले काले ग़ुलामों के लिए कोई जगह नहीं थी : यह विचार बिल्कुल अकल्पनीय था।[6]

इस प्रकार, जबकि क्रियोल राष्ट्रवाद उन्नीसवीं शताब्दी की शुरुआत में स्पेनिश अमेरिका में स्वतन्त्र गणराज्यों की घोषणा करने में सफल रहा, लेकिन इस सफलता को सेंट-डोमिंग्यू के ब्लैक जैकोबिंस ने इनकार कर दिया। मनुष्य और नागरिक के अधिकारों को इतनी दूर तक विस्तारित करने की अनुमति की प्रतीक्षा डेढ़ सदी तक रही। हालाँकि, तब तक, दुनिया भर में लोकतान्त्रिक और राष्ट्रीय संघर्षों की सफलता के साथ वर्ग, पद, लिंग, जाति आदि की बाधाओं को धीरे-धीरे लोकप्रिय सम्प्रभुता के विचार से हटाते हुए सार्वभौमिक नागरिकता को मान्यता दी गयी, जैसा कि अभी तक सामान्य अधिकार के रूप में राष्ट्रों के आत्मनिर्णय के तौर पर है। आधुनिक राज्य के साथ-साथ, लोगों की अवधारणा और अधिकारों का विमर्श अब राष्ट्र के विचार के भीतर सामान्य हो गया है। लेकिन पश्चिम के उन्नत लोकतान्त्रिक राष्ट्रों और शेष विश्व के बीच एक खाई भी पैदा हो गयी है।

राष्ट्र का आधुनिक रूप सार्वभौमिक और विशिष्ट दोनों है। सार्वभौमिक आयाम का प्रतिनिधित्व करते हुए सबसे पहले, आधुनिक राज्य में सम्प्रभुता के मूल ठिकाने की शिनाख़्त लोगों के विचार से की जाती है और दूसरा, सभी मनुष्यों के अधिकार के विचार के रूप में विद्यमान है। यदि इसका रूप सार्वभौमिक है तो इसकी साकारता कैसे निश्चित की जायेगी? एक राष्ट्र द्वारा गठित राज्य में नागरिकों के विशिष्ट अधिकारों को सुनिश्चित करके इसे साकार रूप दिया जा सकता है। इस प्रकार, राष्ट्र-राज्य आधुनिक राज्य का विशेष और सामान्य रूप बन गया। आधुनिक राज्य में अधिकारों के बुनियादी ढाँचे को स्वतन्त्रता और समानता के दोहरे विचारों द्वारा परिभाषित किया गया था। लेकिन स्वतन्त्रता और समानता अक्सर विपरीत दिशाओं में खींची जाती हैं। इसलिए दोनों को मध्यस्थता करनी पड़ी, जैसा कि एटिने बालिबार सम्पत्ति और समुदाय दो भिन्न अवधारणाओं के रूप में इंगित करते हैं,[7]

जहाँ सम्पत्ति ने अन्य व्यक्तियों के सम्बन्धों के रूप के स्तर पर स्वतन्त्रता और समानता के बीच विरोधाभासों को हल करने की माँग की। समुदाय की जगह वह थी जहाँ विरोधाभासों को पूरी बिरादरी के स्तर पर हल करने की कोशिश की जाती थी। सम्पत्ति का आयाम कमोवेश उदार हो सकता है और समुदाय के आयाम के साथ कमोबेश समुदायवादी हो सकते हैं, लेकिन यहाँ सम्प्रभु और सजातीय राष्ट्र-राज्य की विशिष्टता के भीतर आधुनिक नागरिकता के सार्वभौमिक आदर्शों को महसूस किया जाना अपेक्षित था।

सैद्धान्तिकीय संक्षिप्त का प्रयोग करते हुए, हम कह सकते हैं कि सम्पत्ति और समुदाय ने उन वैचारिक मानदण्डों को परिभाषित किया जिनके भीतर स्वतन्त्रता और समानता की उद्घोषणा करने वाली पूँजी का विमर्श पाया जा सकता है। नागरिकों के सार्वभौमिक अधिकारों को आकर देने वाली स्वतन्त्रता और समानता के विचार जो न केवल निरंकुश राजनीतिक शासकों के ख़िलाफ़ संघर्ष के लिए महत्त्वपूर्ण थे बल्कि पूर्व-पूँजीवादी प्रथाओं को कमज़ोर करने के लिए भी महत्त्वपूर्ण थे जो व्यक्तिगत गतिशीलता और पारम्परिक प्रथाओं को प्रतिबन्धित करते थे। लेकिन युवा कार्ल मार्क्स ने उल्लेखित किया कि नागरिक समाज में जीवन के वास्तविक और अमूर्त क्षेत्र को अलग करने के लिए यह भी दु:साध्य थे।[8] क़ानूनी-राजनीतिक सिद्धान्त में नागरिक के अधिकारों को नस्ल, धर्म, जातीयता या वर्ग से नियन्त्रित माना गया था (बीसवीं शताब्दी की शुरुआत तक, समान अधिकार महिलाओं को भी उपलब्ध कराये जायेंगे), लेकिन इसका मतलब नागरिक समाज में पुरुषों (और महिलाओं) के बीच वास्तविक भेदों को समाप्त करना नहीं था। बल्कि अधिकारों के सिद्धान्त की सार्वभौमिकता दोनों पूर्वकल्पित थी जिसने वर्ग, जाति, धर्म, लिंग आदि के भेदों के आधार पर समाज में शक्ति-सम्बन्धों को एक नये क्रम के रूप में समर्थवान बनाया। साथ ही, सार्वभौमिक समान अधिकारों के विचार द्वारा किये गये मुक्तिदायक वादे ने भी निरन्तर स्रोत के रूप में कार्य किया जो वास्तविक नागरिक समाज की सैद्धान्तिक आलोचना है। उस वादे ने पिछली दो शताब्दियों में नस्ल, धर्म, जाति, वर्ग या लिंग के असमान और अन्यायपूर्ण सामाजिक अन्तर को बदलने के लिए दुनिया-भर में कई संघर्षों को प्रेरित किया है।

सामान्य तौर पर, मार्क्सवादियों का मानना है कि पारम्परिक समुदाय पर पूँजी का प्रभुत्व ऐतिहासिक प्रगति का अनिवार्य संकेत था। वास्तविकता यह है कि इस प्रकार के अस्पष्ट फ़ैसले में एक गहरी भावना है। यदि समुदाय-श्रम के साधनों के साथ श्रम की एकता का सामाजिक रूप था, तो पूँजी के तथाकथित आदिम संचय के कारण हुई उस एकता के विनाश ने एक नया मज़दूर पैदा किया जो न केवल

अपने श्रम को बेचने के लिए स्वतन्त्र था बल्कि अपनी श्रम-शक्ति को छोड़कर सम्पत्ति के सभी भारों से भी मुक्त था। मार्क्स ने पूर्व-पूँजीवादी समुदाय के बन्धनों से मुक्त तनखाई मज़दूरों की इस 'दोहरी स्वतन्त्रता' के बारे में कड़वी विडम्बना की ओर इशारा किया है।[9] लेकिन 1853 में, उन्होंने भारत में ब्रिटिश शासन को एक आवश्यक सामाजिक क्रान्ति को पूरा करने के रूप में लिखा : "इंग्लैंड के अपराध चाहे जो भी हों, भारत में ब्रिटिश शासन को एक आवश्यक सामाजिक क्रान्ति को पूरा करने वाला रहा।" अपने जीवन के अन्त में, हम जानते हैं, वह औपनिवेशिक शासन के क्रान्तिकारी प्रभावों के बारे में कहीं अधिक शंकालु हो गये थे।[10] भारत जैसे कृषक समाजों में और यहाँ तक कि रूसी किसान समुदाय के पूँजीवादी संक्रमण के विनाशकारी चरण से गुज़रे बिना सामूहिक जीवन के सीधे समाजवादी रूप में जाने की सम्भावना पर भी अनुमान लगाया गया।[11] हालाँकि, लम्बे समय तक सन्देह और विडम्बना के बावजूद, बीसवीं शताब्दी के मार्क्सवादियों ने आमतौर पर पूर्व-पूँजीवादी सम्पत्ति को कमज़ोर करने और राष्ट्र-राज्यों जैसी बड़ी सजातीय राजनीतिक इकाइयों के निर्माण का स्वागत किया। जहाँ पूँजी को सामाजिक उत्पादन को अधिक विकसित और आधुनिक रूपों में संक्रमण के ऐतिहासिक कार्य को करते हुए देखा गया था। यद्यपि उसे मार्क्सवादी ऐतिहासिक सिद्धान्त का विचारित, अनिच्छापूर्ण और अस्पष्ट अनुमोदन प्राप्त हुआ।

जब हम आधुनिक राज्य के सम्बन्ध में समानता, स्वतन्त्रता, सम्पत्ति और समुदाय की बात करते हैं, तो हम वास्तव में पूँजी के राजनीतिक इतिहास की बात कर रहे होते हैं। उदारवादियों और साम्यवादियों के बीच एंग्लो-अमेरिकन राजनीतिक दर्शन में हालिया बहस ने सम्भावित तौर पर गठित क्षेत्र के भीतर संस्थागत सम्भावनाओं की सीमा निर्धारित करने में सम्पत्ति और समुदाय की दो मध्यस्थ अवधारणाओं में स्वतन्त्रता और समानता के राजनीतिक इतिहास की महत्त्वपूर्ण भूमिका की पुष्टि की है। समुदायवादी व्यक्तिगत स्वतन्त्रता के मूल्य को अस्वीकार नहीं कर सकते थे, क्योंकि उनका ज़ोर साम्प्रदायिक पहचान के दावों पर अधिक दिया गया है, जिससे वे अपनी इच्छा से वस्तुओं को चुनने, रखने, उपयोग करने और विनिमय करने के बुनियादी व्यक्तिगत अधिकार से इनकार करने के आरोप के लिए खुले हुए थे। दूसरी ओर, उदारवादियों ने भी इस बात से इनकार नहीं किया कि समुदाय के साथ तादात्म्य व्यक्तिगत जीवन के लिए नैतिक अर्थ का एक महत्त्वपूर्ण स्रोत हो सकता है। उनकी चिन्ता अधिकारों की उदार प्रणाली और सामान्य वस्तुओं के सवालों की तटस्थता पर थी क्योंकि समुदायवादियों का ज़ोर बहुसंख्यक असहिष्णुता और रूढ़ीवादी प्रथाओं को क़ायम रखने पर था। कुछ लोगों

ने इस अनुभवजन्य तथ्य से इनकार किया कि अधिकांश व्यक्ति औद्योगिक रूप से उन्नत-उदार लोकतन्त्र में अपने जीवन को सामाजिक विरासत के रूप में जीते हैं, जिसे समुदाय के रूप में वर्णित किया जाता रहा है। लेकिन यहाँ एक प्रबल भावना थी कि आधुनिक राजनीतिक जीवन में सभी समुदाय अनुमोदन के योग्य नहीं थे। विशेष तौर पर जिनका जुड़ाव विरासत, आदिम, पारलौकिक या पारम्परिक से था। इन बहुतेरे सिद्धान्तकारों द्वारा रूढ़िवादी और असहिष्णु प्रथाओं को अपवित्रता के रूप में स्वीकार किया गया। दरअसल यह आधुनिक नागरिकता के मूल्यों के लिए प्रतिकूल था। ऐसा लगता है कि राजनीतिक समुदाय की इस सहमति का सबसे बड़ा उपाय आधुनिक राष्ट्र था जो जैविक या सांस्कृतिक अन्तर के बावजूद सभी नागरिकों को समानता और स्वतन्त्रता प्रदान करता है।[12]

सम्पत्ति और समुदाय के मानदण्डों द्वारा परिभाषित वैध राजनीतिक विमर्श के इस क्षेत्र पर नये दार्शनिक सिद्धान्त द्वारा उन लोगों का ज़ोर था जो ख़ुद को गणतन्त्रवादी कहलाते हैं और उदार-समुदायवादी बहस को ख़त्म करने का दावा करते हैं। जॉन पोकॉक के ऐतिहासिक शोधों के बाद, क्वेंटिन स्किनर और फिलिप पेटिट द्वारा इस सिद्धान्त को सबसे स्पष्ट रूप से आगे बढ़ाया गया है।[13] निरंकुशतावाद के क्षण का आह्वान करना और दावा करना है कि स्वतन्त्रता प्रभुत्व से मुक्त है। यह लक्ष्य स्वतन्त्रता के पैरोकारों को लड़ने के लिए प्रेरित कर सकता है, जबकि उदारवादी इसके विपरीत वकालत करते हैं कि सभी प्रकार के वर्चस्व के ख़िलाफ़ भले ही वह सौम्य हो और आमतौर पर हस्तक्षेपण करता हो। यह स्वतन्त्रता के प्रेमी को ऐसे हस्तक्षेपों की भी अनुमति देता है जो वर्चस्व के दायरे में नहीं आते। इस प्रकार, रिपब्लिकन अधिक समानता सुनिश्चित करने या समुदाय के नैतिक मूल्यों को आगे बढ़ाने के लिए सरकारी उपायों के पक्ष में वर्चस्व की मनमानी शक्ति का संकेत नहीं देते हैं।

इस तरह, गणतन्त्रवाद के सिद्धान्तकारों का तर्क है कि उदार ग़ैर-हस्तक्षेप के संकीर्ण रूप से सीमित शासन के अनाकर्षक स्वभाव और बड़े पैमाने पर साम्यवादी लोकलुभावनवाद के ख़तरों से बचा जा सकता है। सम्पत्ति की संरचनाओं को ख़तरा नहीं होगा, जबकि समुदाय भली-भाँति फल-फूल रहे हों।

मैं यहाँ इस प्रश्न में प्रवेश नहीं करना चाहता कि क्या रिपब्लिकन का दावा वास्तव में उन निष्कर्षों की ओर ले जाता है जो सरकार के उदारवादी सिद्धान्त से मौलिक रूप से भिन्न हैं। इसके बजाय, मेरा ध्यान उन संस्थागत पूर्वधारणाओं की ओर है जो गणतन्त्रवाद के सिद्धान्त को उदारवाद के साथ साझा करते हैं। चाहे व्यक्तिवादी हों या समुदायवादी या गणतान्त्रिक, सभी इस बात से सहमत हैं कि

उनकी वांछित राजनीतिक संस्थाओं को केवल उन्हें अस्तित्व में लाकर प्रभावी ढंग से काम करने के लिए नहीं बनाया जा सकता है। जैसा कि फिलिप पेटिट ने बड़ी चतुराई से कहा है, "लोगों की दिलचस्पी को एक जगह जीतना चाहिए।"[14] दूसरे शब्दों में, उन्हें नागरिक समाज के संजाल में गुँथा हुआ होना चाहिए जो राज्य से स्वतन्त्र तथा क़ानूनों के मानदण्डों के अनुरूप हो। इस प्रकार के नागरिक समाजों से यह उम्मीद है कि वह ही पूँजीवादी लोकतन्त्र के लिए सामाजिक आधार प्रदान कर सकता है।

यह उन्नीसवीं शताब्दी के यूरोप में वस्तुतः सभी समाजशास्त्रीय सिद्धान्त का दिलचस्प विषय था। बीसवीं शताब्दी में, जब ग़ैर-पश्चिमी दुनिया में पूँजीवादी संक्रमण की सम्भावना की समस्या सामने आयी थी, उसी पूर्वधारणा ने मार्क्सवादी या वेबेरियन संस्करण ने आधुनिकीकरण के सिद्धान्त की नींव भी रखी। सीधे शब्दों में कहें तो तर्क यह था कि नागरिक समाज के ऊपरी और निचले तबक़ों की संस्थाओं और प्रथाओं में बिना बदलाव किये राजनीतिक क्षेत्र में स्वतन्त्रता और समानता को बनाना या बनाये रखना असम्भव था। आधुनिक और मुक्त राजनीतिक समुदायों के लिए सबसे पहले ऐसे लोग होने चाहिए जो नागरिक हों न कि प्रजा। जबकि कोई भी अठारहवीं शताब्दी के उदारवादियों की तीखी उपमाओं का उपयोग किये बिना यह समझा गया था कि घोड़े और खच्चर सरकार में ख़ुद का प्रतिनिधित्व करने में सक्षम नहीं होंगे। कई लोगों के लिए, इस समझ ने ग़ैर-पश्चिमी दुनिया के आधुनिकीकरण की परियोजना को समानता और स्वतन्त्रता की सम्भावनाओं से अपरिचित तत्कालीन विषयों को आधुनिक नागरिकों में बदलने के लिए नैतिक मूल प्रदान किया। पिछले अध्याय में मैंने ऐसे ही एक आधुनिकतावादी बी.आर. अम्बेडकर के सपनों और निराशाओं का वर्णन किया था।

दो

हालाँकि आधुनिक राज्य में नागरिकों के अधिकारों पर दार्शनिक चर्चाएँ स्वतन्त्रता और समुदाय की अवधारणाओं के इर्दगिर्द घूमती थीं। बीसवीं शताब्दी में पश्चिम के उन्नत औद्योगिक देशों में बड़े पैमाने पर लोकतन्त्र के उद्भव ने नागरिकों और समुदायों के बीच एक नया भेद पैदा किया। नागरिक सिद्धान्त के क्षेत्र में तथा आबादी नीति के क्षेत्र में गुज़र बसर करते हैं। नागरिक की अवधारणा के विपरीत, जनसंख्या की अवधारणा पूरी तरह वर्णनात्मक और अनुभवजन्य है; इसका कोई मानकीय आधार नहीं है। जनसंख्या अनुभवजन्य या व्यवहार सम्बन्धी मानदण्डों द्वारा वर्गीकृत और वर्णन करने योग्य तथा नमूना सर्वेक्षण जैसी सांख्यिकीय तकनीकों

के लिए उत्तरदायी है। नागरिक की अवधारणा के विपरीत, जो राज्य की सम्प्रभुता में भागीदारी के नैतिक अर्थ को वहन करती है, जनसंख्या की अवधारणा सरकारी अधिकारियों को देश के निवासियों के बड़े हिस्से तक पहुँचने के लिए तर्कसंगत रूप से हेरफेर करने योग्य 'नीतियाँ'–आर्थिक नीति, प्रशासनिक नीति, क़ानून और यहाँ तक कि राजनीतिक लामबन्दी उपकरणों के रूप में एक पूरा सेट उपलब्ध कराती है। दरअसल, जैसा कि मिशेल फूको ने अर्ज़ किया है कि सत्ता के समकालीन शासन की प्रमुख विशेषता ही 'राज्य का सरकारीकरण' है।[15] यह शासन राज्य के मामलों में नागरिकों की भागीदारी से नहीं बल्कि जनसंख्या की भलाई के लिए दावा करके वैधता हासिल करता है। इस तर्क में कोई खुलापन नहीं है बल्कि लागत और लाभ की अवधारणा महत्त्वपूर्ण है। इसका तन्त्र रिपब्लिकन असेम्बली नहीं बल्कि निगरानी का एक विस्तृत नेटवर्क है जिसके माध्यम से आबादी के जीवन के हर पहलू पर देखभाल के नाम पर जानकारी एकत्र की जाती है।

यह आश्चर्य की बात नहीं है कि बीसवीं सदी के दौरान, नागरिक भागीदारी जो राजनीति की प्रबोधन धारणा का हिस्सा थी वह सरकारी प्रौद्योगिकियों की तेज़ी से हो रही विजयी प्रगति में अधिक लोगों को कम क़ीमत पर अधिक कल्याण करने वाले वादे से पीछे नहीं हटी है। ज़ाहिर तौर पर यह कहा जा सकता है कि पूँजी का वास्तविक राजनीतिक इतिहास लम्बे समय से उदार राजनीतिक सिद्धान्त के नियामक दायरे से बाहर निकलकर अपनी सरकारी तकनीकों के माध्यम से दुनिया को जीतने की आकांक्षाओं में फैला हुआ है। समकालीन पश्चिमी राजनीतिक जीवन के साम्यवादी या गणतान्त्रिक समालोचना का अधिकांश भावनात्मक आरोप इस जागरूकता से प्रवाहित होता है कि सरकार का व्यवसाय राजनीति के साथ सभी गम्भीर जुड़ाव से मुक्त हो गया है। यह स्पष्ट रूप से सभी पश्चिमी लोकतन्त्रों में चुनावी भागीदारी में लगातार गिरावट और दक्षिणपन्थी लोकलुभावनवादियों की अप्रत्याशित चुनावी सफलता पर यूरोप में वाम-उदारवादी हलकों की हाली घबराहट से उत्पन्न हुआ है।

उन्नत पूँजीवादी देशों में लोकतान्त्रिक राजनीति की प्रक्रिया पर कल्याण प्रशासन के उद्देश्य से जनसंख्या समूहों की गणना और वर्गीकरण का यह प्रभाव किस प्रकार पड़ा? हाल के वर्षों में दार्शनिक इयान हैकिंग से लेकर साहित्यकार-इतिहासकार मैरी पोवी तक, बहुत से विविध क्षेत्रों में काम करने वाले कई लेखकों ने इस प्रश्न पर प्रकाश डाला है।[16] हमारे लिए सबसे अधिक प्रासंगिक ब्रिटेन और संयुक्त राज्य अमेरिका में सरकारियत के वास्तविक कामकाज पर निकोलस रोज़, पीटर मिलर या थॉमस ओसबोर्न जैसे ब्रिटिश समाजशास्त्रियों द्वारा दिये गये वृत्तान्त

हैं।[17] आमतौर पर उन्नीसवीं और बीसवीं शताब्दी में कार्य, शिक्षा और स्वास्थ्य के क्षेत्रों को 'सरकार के सामाजिक परिप्रेक्ष्य' में देखा गया है। उदाहरणार्थ विभिन्न समूहों और व्यक्तियों पर अर्थव्यवस्था के अनिश्चित प्रभाव को कम करने के लिए सामाजिक बीमा प्रणालियों का उदय हुआ था। कई शैक्षणिक, चिकित्सा, आर्थिक और नैतिक प्रवचनों का संघटन विषय सरकारियत का ठौर-ठिकाना है। सरकारियत की जबाबदेही को निर्मित करने के लिए जनगणना और जनसांख्यिकीय सर्वेक्षणों का प्रसार तथा संख्या या संख्यात्मक अनुपात द्वारा प्रतिनिधित्व के विचार की अग्रसरता को भी आकर दिया गया। रिकॉर्ड और निरन्तर सत्यापन के अधीन प्रवासन, अपराध, युद्ध और बीमारी के प्रबन्धन ने व्यक्तिगत पहचान को ही एक मुद्दा बना दिया। (संयुक्त राज्य अमेरिका और ब्रिटेन में अचानक आतंकवाद पर हालिया मुद्दों ने इस ओर तुल दिया और कई दशकों से दोनों देशों के पास के सरकारी और ग़ैर-सरकारी दोनों तरह की एजेंसियाँ सामाजिक और व्यक्तिगत पहचान की संस्कृति पर जैविक रिकॉर्डिंग और उसका सत्यापन करती रही हैं।) इन सभी ने शासन को राजनीति का मामला कम और प्रशासनिक नीति का अधिक बना दिया, राजनीतिक प्रतिनिधियों के बजाय विशेषज्ञों के लिए एक व्यवसाय का रूपक बन गया है। इसके अलावा, नागरिकों की राजनीतिक बिरादरी को लगातार एक अविभाज्य के रूप में पुष्ट किया जाना था, जबकि शासित की कोई एक इकाई नहीं थी। हमेशा जनसंख्या समूह की बहुलता थी जो सरकारियत का ही हिस्सा थी। कई विशेषताओं वाले कई लक्ष्य, जिन्हें प्रशासन की कई तकनीकों की आवश्यकता होती थी।

संक्षेप में, समान नागरिकता के क़ानूनी-राजनीतिक तथ्यों में व्यक्त लोकप्रिय सम्प्रभुता के शास्त्रीय विचार ने राष्ट्र का समरूपीकरण निर्मित किया है जबकि सरकारियत के लिए जनसंख्या के कई क्रॉस-कटिंग और शिफ्टिंग वर्गीकरण की आवश्यकता ने समाज को विषम-संरचना के लक्ष्य पर निर्मित किया। यहाँ हमारे पास लोकप्रिय सम्प्रभुता की बुलन्द राजनीतिक कल्पना और सरकारियत की लौकिक प्रशासनिक वास्तविकता के बीच राष्ट्र की सजातीयता और सामाजिक विषमता के बीच विरोध है। ग़ौरतलब है कि 1949 में टी.एच. मार्शल के द्वारा नागरिकता की राजनीतिक और सामाजिक अधिकारों पर बनायी गयी पुराने सारांश की कहनी में भी एक तरह का आत्मग्लानि वाला भ्रम है। मार्शल ने अर्ज़ किया है कि लोकप्रिय सम्प्रभुता और समान नागरिकता ब्रिटेन में कल्याणकारी राज्य की प्रगति में सराहनीय क़दम है। लेकिन वास्तविकता यह है कि एक विषम सामाजिकता के दरमियान सरकारियत का ही एक प्रयास था।[18]

लेकिन मार्शल की कहानी के कालानुक्रम ग़लत नहीं थे। आधुनिक पश्चिम में नागरिकता की कहानी नागरिक समाज में नागरिक अधिकारों की संस्था से पूरी तरह विकसित होते हुए राष्ट्र-राज्य में राजनीतिक अधिकारों की ओर बढ़ती है। केवल तभी कोई व्यक्ति अपेक्षाकृत हाल के चरण में प्रवेश करता है जहाँ 'सामाजिक दृष्टिकोण से सरकार' हावी होने लगती है। हालाँकि एशिया और अफ़्रीका के देशों में कालानुक्रम काफ़ी अलग है। वहाँ आधुनिक राज्य के भाग्य का पूर्वाभास हो गया है। सरकारियत की प्रौद्योगिकियाँ अक्सर राष्ट्र-राज्य से पहले की हैं, विशेष रूप से जहाँ यूरोपीय औपनिवेशिक शासन का अपेक्षाकृत लम्बा अनुभव रहा है। उदाहरण के लिए, दक्षिण एशिया में जनसंख्या समूहों का निर्धारण, विवरण और गणना, भूमि बन्दोबस्त, राजस्व, सेना में भर्ती, अपराध की रोकथाम, सार्वजनिक स्वास्थ्य, अकाल, सूखे का प्रबन्धन, धार्मिक स्थलों के विनियमन, सार्वजनिक नैतिकता से सम्बन्धित नीति की वस्तुओं, शिक्षा और कई सरकारी कार्यों का भारत, पाकिस्तान और सीलोन के स्वतन्त्र राष्ट्र-राज्यों के जन्म से कम से कम डेढ़ सदी पहले का इतिहास है। औपनिवेशिक राज्य वह था जिसे निकोलस डर्क्स ने 'नृवंशविज्ञान राज्य' कहा है।[19] वहाँ की आबादी को प्रजा का दर्जा प्राप्त था, नागरिकों का नहीं। इससे यह ज़ाहिर है कि औपनिवेशिक शासन लोकप्रिय सम्प्रभुता को मान्यता नहीं देता था।

यह एक ऐसी अवधारणा थी जिसने राष्ट्रवादी क्रान्तिकारियों की कल्पनाओं को जगा दिया। गणतान्त्रिक नागरिकता के विचार अक्सर ये राष्ट्रीय मुक्ति की राजनीति के समकक्ष है। लेकिन बिना किसी अपवाद के और यह दुनिया के अधिकांश हिस्सों में राजनीति की कहानी के लिए दिलचस्प है। वे विकासात्मक राज्य के उस वादे से आगे निकल गये जिसने आर्थिक विकास और सामाजिक सुधार की उचित नीतियों को अपनाकर ग़रीबी और पिछड़ेपन को समाप्त करने का वादा किया था। सफलता के मापांक कुछ विनाशकारी विफलताओं के साथ अलग है, उत्तर-औपनिवेशिक राज्यों ने अपनी आबादी की भलाई को बढ़ावा देने के लिए नवीनतम तकनीकी के साथ सरकारियत की सहपरस्ती को निर्मित किया जिसे अन्तरराष्ट्रीय और ग़ैर-सरकारी संगठनों द्वारा प्रेरित और सहायता प्राप्त की जा सके। आधुनिकीकरण और विकास की इन तकनीकी रणनीतियों को अपनाने में प्रशासनिक, क़ानूनी, आर्थिक या चुनावी नीति के लिए उपयुक्त लक्ष्यों में लोगों को समूहों के रूप में वर्गीकृत करने के लिए सुविधाजनक वर्णनात्मक श्रेणियों की पुरानी नृवंशविज्ञान सम्बन्धी अवधारानाओं ने अक्सर आबादी के बारे में ज्ञान के क्षेत्र में प्रवेश किया है। कई मामलों में, औपनिवेशिक सरकारी शासनों द्वारा उपयोग किये जाने वाले वर्गीकृत

मानदण्ड राजनीतिक माँगों और विकासात्मक नीति दोनों के रूपों को आकार देते हुए उत्तर-औपनिवेशिक युग में जारी रहे। इस प्रकार, भारत में जाति और धर्म, दक्षिण-पूर्व एशिया में जातीय समूह, और अफ्रीका में जनजातिय आबादी के बीच समुदायों को नीति के उद्देश्य के रूप में पहचानने के लिए प्रमुख मानदण्ड बने रहे। यहाँ तक कि हाल ही में भारत में एक सरकारी एजेंसी द्वारा किये गये और 43 खण्डों में प्रकाशित एक विशाल नृवंशविज्ञान सर्वेक्षण ने वास्तव में कुल 4,635 समुदायों की पहचान करने और उनका वर्णन करने का दावा किया है जो भारत की जनसंख्या का गठन करने वाले हैं।[20]

इसलिए हमने वैचारिकता की दो श्रेणियों का वर्णन किया है। एक वह है जो नागरिक समाज को लोकप्रिय सम्प्रभुता पर स्थापित राष्ट्र-राज्य से जोड़ता है और नागरिकों को समान अधिकार प्रदान करता है। दूसरी श्रेणी सुरक्षा और कल्याण की कई नीतियों का अनुशरण करने वाली सरकारी एजेंसियों को आबादी से जोड़ती है। पहली श्रेणी पिछली दो शताब्दियों में लोकतान्त्रिक राजनीतिक सिद्धान्त में बड़े विस्तार से वर्णित राजनीति के एक क्षेत्र की ओर इशारा करती है। क्या दूसरी श्रेणी राजनीति के एक अलग क्षेत्र की ओर इशारा करती है? मेरे हिसाब से ऐसा होता है। इसे नागरिक समाज के क्लासिक सम्बन्ध से अलग मैं इसे राजनीतिक समाज कह रहा हूँ।

हाल के पत्रों की एक श्रृंखला में, मैंने भारत में लोकतान्त्रिक राजनीति के सन्दर्भ से इस वैचारिक क्षेत्र को रेखांकित करने का प्रयास किया है।[21] मैंने बोर्ज़्वा समाज के रूप में नागरिक समाज के पुराने विचार को हेगेल और मार्क्स द्वारा प्रयोग किये गये अर्थों का पक्ष लिया है, जिसे भारतीय सन्दर्भ में संस्थाओं और प्रथाओं की मौजूद वास्तविकता के क्षेत्र के रूप में लोगों के एक अपेक्षाकृत छोटे वर्ग द्वारा अभिव्यक्त किया जाता है, जिनके सामाजिक स्थानों को काफ़ी हद तक स्पष्टता के साथ पहचाना जा सकता है। औपचारिक संरचना के सन्दर्भ में संविधान और क़ानूनों द्वारा प्रदत्त राज्य के अनुसार, पूरा समाज नागरिक समाज है; हर कोई समान अधिकारों वाला नागरिक है और इसलिए उसे नागरिक समाज का सदस्य माना जाता है। राजनीतिक प्रक्रिया वह है जहाँ नागरिक समाज के अपनी व्यक्तिगत क्षमताओं में या संघों के सदस्यों के रूप में राज्य अपने अंगीय सदस्यों से मुख़ातिब होता है।

मसला यह नहीं है कि चीज़ें कैसे काम करती हैं। भारत के अधिकांश निवासी केवल परिसुक्ष्मीय रूप से अस्पष्ट और प्रासंगिक रूप से संविधान द्वारा कल्पित अर्थों में अधिकार रखने वाले नागरिक हैं। इसलिए उन्हें राज्य की संस्थाओं द्वारा नागरिक समाज के उचित सदस्य के रूप में नहीं माना जाता है। लेकिन ऐसा नहीं

है कि वे राज्य और राजनीति की पहुँच से बाहर हैं। राज्य के क्षेत्रीय अधिकार के भीतर आबादी के रूप में, उन्हें विभिन्न सरकारी एजेंसियों द्वारा देखभाल और नियन्त्रण दोनों की आवश्यकता होती है। ये गतिविधियाँ इन आबादियों को राज्य के साथ एक निश्चित राजनीतिक सम्बन्ध में लाती हैं। लेकिन यह रिश्ता हमेशा राज्य और नागरिक समाज के सदस्यों के बीच के सम्बन्ध के संवैधानिक चित्रण की परिकल्पना के अनुरूप नहीं होता है। फिर भी बिना किसी सन्देह के ये सम्बन्ध राजनीतिक हैं जो विशिष्ट ऐतिहासिक रूप से परिभाषित सन्दर्भों में, एक व्यापक रूप से व्यवस्थित मान्यता प्राप्त और शायद कुछ पारम्परिक रूप से नैतिक मानदण्ड भी प्राप्त कर सकते हैं, भले ही इनमें कुछ विरोधाभाषीय अधीनता हो। हम इन प्रक्रियाओं को कैसे समझना शुरू करें?

इसी तरह की समस्याओं का सामना करते हुए, कुछ विश्लेषकों ने नागरिक समाज के विचार का विस्तार करते हुए, जिसमें लगभग सभी मौजूदा सामाजिक संस्थानों को शामिल किया है जो राज्य के सख़्त अधिकार क्षेत्र से बाहर हैं।[22] सहायता एजेंसियाँ और ग़ैर-सरकारी संगठन जिनके बीच एक नवउदारवादी विचारधारा के प्रसार ने हर ग़ैर-राज्य संगठन को नागरिक समाज के मुक्त सदस्यों के साहचर्य प्रयासों के अनमोल फूल के रूप में अधिकृत किया है। मैंने अनैतिक रूप से धर्मार्थ सैद्धान्तिक इशारों का विरोध करना पसन्द किया है क्योंकि मुझे लगता है कि उस महत्त्वपूर्ण और निरन्तर सक्रिय परियोजना को नज़रअन्दाज़ नहीं करना चाहिए, जो अभी भी भारत जैसे देशों में कई राज्य संस्थानों को पारम्परिक-सामाजिक प्राधिकरणों और प्रथाओं को बोर्ज़्वा नागरिक समाज के मॉड्यूलर रूपों में बदलने के लिए सम्प्रेषित करती है। नागरिक समाज एक आदर्श रूप में एक हस्तक्षेपवादी राजनीतिक परियोजना की सक्रियता की निरन्तरता से जुड़ा हुआ है, लेकिन मौजूदा रूप में यह जनसांख्यिकी से परे है। भारत जैसे देशों में आधुनिकता और लोकतन्त्र के बीच सम्बन्ध पर विचार करते समय इन दोनों तथ्यों को ध्यान में रखना चाहिए।

आपमें से कुछ को सबाल्टर्न स्टडीज़ प्रोजेक्ट के शुरुआती चरण में उपयोग किये गये ढाँचे का इल्म हो सकता है जिसमें हमने राजनीति के क्षेत्र में एक संगठित कुलीन डोमेन और एक असंगठित सबाल्टर्न डोमेन के बीच विभाजन की चर्चा की थी।[23] जिसकी मुराद आज़ादी से पहले के तीन दशकों में राष्ट्रवादी राजनीति के क्षेत्र में एक अधूरेपन के खुलासे से जुड़ा था। जिसके दौरान भारतीय जनता, विशेष रूप से किसान वर्ग संगठित राजनीतिक आन्दोलनों में शामिल थे और फिर भी उत्तर-औपनिवेशिक राज्य में उभरते विकास के वादों से दूर रहे। उदारवादी और मार्क्सवादी इतिहास-लेखन दोनों की आम धारणा थी कि राजनीति के क्षेत्र में एक

विभाजन इस पूरे विचार को ख़ारिज इसलिए भी करता था कि किसान सामूहिक कार्रवाई के कुछ 'पूर्व-राजनीतिक' चरण में रहते थे। यह कहना था कि कृषक अपनी सामूहिक कार्रवाइयों में भी राजनीतिक थे, सिवाय इसके कि उनकी राजनीति अभिजात वर्ग की राजनीति से अलग थी। अभिजात और सबाल्टर्न के बीच उपनिवेश विरोधी आन्दोलनों की राजनीति के सन्दर्भ में, भारत में लोकतान्त्रिक प्रक्रिया ने सबाल्टर्न वर्गों के जीवन को अपने प्रभाव में लाने के लिए एक लम्बा सफ़र तय किया है। अभिजात वर्ग और सबाल्टर्न राजनीति के उलझाव के इन अपेक्षाकृत हाल के रूपों को समझने के लिए मैं एक *राजनीतिक समाज* की धारणा का प्रस्ताव कर रहा हूँ।

राजनीतिक समाज से मेरा क्या मतलब है और यह कैसे काम करता है, इसकी समझ के लिए मैं अगले अध्याय में अपने हालिया अध्ययन में किये गये कई मामलों का वर्णन करूँगा। जहाँ हम विशिष्ट जनसंख्या समूहों के उद्देश्य से सरकार की विकासात्मक नीतियों से उभरती राजनीति को देख सकते हैं। इन समूहों में से कई, संघों में संगठित, रोज़मर्रा की ज़िन्दगी के संघर्ष में वैधता की सख़्त रेखाओं का उल्लंघन करते हैं। वे अवैध बस्तियों में गुज़र-बसर कर सकते हैं, पानी या बिजली का अवैध उपयोग कर सकते हैं, सार्वजनिक परिवहन में टिकट के बिना यात्रा कर सकते हैं। उनसे निपटने में अधिकारी उनके साथ उसी स्तर पर व्यवहार नहीं कर सकते हैं जैसा कि अन्य नागरिक संघ अधिक वैध सामाजिक गतिविधियों का पालन करते हुए करते हैं। फिर भी राज्य एजेंसियाँ और ग़ैर-सरकारी संगठन उन्हें अनदेखा नहीं कर सकते हैं, क्योंकि वे आबादी के समूहों का प्रतिनिधित्व करने वाले उन हज़ारों में हैं, जिनकी आजीविका या आवास में क़ानून का उल्लंघन शामिल है। इसलिए ये एजेंसियाँ इन संघों के साथ नागरिकों के निकायों के रूप में नहीं बल्कि सीमान्त और वंचित जनसंख्या समूहों के कल्याण के प्रशासन के लिए सुविधाजनक उपकरण के रूप में व्यवहार करती हैं।

ये समूह अपनी ओर से स्वीकार करते हैं कि उनकी गतिविधियाँ अक्सर अवैध और अच्छे नागरिक व्यवहार के विपरीत होती हैं। लेकिन वे हक़ के रूप में आवास और आजीविका का दावा करते हैं। मसलन, यदि उन्हें पुनर्वास के लिए उपयुक्त वैकल्पिक स्थल दिये जाते हैं, तो वे बाहर जाने के लिए तैयार हैं। राज्य एजेंसियाँ मानती हैं कि इन जनसंख्या समूहों का सरकार के कल्याणकारी कार्यक्रमों पर कुछ दावा है, लेकिन उन दावों को न्यायसंगत अधिकार नहीं माना जा सकता क्योंकि राज्य के पास देश की पूरी आबादी तक उन लाभों को पहुँचाने का साधन नहीं था।

उन दावों को अधिकार मानने के लिए केवल सार्वजनिक सम्पत्ति और नागरिक क़ानूनों के उल्लंघन को ही आमन्त्रित किया जा सकता है।

इन दावों के दरमियान राजनीतिक मक़ाम क्या है, जहाँ एक ओर, सरकारी एजेंसियों का सार्वजनिक दायित्व होता है कि वे ग़रीबों और वंचितों की देखभाल करें और दूसरी ओर, विशेष जनसंख्या समूह राजनीतिक उपयुक्तता की गणना के अनुसार उन एजेंसियों का ध्यान अपनी ओर आकर्षित करता है। राजनीतिक समाज के समूहों को इस अनिश्चित इलाक़े के माध्यम से बाहरी कनेक्शन में समान परिस्थितियों में अन्य समूहों के साथ, अधिक विशेषाधिकार प्राप्त और प्रभावशाली समूहों, सरकारी अधिकारियों के साथ, शायद राजनीतिक दलों और नेताओं के साथ भी एक बड़ी शृंखला बनाकर अपना रास्ता चुनना पड़ता है। वे अक्सर इस तथ्य का साधनात्मक उपयोग करते हैं कि वे चुनावों में मतदान कर सकते हैं, इसलिए यह कहना सही है कि नागरिकता का क्षेत्र, कुछ बिन्दुओं पर, सरकारियत के साथ ओवरलैप होता है। लेकिन वोट का साधनात्मक उपयोग सामरिक राजनीति के क्षेत्र में ही सम्भव है। यह भारत की ज़मीन पर लोकतान्त्रिक राजनीति से जुड़ा हुआ है। इसमें वह शामिल है जो आधुनिकता के प्रामाणिक मूल्यों और लोकप्रिय माँगों के नैतिक दावे के बीच लगातार बदलते हुए समझौते के रूप में प्रतीत होता है।

तब नागरिक समाज जो सांस्कृतिक रूप से सुसज्जित नागरिकों के एक छोटे-से वर्ग तक सीमित था, वह अब भारत जैसे देशों में आधुनिकता की पराकाष्ठा में राज्य के संवैधानिक मॉडल का प्रतिनिधित्व करता है। लेकिन वास्तविक व्यवहार में, सरकारी एजेंसियों को भलाई के प्रदाताओं के रूप में अपनी वैधता को नवीनीकृत करने के लिए और वहाँ राजनीतिक रूप से लामबन्द माँगों के मौजूदा विन्यास का सामना करने के लिए उस उच्च भूमि से राजनीतिक समाज के क्षेत्र में प्रवेश करना चाहिए। इस प्रक्रिया में, नागरिक समाज संवैधानिक राज्य के नायकों की शिकायतों को सुनने के लिए उत्तरदायी है कि आधुनिकता लोकतन्त्र के रूप में एक अप्रत्याशित प्रतिद्वन्द्वी का सामना कर रही है।

अब मैं नागरिक समाज और राजनीतिक समाज के बहुत अलग और अक्सर विरोधाभासी राजनीतिक महत्त्व की ओर मुड़ता हूँ। इसके लिए मैं भारतीय शहर में लोकप्रिय राजनीति की एक और कहानी से शुरुआत करूँगा।[24]

तीन

5 मई, 1993 को सुबह-सुबह, कोलकाता के एक अस्पताल में एक व्यक्ति की मृत्यु हो गयी। उन्हें कुछ दिन पहले भर्ती कराया गया था और मधुमेह, गुर्दे की विफलता

और सेरेब्रो-वास्कुलर दुर्घटना के लिए इलाज किया जा रहा था। पिछले चौबीस घण्टों में उनकी हालत तेज़ी से बिगड़ गयी थी और हालाँकि उनका इलाज कर रहे डॉक्टरों ने रात भर संघर्ष किया, लेकिन उनके प्रयास व्यर्थ गये। अस्पताल के एक वरिष्ठ चिकित्सक ने मृत्यु-प्रमाणपत्र पर हस्ताक्षर किये।

मरने वाले व्यक्ति का नाम बीरेन्द्र चक्रवर्ती था, लेकिन उन्हें बालक ब्रह्मचारी के रूप में जाना जाता था। जो सन्तान दल यानी पश्चिम बंगाल के दक्षिणी और मध्य ज़िलों में एक धार्मिक सम्प्रदाय के नेता थे। यह सम्प्रदाय स्वयं पचास वर्ष से अधिक पुराना नहीं है। हालाँकि मध्य बंगाल की निचली जाति, विशेष रूप से नमसुद्र, किसानों के बीच पहले के साम्प्रदायिक आन्दोलनों में इनके पूर्वज शामिल हैं। इनके धार्मिक सिद्धान्त अत्यधिक उदार हैं, जैसा कि उनके कथनों में व्यक्त किया गया है जिसमें पूरी तरह से स्वयं बालक ब्रह्मचारी के विचार शामिल हैं, लेकिन वे विशेष रूप से राजनीतिक मामलों में जिज्ञासा भी रखते हैं। सम्प्रदाय के मुखपत्र 'कारा चाबुक' (द स्ट्रॉन्ग व्हिप) ने नियमित रूप से वर्तमान राजनीतिक विषयों पर अपने नेता की टिप्पणियों को प्रकाशित किया जिसमें 'क्रान्ति' का आवर्तक विषय था, एक विनाशकारी मन्थन जो शल्य चिकित्सा से एक भ्रष्ट और सड़ी हुई सामाजिक व्यवस्था को साफ़ कर देगा। वास्तव में यह सम्प्रदाय पहली बार 1967-1971 की अवधि में सार्वजनिक सुर्ख़ियों में आया जब इसने वामपन्थी दलों के समर्थन में और कांग्रेस शासन के ख़िलाफ़ राजनीतिक प्रदर्शनों में अपनी उपस्थिति दर्ज करायी। सन्तान दल के कार्यकर्ताओं का कोलकाता में कई महिलाओं के साथ, कुछ भगवा वस्त्रों में, वामपन्थी प्रदर्शनों में त्रिशूल और अपना नारा 'राम नारायण राम' चिल्लाना एक आकर्षित और असंगत दृश्य था। लेकिन किसी ने भी अवसरवादी राजनीतिक महत्त्वाकांक्षाओं के सम्प्रदाय पर आरोप नहीं लगाया, क्योंकि इसने एक राजनीतिक दल के रूप में चुनावी प्रतिनिधित्व या राजनीतिक पार्टी के रूप में पहचान का कोई दावा नहीं किया था। तब से, सम्प्रदाय के कई अनुयायी हमदर्द और यहाँ तक कि वामपन्थी कार्यकर्ताओं के रूप में जाने जाते हैं। विशेष रूप से भारतीय कम्युनिस्ट पार्टी (मार्क्सवादी) की, वाम मोर्चा में अग्रणी भागीदार जिसने 1977 से लगातार पश्चिम बंगाल पर शासन किया है।

मई 1993 की इस विशेष सुबह को, बालक ब्रह्मचारी के अनुयायियों ने यह मानने से इनकार कर दिया कि उनके आध्यात्मिक नेता की मृत्यु हो गयी है। उन्होंने याद किया कि कई साल पहले, 1967 में, वह बाईस दिनों के लिए समाधि में चले गये थे, जिस दौरान सभी बाहरी दिखावे से वह मर चुके थे। लेकिन वह अपनी

समाधि से जागे थे और सामान्य जीवन में लौट आये थे। अब एक बार फिर उन्होंने कहा, उनके बाबा निर्विकल्प समाधि में चले गये थे, शारीरिक कार्यों के निलम्बन की स्थिति जो केवल उच्चतम आध्यात्मिक शक्तियोंवाले लोगों द्वारा ही प्राप्त की जा सकती थी। सन्ताल दल के सदस्य बालक ब्रह्मचारी के शव को अस्पताल से कोलकाता के उत्तरी उपनगर सुखचर स्थित उनके आश्रम ले गये और कहा कि वे एक लम्बी चौकसी करेंगे।

जल्द ही यह मामला कोलकाता में एक कारण बन गया। प्रेस ने इस मामले की रिपोर्ट प्रकाशित की कि कैसे शरीर को बर्फ़ के भारी एयरकंडीशनिंग पर रखा जा रहा है। एक बंगाली दैनिक, *आजकल* ने विशेष उत्साह के साथ कहानी का अनुसरण किया, इसे सार्वजनिक जीवन में तर्कसंगत मूल्यों के लिए और रूढ़िवादी मान्यताओं और प्रथाओं के ख़िलाफ़ लड़ाई में बदल दिया। इसने स्थानीय अधिकारियों और पश्चिम बंगाल सरकार के स्वास्थ्य विभाग पर शवों के निपटान के सम्बन्ध में उसके स्वयं के नियमों को लागू करने में विफल रहने और एक गम्भीर सार्वजनिक ख़तरे के निर्माण में शामिल होने का आरोप लगाया। जल्द ही अधिकारियों को जवाब देने के लिए मजबूर होना पड़ा। सतर्कता के तेरहवें दिन, पनिहाटी नगर पालिका ने स्पष्ट किया कि उसने सन्ताल दल के नेताओं को एक नोटिस दिया था जिसमें उन्हें तुरन्त शरीर का दाह संस्कार करने के लिए कहा गया था, लेकिन नगरपालिका क़ानूनों के तहत जबरन दाह संस्कार करने की कोई शक्ति नहीं थी।[25] सन्तान दल की ओर से, चित्त सिकदर, सचिव, ने प्रेस में एक नियमित रक्षात्मक अभियान चलाया, जिसमें कहा गया कि निर्विकल्प समाधि की आध्यात्मिक घटना चिकित्सा विज्ञान की समझ से परे है और बालक ब्रह्मचारी जल्द ही अपने सामान्य शारीरिक जीवन को फिर से शुरू करेंगे।

तटस्थता बनी रही। *आजकल* ने अपने अभियान की गति को बढ़ाया, अपने कॉलम को प्रमुख बुद्धिजीवियों और सार्वजनिक हस्तियों के लिए खोल दिया, जिन्होंने लोगों के बीच इस तरह के अन्धविश्वास और अवैज्ञानिक विश्वासों की दृढ़ता से निन्दा की। प्रगतिशील सांस्कृतिक संगठनों, लोकप्रिय विज्ञान आन्दोलन और तर्कवादी समाज के कार्यकर्ताओं के समूहों ने सुखचर में स्थित सन्तान दल मुख्यालय के सामने प्रदर्शन करना शुरू कर दिया। *आजकल* ने दल के प्रवक्ताओं को भड़काने और उनके बयानों का उपहास उड़ाने के लिए कोई कसर नहीं छोड़ी, मृत नेता को उनके साम्प्रदायिक नाम बालक ब्रह्मचारी से सन्दर्भित करने से इनकार कर दिया और इसके बजाय उन्हें 'बालक बाबू'–एक निरर्थक 'श्री बालक' कहा।

सन्तान दल आश्रम के गेट पर कुछ तीखी नोकझोंक हुई, दल के कार्यकर्ताओं ने कथित तौर पर हथियारों का स्टॉक किया और प्रदर्शन की तैयारी की। एक रात, आश्रम के बाहर कुछ पटाख़े और हाथ से बने बम फटे और दल के कार्यकर्ताओं का एक समूह बाहर आया और अपने लाउडस्पीकरों पर चिल्लाया : "क्रान्ति शुरू हो गयी है।"[26]

बालक ब्रह्मचारी की आधिकारिक मृत्यु के लगभग एक महीने बाद, उनका शरीर अभी भी एक वातानुकूलित कमरे में बर्फ़ की शिलाओं पर पड़ा हुआ है और उनके अनुयायी उनकी समाधि ख़त्म होने की प्रतीक्षा कर रहे हैं। *आजकल* ने दावा किया कि सुखचर के पूरे मोहल्ले में असहनीय बदबू थी। अब यह खुलकर आरोप लगने लगा कि सरकार राजनीति के कारण हस्तक्षेप करने से हिचक रही है, क्योंकि मई के अन्तिम सप्ताह में निर्धारित ग्रामीण पश्चिम बंगाल में स्थानीय सरकारी निकायों के चुनाव, महत्त्वपूर्ण पंचायतें जो वाम मोर्चे के समर्थन की रीढ़ बन गयी थीं। दल के ख़िलाफ़ कोई भी कार्रवाई पश्चिम बंगाल के कम से कम चार ज़िलों में वाममोर्चा समर्थकों को नाराज़ कर सकती थी। यह भी सुझाव दिया गया था कि सीपीआई (एम) के कुछ महत्त्वपूर्ण नेता सन्तान दल के प्रति सहानुभूति रखते थे और विशेष रूप से एक मन्त्री, सुभाष चक्रवर्ती–पर्यटन और खेल के प्रभारी मन्त्री, दल के सदस्यों द्वारा भ्रातृ समर्थक के रूप में जाने जाते थे।

25 जून, 1993 को, बालक ब्रह्मचारी की आधिकारिक मृत्यु के इक्यावन दिनों बाद पश्चिम बंगाल के स्वास्थ्य मन्त्री ने घोषणा की कि चिकित्सा, न्यूरोलॉजी और फ़ोरेंसिक चिकित्सा में अग्रणी विशेषज्ञों वाली एक चिकित्सा टीम बालक ब्रह्मचारी के शरीर की जाँच करेगी और एक रिपोर्ट सरकार को प्रस्तुत करेगी। चिकित्सकों के शीर्ष पेशेवर निकाय इंडियन मेडिकल एसोसिएशन ने तुरन्त यह कहते हुए विरोध किया कि एक नयी जाँच के लिए बुलाने का मतलब अस्पताल से जारी मृत्यु-प्रमाणपत्र में विश्वास की कमी है। इसने बताया कि अस्पताल के डॉक्टरों के मूल फ़ैसले पर सवाल उठाने के लिए कोई वैज्ञानिक आधार नहीं दिया गया था। फिर भी सरकारी डॉक्टर आगे बढ़े और सुखचर से यह कहकर लौटे कि हमें शरीर को छूने नहीं दिया गया। उन्होंने बताया कि शरीर सड़ गया था और ममीकरण के संकेत थे और बेहद कम तापमान के कारण शरीर का पूरी तरह क्षय नहीं हुआ था।[27]

इस समय तक, सीपीआई (एम) नेतृत्व द्वारा सुभाष चक्रवर्ती को इस गतिरोध का समाधान निकालने का दायित्व दिया गया था। स्थानीय सीपीआई (एम) नेताओं के साथ, उन्होंने सुखचर आश्रम का दौरा किया और बाद में पत्रकारों से कहा कि

वह बाबा के अनुयायियों को शरीर का दाह संस्कार करने के लिए मनाने की कोशिश कर रहे थे। वह इस बात से सहमत थे कि डॉक्टरों के पास मृत घोषित किये गये शरीर की फिर से जाँच करने का कोई वैज्ञानिक कारण नहीं था, लेकिन ज़ोर देकर कहा कि यह अनुनय की प्रक्रिया का एक आवश्यक हिस्सा था। उन्होंने बताया कि 'बाबाडोम' अभी भी देश में प्रचलित था और हज़ारों लोग इन धार्मिक नेताओं के अनुयायी थे। उन्होंने चेतावनी दी कि धार्मिक कट्टरता को हल्के में लेना ख़तरनाक है। उन्होंने कहा, यह सरकार का विचार था कि बल प्रयोग कट्टरता को भड़का सकता है।[28]

30 जून को, सुबह दो बजे शुरू हुए चार घण्टे के ऑपरेशन में, 5000 पुलिसकर्मियों की एक सेना ने सन्तान दल मुख्यालय पर धावा बोल दिया, शव को अपने क़ब्ज़ें में ले लिया और उसे पास के श्मशान में ले जाया गया। द *टेलीग्राफ़* ने बताया की अन्तिम संस्कार गुरु के भाई के द्वारा किया गया था क्योंकि सुरक्षा घेरे ने विलाप कर रही महिलाओं को पीछे धकेल दिया था जो अब तक मान रही थीं कि उनके दिवंगत पन्थ नेता पुनरुज्जीवित हो जायेंगे। इस मुद्दे के समाधान पर कड़ी आलोचना झेल रही राज्य सरकार ने राहत की साँस ली। पुलिस बल, जिस पर दल के कार्यकर्ताओं ने एसिड बल्ब, चाकू, त्रिशूल, काँच की बोतलें और मिर्च पाउडर से हमला किया था, बल ने रक्षकों को स्थिर करने के लिए आँसू गैस का इस्तेमाल किया। साथ ही, बन्द मुख्यालय में खिड़की की ग्रिलों और ढहने वाले दरवाज़ों के माध्यम से अपना रास्ता बनाने के लिए ब्लोटार्च का इस्तेमाल किया। लेकिन इसके लिए गोलीबारी का सहारा नहीं लिया गया। कई दल के कार्यकर्ताओं के साथ-साथ पुलिसकर्मी भी घायल हुए, लेकिन आधिकारिक प्रेस विज्ञप्ति में कहा गया कि कोई संगीन रूप से हताहत नहीं हुआ।[29]

मन्त्री सुभाष चक्रवर्ती ने पुलिस और स्थानीय प्रशासन को बेहद कठिन और संवेदनशील अभियान चलाने के लिए बधाई दी। उन्होंने लोकप्रिय हिन्दी फ़िल्म *जुगनू* का ज़िक्र किया और कहा कि उस फ़िल्म में अभिनेता धर्मेन्द्र ने जो सामना किया था, उससे कहीं ज़्यादा कठिन काम था। "बेशक", उन्होंने पत्रकारों से कहा, "आप सोचते हैं कि यह सब उपाश्रित संस्कृति है, लेकिन मुझे लगता है कि यह एक उपयुक्त उदाहरण है।" अगले दिन, आजकल ने अपने सम्पादकीय में घोषणा की : "हम पश्चिम बंगाल में उस उपाश्रित संस्कृति युग के अन्त में आ गये हैं। प्रगतिशील पश्चिम बंगाल ने तर्क के युग का अन्त देखा और *जुगनू* के युग के आगाज़ की ओर इशारा किया।"[30]

मामले के अपेक्षाकृत सहज और सफल निष्कर्ष के बावजूद विवाद शान्त नहीं हुआ। सन्तान दल के सचिव चित्त सिकदर ने मुख्यमन्त्री के सामने विरोध जताते हुए सरकार के रवैयों को निरंकुश और अलोकतान्त्रिक कार्रवाई बताया। उन्होंने कहा कि बालक ब्रह्मचारी के साथ सरकार द्वारा किये गये इस प्रकार के रवैयों को इतिहास में इस्सू, गैलीलियो और सुकरात के परीक्षणों की तरह ही याद किया जायेगा। दूसरी ओर, *आजकल* जैसे मतों ने सरकार के वर्गों और सत्तारूढ़ दल द्वारा अपने निर्दोष अनुयायियों को गुमराह करने और उनकी अति-धार्मिक भावनाओं से लाभ उठाने के लिए सम्प्रदाय के दूसरे नेताओं को मिले अवसर के रूप में निन्दा की लेकिन अविवेक और अन्धविश्वास फैलाने के लिए पन्थों और स्वयं तथाकथित धर्मगुरुओं की आलोचना नहीं की। बालक ब्रह्मचारी के दाह संस्कार के बारह दिन बाद, सन्तान दल के सचिव और अन्य बयासी लोगों को गिरफ़्तार कर लिया गया और उन पर दंगा, हमला, न्याय में बाधा और अन्य अपराधों का आरोप लगाया गया।[31]

सन्ताल दल के सदस्य कई महीनों तक अख़बार को पत्र लिखते रहे और ख़ुद को अलोकतान्त्रिक और अवैध पुलिस का शिकार बताते रहे। उन्होंने पूछा कि बाबा के अनुयायियों ने बाबा पर विश्वास कर देश का कौन सा क़ानून तोड़ा है। क्या असाधारण आध्यात्मिक शक्तियों में धार्मिक विश्वास पुलिसकर्मी की लाठी के प्रहार के लायक़ था? और क्या ऐसा नहीं था कि दल के अनुयायियों को अतत: पुलिस कार्यवाही का शिकार होना पड़ा क्योंकि उनमें से अधिकतर निचली जाति के किसान थे जिनका सीमान्त राजनीतिक मूल्य स्थानीय सरकार के चुनावी अखाड़े के बाद लगभग नगण्य हो गया था। सार्वजनिक स्मृतियों को अन्याय पर न्याय की प्रतीक्षा इस पत्र की चेतावनी में आवश्यक रूप से शामिल है।[32]

मुझे लगता है कि यह मामला भारत जैसे देश में नागरिक समाज और लोकतन्त्र के बीच सम्बन्ध के बारे में अब तक उठाये गये कई बिन्दुओं को दिखाता है। एक आधुनिक नागरिक समाज, स्वतन्त्रता और समानता के विचारों के अनुरूप, एक ऐसी परियोजना है जो भारतीयों के कुछ विशिष्ट वर्गों की ऐतिहासिक इच्छाओं में स्थित है। औपनिवेशिक परियोजनाओं में उन इच्छाओं और उनके स्रोतों के उद्‌भव और फूलने की विशिष्ट बहुचर्चित कहानी है। जब देश औपनिवेशिक शासन के अधीन था, इन अभिजात वर्ग का मानना था कि महत्त्वपूर्ण परिवर्तनकारी प्रक्रियाएँ जो लोगों की पारम्परिक मान्यताओं और प्रथाओं को बदल देंगी और एक नये आधुनिक राष्ट्रीय स्व को फ़ैशन में लायेंगी, उन्हें औपनिवेशिक राज्यतन्त्र की पहुँच से बाहर रखा जाना चाहिए। औपनिवेशिक शासन के अन्त और उत्तर-औपनिवेशिक राज्य में इन वर्गों के सत्ता में आने के साथ, वह परिवर्तनकारी परियोजना नये राष्ट्रीय

राज्य के अंगों की गतिशील क्षमता में मज़बूती से स्थित हो गयी। वे अंग अब प्रतिनिधि लोकतन्त्र के एक संवैधानिक तने का हिस्सा थे, जिसने आधुनिकीकरण की परियोजना को लोगों की इच्छा की अभिव्यक्ति बना दिया और आधुनिकता के वैधीकरण मानदण्डों के साथ शानदार ढंग से संगत हो गया।

हालाँकि राजनीतिक समाज कहे जाने वाले अखाड़े की विशेषताओं और गतिविधियों में से कई को औपनिवेशिक काल में राष्ट्रवादी राजनीतिक लामबन्दी के स्पेक्ट्रम के भीतर दिखाया जा सकता है, लेकिन 1980 के दशक के बाद से मैं कहूँगा कि इसने केवल एक अलग रूप धारण किया है। दो स्थितियों ने इस प्रक्रिया को आसान बना दिया है। एक सरकारी प्रदर्शन की धारणा में प्रभुत्व का उदय है जो आबादी के कल्याण और संरक्षण पर ज़ोर देती है—सरकार के 'देहाती' कार्य, जैसा कि मिशेल फूको ने कहा है कि पूरी दुनिया में समान सरकारी तकनीकों का उपयोग करते हुए लेकिन काफ़ी हद तक नागरिकों की सक्रिय भागीदारी तथा विचारों से स्वतन्त्र राज्य की सम्प्रभुता में इसने राज्य एजेंसियों और जनसंख्या समूहों द्वारा पारस्परिक उस मान्यता को सक्षम किया है जहाँ सरकारें उन लोगों को भी कुछ लाभ देने के लिए बाध्य हो जो नागरिक समाज या सच्चे नागरिकों के गणतान्त्रिक निकाय के उचित सदस्य नहीं हैं। यदि राष्ट्र-राज्य यह काम नहीं कर सकता है तो यह ग़ैर-सरकारी—यदि आवश्यक हो, अन्तरराष्ट्रीय—एजेंसियों द्वारा किया जाना चाहिए। दूसरी शर्त राजनीतिक लामबन्दी के क्षेत्र का विस्तार है, जो चुनावी विचारों से प्रेरित है और अक्सर केवल चुनावी उद्देश्यों के लिए होता है। औपचारिक रूप से संगठित संरचनाएँ जैसे कि राजनीतिक दलों के साथ सुव्यवस्थित आन्तरिक गठन और सुसंगत सिद्धान्त और ढीले और अक्सर क्षणिक गतिशीलता के लिए कार्यक्रम, संचार संरचनाओं का निर्माण जो आमतौर पर राजनीतिक है (उदाहरण के लिए, धार्मिक सभाओं या सांस्कृतिक त्योहारों, या अधिक उत्सुकता से, यहाँ तक कि सिनेमा प्रशंसकों के संघ, जैसा कि कुछ दक्षिण भारतीय राज्यों में है)।

राजनीतिक समाज के इस क्षेत्र में गतिविधियों के प्रसार ने हाल के वर्षों में प्रगतिशील सम्भ्रान्त हलक़ों में बहुत असुविधा और आशंका पैदा की है। विशिष्ट तौर पर *आजकल* के सम्पादकीय में 'उपाश्रित संस्कृति' के बारे में मैंने पहले जो टिप्पणी की थी। यह शिकायत आज मध्यवर्गीय हलक़ों में व्यापक है कि राजनीति को अपराधियों ने अपने क़ब्ज़े में ले लिया है। इसके परिणाम में पिछड़े समाज को बदलने के लिए आधुनिक राज्य के मिशन पर ही सन्देह किया जाता है। जैसाकि हम जो देखते हैं कि सभी चुनावी औचित्य के कारण नागरिक जीवन में असुधारित लोकप्रिय संस्कृति की अव्यवस्थित, भ्रष्ट और तर्कहीन प्रथाओं का होना। इससे

ऐसा प्रतीत होता है कि संसदीय लोकतन्त्र की मजबूरियों के कारण आधुनिकता की महान खोज गम्भीर रूप से प्रभावित हुई है।

आधुनिक प्रतिनिधि संस्थानों के सौ वर्षों से अधिक के भारतीय इतिहास में टोकेविलियन मूल्यांकन में इस समस्या को देख सकते हैं।[33] उनके राजनीतिक जीवन के सभी लोग उन संस्थानों के निहित मूल्य के बारे में पूरी तरह से आश्वस्त थे, लेकिन वे उन परिस्थितियों के बारे में भी बेहद चिन्तित थे जिनमें वे संस्थाएँ कार्य कर सकती थीं। उन्नीसवीं सदी के अच्छे उदारवादियों के रूप में, वे आवश्यकताओं को निर्दिष्ट करने वाले पहले व्यक्ति होंगे जो शिक्षा और नागरिक जीवन के लिए एक सिद्ध प्रतिबद्धता जिसे लोगों को उनकी भाषा में, 'संसदीय संस्थानों को प्राप्त करने के लिए' फ़िट माने जाने से पहले पूरा करना होगा। अगर हम इसे दूसरे कोण से देखते हैं, तो हम कह सकते हैं कि व्यक्तिगत पक्ष के लिए नौरोजी या गोखले की तरह, लोकतन्त्र सरकार का एक अच्छा रूप तभी था जब इसे प्रतिष्ठित और बुद्धिमान लोगों द्वारा पर्याप्त रूप से नियन्त्रित किया जा सकता था। तथाकथित चरमपन्थियों के उदय के साथ राष्ट्रवादी राजनीति में, विशेष रूप से ख़िलाफ़त और असहयोग आन्दोलनों के साथ, भारत में कई ताक़तें और कई विचार संगठित राजनीतिक जीवन में आये, जिन्होंने संसदीय राजनीति की बारीकियों की बहुत परवाह नहीं की। बेशक, यह गांधी ही थे, जिन्होंने इस अवधि में, उत्तर औपनिवेशिक व्यवस्था के नये प्रतिनिधि संस्थानों द्वारा बनाये गये राजनीतिक क्षेत्र में निर्णायक रूप से हस्तक्षेप किया। भले ही उन्होंने आधुनिक सभ्यता के अन्य सभी सामानों के साथ-साथ संसदीय संस्थानों को अस्वीकार करने का दावा किया, लेकिन वह लामबन्दी लाने में किसी और की तुलना में अधिक सहायक थे, जो अन्त में भारतीय राष्ट्रीय कांग्रेस को स्वतन्त्र भारत का शासक राजनीतिक संगठन बना देगा। जैसा कि कई अध्ययनों में दिखाया गया है, गांधी के शब्दों और कार्यों को एक ही समय में लोकप्रिय पहल और उसे नियन्त्रित करने की समानान्तर प्रक्रिया में उनकी हत्या कर दी जाती है।[34] नेहरू काल की तथाकथित कांग्रेस प्रणाली में राज्य की पहल और चुनावी अनुमोदन के घनिष्ठ अन्तर्सम्बन्ध में नियन्त्रण प्रमुख रूप है।

नेहरू काल से लेकर 1960 के दशक के मध्य के संकट से लेकर प्रथम इन्दिरा गांधी शासन के राज्य लोकलुभावनवाद में कांग्रेस के प्रभुत्व की पुनर्स्थापना तक की यात्रा एक ऐसा प्रक्षेपवक्र है जो कई तीसरी दुनिया के देशों के ऐतिहासिक अनुभव से अपरिचित नहीं है। मुझे लगता है कि भारतीय लोकतन्त्र के जीवन में जो विशिष्ट था, वह संसदीय चुनाव में इन्दिरा गांधी के आपातकालीन शासन की हार है। इसने लोकतन्त्र के सार और स्वरूप, इसके रूप और सामग्री, इसकी आन्तरिक प्रकृति

और बाहरी स्वरूप के बारे में बाद की सभी चर्चाओं में एक निर्णायक बदलाव लाया। आपातकालीन शासन के पतन के 'वास्तविक' कारणों पर इतिहासकारों का निर्णय जो भी हो, 1977 के चुनावों ने भारत में लोकप्रिय लामबन्दी के क्षेत्र में वोट की क्षमता और सरकार के प्रतिनिधि निकायों को आवाज़ देने की क्षमता स्थापित की। एक तरह की लोकप्रिय माँगें, जिन्हें सत्ता के लौकिक गलियारों की व्यवस्था और शान्ति को भंग करने की अनुमति पहले कभी नहीं दी गयी थी। कोई आश्चर्य किये बिना नहीं रह सकता है कि यह महत्त्वपूर्ण अनुभव नहीं है जो भारत में लोकतन्त्र की लोकप्रिय समझ को पड़ोसी पाकिस्तान से अलग करता है, जहाँ हाल के दिनों में अभिजात वर्ग और उपाश्रित दोनों के लिए एक साथ यह कहना सम्भव हो गया है कि चुनावी लोकतन्त्र नक़ली है और यह सच्चे लोकतन्त्र का मार्ग सैन्य तानाशाही के दौर से होकर गुज़रना पड़ सकता है।

लेकिन ऐसा न हो कि भारत में हम ख़ुद को बधाई देने में जल्दबाज़ी करें, मैं अपना तर्क दोबारा प्रस्तावित करता हूँ। लोकप्रिय वैधता और कुलीन नियन्त्रण के विपरीत विषयों ने ख़ुद लोकतान्त्रिक सिद्धान्त की बारहमासी समस्या को समुदाय और सम्पत्ति की दो मध्यस्थ अवधारणाओं के रूप में प्रस्तुत किया, जो भारतीय लोकतन्त्र की अवधारणा में शुरू से ही अन्तर्निहित थे। वे पृथक् नहीं हैं, न ही उनका समाधान किया गया है या उनका अधिक्रमण किया गया है। लोकतन्त्र की कुलीन और लोकप्रिय धारणाओं के बीच चल रहे संघर्षों के परिणामस्वरूप उन्होंने केवल नये रूप धारण किये हैं। भारत में लोकतान्त्रिक आधुनिकीकरण पर हाल की बहसों में एक बार फिर उन्हें खेला जा रहा है। एक ओर, लोकप्रिय अनुसमर्थन की अनिश्चित माँगों ने प्रतिबद्ध आधुनिकतावादियों को चिन्तनशील बना दिया है, जिसके परिणामस्वरूप अर्थव्यवस्था और तर्कहीनता की ताक़तों के लिए राजनीतिक आत्मसमर्पण द्वारा तर्क के युग को समाप्त कर दिया गया था। वे चुनावी मजबूरियों के साथ कई समझौतों को प्रबुद्ध राजनीति के परित्याग के संकेत के रूप में देखते हैं। आमतौर पर आबादी के कथित तौर पर अशिक्षित वर्गों के बीच इन विपरीत लामबन्दी के परिवर्तनकारी प्रभावों पर कम ध्यान दिया जाता है। चूँकि यह एक ऐसा क्षेत्र है जिसका अभी अध्ययन शुरू ही हुआ है, ऐसा अगले अध्याय में मैं इस पर केवल कुछ प्रारम्भिक अवलोकन ही कर सकता हूँ। लेकिन मेरा मानना है कि यह सामाजिक परिवर्तनों का सबसे गहरा और महत्त्वपूर्ण समूह है जो आज भारत जैसे देशों में लोकतान्त्रिक प्रक्रिया द्वारा उत्पन्न किया जा रहा है।

मुझे यह भी ध्यान देना चाहिए कि भारत में शासक वर्गों के बीच इन सामाजिक परिवर्तनों की एक प्रतिक्रिया पहले ही विकसित हो चुकी है। मैं इसे अप्रत्यक्ष शासन की औपनिवेशिक रणनीति के रूप में देखता हूँ। इसमें आधुनिकीकरण परियोजना का निलम्बन, बोर्ज़्वा नागरिक समाज के संरक्षित क्षेत्रों में दीवार बनाना और शासित आबादी के 'प्राकृतिक नेताओं' के माध्यम से क़ानून और व्यवस्था और कल्याण के सरकारी कार्यों का वितरण शामिल है। रणनीति, दूसरे शब्दों में, चुनावी लोकतन्त्र की सम्भावित ज़्यादतियों से बोर्ज़्वा जीवन के नागरिक गुणों को संरक्षित करना चाहती है।

दूसरी प्रतिक्रिया भले ही कम अलोचनात्मक है लेकिन अधिक व्यावहारिक है। यह प्रबोधन की परियोजना का परित्याग नहीं करता है, बल्कि उसमें विरोधों को भीड़ के माध्यम से चलाने का प्रयास करता है, जिसे मैंने राजनीतिक समाज कहा है, यह एक हिरावल के निर्देशन और नेतृत्व के कार्यों को गम्भीरता से लेता है, लेकिन यह स्वीकार करता है कि भारत जैसे देश में राज्य की क़ानूनी शाखा सामाजिक प्रथाओं की एक विशाल श्रृंखला तक नहीं पहुँच सकती है जो अन्य मान्यताओं द्वारा विनियमित और अन्य अधिकारियों द्वारा प्रशासित होती रहती है। लेकिन यह भी जानता है कि आधुनिक सरकारी प्रथाओं के कल्याणकारी कार्यों द्वारा उन अँधेरे क्षेत्रों में प्रवेश किया जा रहा है, जो दावों और प्रतिनिधित्व पर उन प्रभावों का उत्पादन करते हैं जिन्हें मैंने लोकतन्त्रीकरण का आग्रह कहा है। अनिश्चित रूप से यह वह क्षेत्र है जिसमें लोकतान्त्रिक आधुनिकता की परियोजना को धीरे-धीरे संचालित करना पड़ता है।

कोलकाता में एक मृत शरीर के निपटान पर बातचीत का उदाहरण देते हुए, मैं लोगों के बीच विरोधाभासों के सही संचालन का वर्णन प्रदान करने की कोशिश नहीं कर रहा था। न ही मैं सफल शासन के किसी मामले का वर्णन कर रहा था। न ही मैं यह कह रहा हूँ कि उस अवसर पर जिस विशिष्ट रूप में आधुनिकता बनाम लोकतन्त्र के एक स्थानीय संकट का समाधान किया गया था, वह सामाजिक परिवर्तन की एक सचेत राजनीतिक परियोजना से निकला था जिसमें पश्चिम बंगाल में सत्तारूढ़ दल लगे हुए हैं। बल्कि, मेरा इरादा उन सम्भावनाओं की ओर इशारा करना था जो उस मानक रूप से अस्पष्ट क्षेत्र में मौजूद हैं जिन्हें मैंने राजनीतिक समाज कहा है। जब मैं इस शब्द का उपयोग करता हूँ, तो मुझे हमेशा याद आता है कि *प्रिज़न नोटबुक्स* में, एंटोनियो ग्राम्सी राजनीतिक समाज को राज्य के साथ जोड़कर शुरू करते हैं, लेकिन जल्द ही सामाजिक और सांस्कृतिक हस्तक्षेपों की एक पूरी श्रृंखला में चले जाते हैं जो राज्य के अधिकार क्षेत्र से परे होने चाहिए। यह

स्पष्ट है कि सबाल्टर्न विषयों को राष्ट्रीय नागरिकों में बदलने की परियोजना को आगे बढ़ाने में, आधुनिकतावादियों को उन प्रतिरोधों का सामना करना पड़ा है जो राजनीतिक समाज की गतिविधियों द्वारा सुगम किये जाते हैं। लेकिन मैंने इस बात पर ज़ोर देने की कोशिश की है कि उन पर थोपे गये आधुनिकीकरण के प्रोजेक्ट का विरोध करने में भी सबाल्टर्न वर्ग आन्तरिक बदलाव के रास्ते पर चल पड़ते हैं। अगले अध्याय में मैं परिवर्तन की इस प्रारम्भिक प्रक्रिया के कुछ उदाहरण प्रदान करूँगा। साथ ही, राजनीतिक समाज में अपने शैक्षणिक मिशन को पूरा करने में, हमारे जैसे शिक्षक-प्रबुद्ध लोग भी ख़ुद को शिक्षित करने में सफल हो सकते हैं। मेरा कहना है कि यह दुनिया के अधिकांश हिस्सों में आधुनिकता और लोकतन्त्र के बीच मुठभेड़ का सबसे समृद्ध और ऐतिहासिक रूप से महत्त्वपूर्ण परिणाम होगा।

सन्दर्भ

1. इब्राहिम अबू लुघोड (1963), *अरब रिडिस्कवरी ऑफ़ यूरोप : ए स्टडी इन कल्चरल एनकाउंटर्स*, प्रिस्टन : प्रिस्टन यूनिवर्सिटी प्रेस; मिशेल टिमोथी (1988), कोलोनिसिंग इजिप्त, कैम्ब्रिज : कैम्ब्रिज यूनिवर्सिटी प्रेस।
2. कौसर कबीर (1980), *सीक्रेट कोर्रेसपोंडेंस ऑफ़ टीपू सुल्तान*, नयी दिल्ली : लाइट एंड लाइफ़, पृ. 165, 219
3. जेम्स सदरलैंड, सन्दर्भित *सोफिया डाब्सन कोलेट* (1900), *लाइफ़ एंड लेटर्स ऑफ़ राजा राममोहन राय* उद्धृत, दिलीप कुमार विश्वास और प्रभात चन्द्र गांगुली (सम्पादित), कोलकाता ब्रह्म समाज, पृ. 308
4. सी.एल.आर. जेम्स (1963), द *ब्लैक जकोबिंस, टूसेंट एल' ओवचा एंड द सैन डोमिगो रिव्यूल्यूशन*, न्यूयार्क : विंटेज बुक्स।
5. मिशेल राल्फ़ ट्रौइलोट (1995), *साइलेंसिंग द पास्ट : पॉवर एंड प्रोडक्शन ऑफ़ हिस्ट्री*, बोस्टर : बीकन प्रेस, पृ. 79
6. वही; 70-107
7. एटीने बालिबार (1994), *मॉस, क्लासेज, आइडियाज़ : स्टडीज़ ऑन पॉलिटिक्स एंड फ़िलोसोफी बिफ़ोर एंड आफ़्टर मार्क्स*, न्यूयार्क : रूटलेज
8. कार्ल मार्क्स (1843), *ऑन द ज्यूइश क्वेश्चन, संकलित कार्ल मार्क्स और फ्रंडरिक एंगेल्स* (1975) (सम्पादित), *कलेक्टेड वर्क्स* (वाल्यूम 3), मॉस्को : प्रोग्रेस पब्लिशर्स,146-74
9. कार्ल मार्क्स (1954), 'द सो-कोल्ड प्रीमिटव अक्यूमुलेशन, ट्र सैमुअल मूर और एडवर्ड एवेलिंग, संकलित कैपिटल (1) मॉस्को : प्रोग्रेस पब्लिशर्स, पृ. 667-724
10. कार्ल मार्क्स, द ब्रिटिश रूल इन इंडिया, संकलित मार्क्स एंड एंगेल्स, कलेक्टेड वर्क्स (12), पृ. 125-33
11. वेरा ज़सुलिच, टेओडोर शानिन (1983) *लेट मार्क्स और रूसी रोड : मार्क्स एंड द पेरीफेरीज ऑफ़ कैपिटलिज़्म*, लन्दन : रूटलेज और केगन पॉल, कार्ल मार्क्स (1974) द *एथ्नोलॉजिकल नोटबुक्स*, लॉरेंस क्रैडर, एसेन : वैन गोर्कम।

12. माइकल सैंडल (1984), *लिबरलिज़्म एंड इट्स क्रिटिक्स,* न्यूयॉर्क : न्यूयॉर्क यूनिवर्सिटी प्रेस तथा श्लोमो एविनेरी और अवनेर डेशालिट (1992), *कम्यूनिटेरियनिज़्म एंड इंडिविजुअलिज़्म।* ऑक्सफ़ोर्ड : ऑक्सफ़ोर्ड यूनिवर्सिटी प्रेस।

13. क्वेंटिन स्किनर (1997), *लिबर्टी बिफ़ोर लिबरलिज़्म,* कैम्ब्रिज : कैम्ब्रिज यूनिवर्सिटी प्रेस और फिलिप पेटिट (1997), *रिपब्लिकनिज़्म : ए थ्योरी ऑफ़ फ्रीडम एंड गवर्नमेंट,* ऑक्सफ़ोर्ड : ऑक्सफ़ोर्ड यूनिवर्सिटी प्रेस।

14. पेटिट, *रिपब्लिकनवाद,* पृ. 241

15. मिशेल फूको (1991), *गवर्नमेंटलिटी,* संकलित ग्राहम बर्चेल, कॉलिन गॉर्डन एंड पीटर मिलर (सम्पादक)। द *फौकॉल्ट इफ़ेक्ट : स्टडीज़ इन गवर्नमेंटेलिटी,* शिकागो : यूनिवर्सिटी ऑफ़ शिकागो, पृ. 87-104

16. इयान हैकिंग (1990), द *टैमिंग ऑफ़ चांस,* कैम्ब्रिज : कैम्ब्रिज यूनिवर्सिटी प्रेस, मैरी पूवी (1995), *मेकिंग ए सोशल बॉडी,* शिकागो : यूनिवर्सिटी ऑफ़ शिकागो प्रेस और (1998) *ए हिस्ट्री ऑफ़ द मॉडर्न फैक्ट,* शिकागो : यूनिवर्सिटी ऑफ़ शिकागो प्रेस।

17. निकोलस रोज़ (1999), *पॉवर्स ऑफ़ फ्रीडम : रीफ्रेमिंग पॉलिटिकल थॉट,* कैम्ब्रिज : कैम्ब्रिज यूनिवर्सिटी प्रेस; पीटर मिलर और निकोलस रोज़ (1998), *प्रोडक्शन, आइडेंटिटी एंड डेमोक्रेसी, थ्योरी एंड सोसाइटी, 24* (1995), पृ. 427-67; थॉमस ओसबोर्न (1998), *एस्पेक्ट ऑफ़ इनलाइटमेंट एंड द एथिक्स ऑफ़ ट्रुथ,* लन्दन : यूसीएल प्रेस।

18. टी.एच. मार्शल (1949), *सिटीजनशिप एंड सोशल क्लास,* लन्दन : प्लूटो प्रेस, पृ. 3-51

19. निकोलस बी. डर्क्स (2001) *कास्ट्स ऑफ़ माइंड : कॉलोनियलिज़्म एंड द मेकिंग ऑफ़ मॉडर्न इंडिया,* प्रिंसटन : प्रिंसटन यूनिवर्सिटी प्रेस।

20. के. सुरेश सिंह (1995), *पीपल ऑफ़ इंडिया* (वोल्यूम 43) कलकता : भारतीय मानव विज्ञान सर्वेक्षण।

21. पार्थ चटर्जी, (2000) *टू पोएट्स एंड डेथ : ऑन सिविल एंड पॉलिटिकल सोसाइटी इन द नॉन-क्रिश्चियन वर्ल्ड, संकलित टिम मिशेल और लीला अबुलुघोड,* (सम्पादित) क्वेश्चन ऑफ़ मॉडर्निटी, साथ ही (1998), 'बियांड द नेशन? और विदिन', *सोशल टेक्स्ट,* ऑटोमन; शरद ऋतु, पार्थ चटर्जी (1998), द *वेजेज़ ऑफ़ फ्रीडम,* संकलित द *वेजेज़ ऑफ़ फ्रीडम : फ़फ़्टी इयर्स ऑफ़ द इंडियन नेशन-स्टेट,* दिल्ली : ऑक्सफ़ोर्ड यूनिवर्सिटी प्रेस।

22. इस प्रकार के तर्कों के लिए, *जीन एल. कोहेन और एंड्रयू अराटो* (1992), *सिविल सोसाइटी एंड पॉलिटिकल थ्योरी,* कैम्ब्रिज : एमआईटी प्रेस।

23. विशेष रूप से देखें रणजीत गुहा (1982), *ऑन सम एस्पक्ट ऑफ़ द हिस्ट्रीयोग्राफ़ी ऑफ़ कोलोनियल इंडिया,* संकलित *सबाल्टर्न स्टडीज़* (1), दिल्ली : ऑक्सफ़ोर्ड यूनिवर्सिटी प्रेस, पृ. 1-8

24. मैं बालक ब्रह्मचारी की मृत्यु की कहानी पर शोध करने में उनकी उदार मदद के लिए *अजकल* के अशोक दासगुप्ता और देबाशीष भट्टाचार्य का आभारी हूँ।

25. *आजकल,* 18 मई, 1993

26. आजकल, 21 जून, 1993
27. *आजकल,* 26 जून, 1993
28. *आजकल,* 26 जून, 1993
29. द *टेलीग्राफ़,* जुलाई 1, 1993; द *स्टेटमैंन,* जुलाई 1, 1993
30. *आजकल,* जुलाई 2, 1993
31. वही, 1 जुलाई, 1993
32. *दैनिक प्रतिदिन,* 5 फरवरी, 1994
33. सुदीप्ता कविराज, द *कल्चर ऑफ़ रिप्रेजेंटेटिव डेमोक्रेसी,* संकलित पार्थ चटर्जी (सम्पादित), द *वेजेज़ ऑफ़ फ्रीडम,* पृ. 147-75
34. रणजीत गुहा (1998), डोमिनेशन विदाउट हेजेमनी, कैम्ब्रिज : कैम्ब्रिज यूनिवर्सिटी प्रेस।

अध्याय : तीन

'शासितों' की राजनीति

एक

मैं आपको राजनीतिक समाज या कम से कम इसके उन हिस्सों के बारे में एक त्वरित यात्रा पर ले चलता हूँ जिससे मैं परिचित हूँ, क्योंकि ऐसे कई हिस्से हैं जिनके बारे में मैं बहुत कम जानता हूँ।

हमारा पहला पड़ाव उन रेल-पटरियों के साथ है जो कोलकाता शहर के दक्षिणी भाग से होकर गुज़रती हैं, जहाँ मैं रहता हूँ और काम करता हूँ। एक प्रमुख धमनी सड़क पटरियों के ऊपर से उड़ती है। यदि आप पुल पर खड़े होकर अपने सामने देखते हैं, तो आपको गगनचुम्बी अपार्टमेंट ब्लॉक, एक शानदार शॉपिंग मॉल और एक प्रमुख तेल कम्पनी के कार्यालय दिखाई देंगे। लेकिन अगर आप नीचे देखें, तो आपको झुग्गियों की एक सँकरी क़तार दिखाई देगी, जिसमें अनियमित टीन या टाइलवाली छतें गन्दी प्लास्टिक की चादरों से अटी पड़ी हैं, जो रेलवे-पटरियों के साथ-साथ चल रही हैं और ख़तरनाक रूप से उसके क़रीब हैं। ये उन अनधिवासी (स्क्वैटरों) के हैं जो पचास साल से अधिक समय से यहाँ रह रहे हैं। 1990 के दशक की शुरुआत में, अशोक सेन के निर्देशन में सेंटर फ़ॉर स्टडीज़ इन सोशल साइंसेज़, कोलकाता के मेरे कुछ सहयोगियों ने इन झोंपड़ियों के एक हिस्से का अध्ययन किया।[1] इस खण्ड का आधिकारिक नाम गोबिन्दपुर रेल कॉलोनी, गेट नंबर 1 है और इसमें लगभग 1,500 लोगों की आबादी है।

1940 के दशक के अन्त में बस्ती स्पष्ट रूप से उभरी जब दक्षिण बंगाल के किसानों का एक छोटा समूह, जो 1943 के महान अकाल के बाद अपनी भूमि खो चुके थे, आजीविका की तलाश में शहर आये। उस समय शीघ्रता से हर दिन हज़ारों लोग शहर की ओर पलायन कर रहे थे। ये नये प्रवासी पूर्वी बंगाल से थे, जो अब पूर्वी पाकिस्तान है। वे भारत के विभाजन से उत्पन्न शरणार्थी थे। अगले दशक में, कोलकाता के शहरों ने मूल आबादी के तीन गुना से अधिक शरणार्थियों के

प्रवास को समायोजित करेंगे। अधिकारियों की मौन स्वीकृति से इनमें से अधिकांश सार्वजनिक और कभी-कभी निजी सम्पत्ति पर अवैध रूप से बसे हुए थे, क्योंकि वे और कहाँ जायेंगे? शरणार्थी बस्तियों ने 'कालोनियों' का आधिकारिक और लोकप्रिय नाम हासिल कर लिया था।

हमारी रेलवे कॉलोनी के कुछ शुरुआती निवासियों द्वारा बतायी गयी कहानियों से यह सीमान्त बस्ती की तरह लगती है। चार-पाँच आदमियों ने जगह को व्यवस्थित करने का बीड़ा उठाया। उन्होंने नये बसने वालों को आमन्त्रित किया, भूखण्डों का बँटवारा किया और झोंपड़ियों के निर्माण में मदद की। उन्होंने नये बसने वालों से किराये भी वसूले। 1970 के दशक के मध्य तक कॉलोनी में अधीर मण्डल और हरेन मन्ना दो प्रमुख व्यक्ति थे।[2] उन्होंने शहर में शरणार्थी आबादी के बीच मज़बूत समर्थन के साथ बढ़ती विपक्षी राजनीतिक ताक़त कम्युनिस्ट पार्टी के साथ सम्बन्ध बनाये थे। वे कॉलोनी की ओर से रेलवे अधिकारियों, पुलिस और अन्य सरकारी एजेंसियों के साथ दो-चार भी होते रहते थे। अधीर मण्डल के पास लगभग दो सौ झोंपड़ियाँ थीं, जिन्हें उसने किराये पर दे दिया था और इस समय रेलवे कॉलोनी के ज़मींदार के रूप में उसका प्रभुत्व क़ायम था। कम्युनिस्ट पार्टी के नेता का मानना था कि अधीर और उसके अन्य साथियों ने अपने 'निजी स्वार्थ' के लिए दबंगों की भाँति व्यवहार करते हुए जबरन वसूली और भ्रष्टाचार को बढ़ावा दिया। हरेन मन्ना पार्टी के लिए पूँजी जुटाने का भी कार्य करते थे।

समय-समय पर रेलवे अधिकारी क़ब्ज़ाधारियों को हटाने और भूमि को पुनः प्राप्त करने का प्रयास करते रहे। इस प्रयास में, 1965 में, रेलवे इंजीनियरों ने बस्ती को घेरने के लिए एक दीवार बनाने की कोशिश की। बस्ती के निवासियों ने आगे महिलाओं के साथ एक मानवीय दीवार खड़ी कर दी, जिससे भवन निर्माण सामग्री ले जा रहे ट्रकों को कॉलोनी के पास आने से रोका जा सके। 1975 में आपातकाल के दौरान बेदख़ली का गम्भीर ख़तरा था। आसपास की कुछ बस्तियों को बुल्डोजरों से ज़मींदोज करा दिया गया। इस ख़तरे को समाप्त करने के लिए हमारी रेलवे कॉलोनी के निवासियों ने तत्कालीन इन्दिरा गांधी की सत्तारूढ़ कांग्रेस पार्टी से सम्बद्ध सोवियत समर्थक कम्युनिस्ट पार्टी से राज्य विधानसभा के एक सदस्य को मुख्यमन्त्री के साथ हस्तक्षेप करने और रेलवे अधिकारियों को विध्वंस करने से रोकने के लिए लामबन्द किया। यह गुज़रती हुई चुनौती थी।

अब तक हमने जो कुछ कहा है, वह उन लोगों के लिए अपरिचित नहीं होगा जिन्होंने उत्तर-औपनिवेशिक भारत में शुरू की गयी चुनावी प्रणाली के भीतर राजनीतिक लामबन्दी के बारे में पढ़ा या सुना है। ऐसी ही सैकड़ों कहानियाँ हैं जो

भारत के शहरों और गाँवों से आयी हैं। उन्हें आमतौर पर गुट के नेताओं के वोट बैंकों के संरक्षक-ग्राहक सम्बन्धों के सिद्धान्त के तहत संक्षेपित किया गया था। इस मामले में सामंजस्य बनाने के लिए एक विशिष्ट कैडर-आधारित, गहन वैचारिक, कम्युनिस्ट पार्टी की भागीदारी हो सकती है, लेकिन यह भी, जैसा कि हमने पार्टी नेता के साथ साक्षात्कार में देखा। पार्टी ने कोई दावा नहीं किया कि अधीर मण्डल या हरेन मन्ना कम्युनिस्ट क्रान्तिकारी थे, जो लोगों को राजनीतिक कार्रवाई के लिए लामबन्द कर रहे थे। यह राजनीतिक समाज नहीं था जैसा कि मैंने इसका वर्णन किया है।

हालाँकि, 1980 के दशक की शुरुआत से एक नया चलन उभरा। तथाकथित ज़मींदार अधीर मण्डल अब मर चुका था। 1983 में, रेलवे ने फिर से बस्ती के चारों ओर बाड़ लगाने का प्रयास किया। इस क़दम का विरोध करने के लिए निवासी एक बार फिर संगठित हुए। उनके पास अब एक नया नेता था, अनादि बेरा नाम का एक असम्भावित चरित्र। उन्हें मास्टर कहा जाता था, क्योंकि वे रेलवे कॉलोनी से सड़क के उस पार एक प्राथमिक विद्यालय चलाते थे। हालाँकि उच्च विद्यालय की शिक्षा के अभाव में बेरा ने क्षेत्र के ग़रीब बच्चों को पढ़ना और लिखना सिखाया। दरअसल उनकी वास्तविक लोकप्रियता एक थिएटर कलाकार के रूप में थी। उन्होंने शौक़िया जात्रा प्रदर्शनों का आयोजन और अभिनय किया, बंगाल में ओपन एयर थिएटर-इन-द-राउंड काफ़ी लोकप्रिय है। अपनी नाट्य-गतिविधियों के माध्यम से ही वे रेलवे कॉलोनी के निवासियों के सम्पर्क में आये। आवास को लेकर उनकी अपनी समस्याएँ थीं और जल्द ही उन्होंने कॉलोनी में एक झोंपड़ी किराये पर ली और उनके बीच रहने लगे।

अनादि बेरा 1983 में अतिक्रमणकारियों द्वारा प्रतिरोध के मुख्य आयोजक थे। 1986 में, उन्होंने कॉलोनी के निवासियों का एक नया संघ–जन कल्याण समिति, एक चिकित्सा केन्द्र और एक पुस्तकालय शुरू करने के उद्देश्य से स्थापित किया। स्थानीय नगरपालिका अधिकारियों, राजनीतिक दल के नेताओं, स्थानीय पुलिस स्टेशन के अधिकारियों और पड़ोसी अपार्टमेंट ब्लॉक के प्रमुख मध्यवर्गीय निवासियों से नियमित रूप से एसोसिएशन के लिए धन जुटाने या इसकी गतिविधियों में शामिल होने के लिए सम्पर्क किया करते थे। सरकार ने शहरी मलिन बस्तियों में बच्चों के लिए एकीकृत बाल विकास योजना (आईसीडीएस) नामक एक प्रमुख स्वास्थ्य और साक्षरता कार्यक्रम शुरू किया था। अनादि बेरा की पहल पर, आई.सी.डी.एस. ने रेलवे कॉलोनी में एक चाइल्ड-केयर यूनिट खोली जो यूनिट एसोसिएशन के कार्यालय कक्ष में स्थित थी। आई.सी.डी.एस. बच्चों को पोलियो,

टिटनेस और अन्य बीमारियों के ख़िलाफ़ प्रतिरक्षित करती थी, उन्हें एक दैनिक नाश्ता प्रदान करती थी और वहाँ एक प्ले स्कूल चलाने के लिए और जन्म-नियन्त्रण विकल्पों पर माता-पिता को परामर्श प्रदान करने और प्रशिक्षित करने के लिए कर्मचारी भी थे। आई.सी.डी.एस. कर्मचारी कॉलोनी में हर परिवार की आजीविका, आय, उपभोग और स्वास्थ्य का विस्तृत रिकॉर्ड भी रखते थे।

आई.सी.डी.एस. योजना इस बात का एक उदाहरण है कि किस प्रकार हमारी स्क्वैटर कॉलोनी के निवासी एक अलग जनसंख्या समूह के रूप में अपनी पहचान बनाने के लिए संगठित हो सकते हैं। जिससे सरकारी कार्यक्रम का लाभ प्राप्त कर सकते हैं। लेकिन यह इकलौता उदाहरण नहीं है। एसोसिएशन स्थापित करने के बाद, निवासी अब इस सामूहिक रूप का उपयोग अन्य सरकारी एजेंसियों जैसे कि रेलवे, पुलिस या नगर निगम के अधिकारियों, एनजीओ द्वारा कल्याणकारी या विकासात्मक सेवाएँ प्रदान करने के साथ-साथ राजनीतिक दलों और नेताओं के साथ व्यवहार करने के लिए करते हैं। उदाहरण के लिए, यदि कोई पूछता है कि कॉलोनी को बिजली कैसे मिली, चूँकि झोंपड़ियों में बिजली के पंखे और टेलीविज़न सेट असामान्य उपकरण नहीं हैं, तो निवासी इससे आमतौर पर बचते हैं। कम से कम प्रोफ़ेसर अशोक सेन के फ़ील्डवर्क के समय तो ऐसा ही था। तब एक को शक हुआ कि बिजली के तार अवैध रूप से टैप किये गये हैं। लेकिन भारतीय शहरों से ऐसी कई कहानियाँ हैं, जहाँ बिजली कम्पनियों ने बिजली की लगातार चोरी और वैध व्यक्तिगत उपभोक्ताओं के रूप में अवैध अतिक्रमणकारियों को पहचानने की क़ानूनी कठिनाई का सामना करते हुए सामूहिक किराये की व्यवस्था के लिए संघ प्रतिनिधियों के माध्यम से बातचीत की है। इस प्रकार अर्धन्यायिक व्यवस्थाओं का एक पूरा सेट है जो जनसंख्या समूहों को नागरिक सेवाएँ और कल्याणकारी लाभ प्रदान करने के लिए उनके निवास स्थान तथा आजीविका को वैधता देने के लिए विकसित किया जाता है। मुझे बाद में पता चला कि 1980 के दशक के अन्त में, कॉलोनी ने वास्तव में उनके वेलफ़ेयर एसोसिएशन द्वारा आयोजित छह सामुदायिक मीटरों के माध्यम से एक क़ानूनी बिजली कनेक्शन प्राप्त किया था। इतना ही नहीं, 1996 के बाद से, निवासियों के पास व्यक्तिगत विद्युत कनेक्शन भी हैं। नगरपालिका प्राधिकरण उन्हें पानी और सार्वजनिक शौचालय की सुविधा भी प्रदान करता है। यह सब, निश्चित रूप से, रेलवे लाइनों से बमुश्किल एक या दो गज की दूरी पर अवैध

रूप से क़ब्ज़ा की गयी सार्वजनिक भूमि पर है। लेकिन मैं अपनी कहानी से आगे बढ़ रहा हूँ।

यद्यपि यहाँ महत्त्वपूर्ण क़दम हमारे अवैध निवासियों को एक जनसंख्या समूह के रूप में मान्यता प्राप्त करने की कोशिश करनी थी, जिसमें नीतियों के लक्ष्यों को सरकारियत की दृष्टि में अभिनवजन्य श्रेणी के रूप में परिभाषित किया जा सके, जिससे उन्हें स्वयं अपनी सामूहिक पहचान को नैतिक तत्त्व के रूप में ढाले जाने का एक तरीक़ा बनाया जा सके। इस जनसंख्या समूह के अनुभवजन्य रूप को एक समुदाय का नैतिक गुण प्रदान करना ही शासितों की राजनीति का दिलचस्प हिस्सा है। हमारी रेलवे कॉलोनी के मामले में उन्हें पहले से दिया हुआ साम्प्रदायिक रूप आसानी से उपलब्ध नहीं था। कुछ निवासी दक्षिणी बंगाल से आये थे, अन्य पूर्व पूर्वी पाकिस्तान, अब बांग्लादेश से। उनमें से ज़्यादातर निम्न जातियों के हैं, हालाँकि उच्च जातियाँ भी यदा-कदा शामिल हैं। दरअसल 1990 के दशक के मध्य में किये गये एक सर्वेक्षण में पाया गया कि 56 प्रतिशत निवासी अनुसूचित जाति उनमें थे। पूर्व अछूत जातियों की क़ानूनी रूप से मान्यता प्राप्त श्रेणी में जो सरकार से सकारात्मक लाभ के हक़दार हैं उनमें 4 प्रतिशत अनुसूचित जनजाति के हैं; बाक़ी अन्य हिन्दू जातियाँ हैं।[3]

यहाँ जो समुदाय मौजूद है, उसकी निर्मितियाँ अस्थिर हैं। जब एसोसिएशन के प्रमुख सदस्य उपनिवेश और उसके संघर्षों के बारे में बात करते हैं, तो वे एसोसिएशन के सदस्यों के साझा हितों की बात नहीं करते हैं, बल्कि वे समुदाय को साझी रिश्तेदारी के अधिक सम्मोहक शब्दों में वर्णित करते हैं। उनके द्वारा उपयोग किया जाने वाला सबसे आम रूपक परिवार का है। एसोसिएशन के एक सक्रिय सदस्य आशु दास ने कहा, "हम सभी एक ही परिवार हैं। हम पूर्वी बंगाल के शरणार्थियों और पश्चिम बंगाल के गाँवों के शरणार्थियों के बीच अन्तर नहीं करते हैं। हमारे पास अपना घर बनाने के लिए कोई और जगह नहीं है। हमने इतने सालों तक इस ज़मीन पर सामूहिक रूप से क़ब्ज़ा किया है। यही हमारे अपने घर के दावे का आधार है।"

एक अन्य निवासी बादल दास दक्षिणी बंगाल की एक आम कहावत का उपयोग करते हुए बताते हैं कि उन्हें एक परिवार के रूप में क्यों रहना पड़ता है। "हम बाघ के नक़ाब में रहते हैं," जहाँ बाघ और इंसान लाक्षणिक रूप से बेदख़ली के मौजूदा ख़तरे के लिए लम्बे समय तक विरोधी के रूप में रहते हैं। लेकिन यह कोई पूर्व जैविक या सांस्कृतिक सम्बन्ध नहीं है जो इस परिवार को परिभाषित करता है।

बल्कि, यह भूमि के एक टुकड़े का सामूहिक कब्ज़ा है जो एक ऐसा क्षेत्र जो समय और स्थान में स्पष्ट रूप से परिभाषित है और जो ख़तरे में है।

यह उल्लेखनीय है कि निवासी अपने तथाकथित परिवार की सीमाओं को कितनी स्पष्ट रूप से परिभाषित करते हैं : उन्हें 'कॉलोनी' की क्षेत्रीय सीमाओं द्वारा परिभाषित किया जाता है। आशु दास ने समझाया : "पुल के दूसरी तरफ़ एक और पड़ोस है। वह क्षेत्र उस पड़ोस के पुरुषों के लिए छोड़ दिया गया है, जिसकी सीमा का उल्लंघन हम नहीं करते।" वे सीमाएँ अक्सर इन दावों को निर्धारित करने में महत्त्वपूर्ण होती हैं : कौन एसोसिएशन का सदस्य बन सकता है, किसे सामूहिक उत्सवों में योगदान देना चाहिए या कौन पड़ोस के मध्यमवर्गीय अपार्टमेंट ब्लाक में सुरक्षा गार्ड के रूप में नौकरी माँग सकता है।

तथाकथित परिवार के भीतर, अब बहुत आन्तरिक विविधता है। कुछ पुरुषों के पास विशेष कौशल या स्थिर नौकरियाँ होती हैं : अधिकांश निर्माण-व्यवसाय में मज़दूरों के रूप में अस्थायी नौकरियों की तलाश में बाहर जाते हैं। महिलाएँ आमतौर पर पड़ोसी मध्यवर्गीय घरों में घरेलू सहायिका के रूप में काम करती हैं और अक्सर अपने घरों में मुख्य कमाने वाली होती हैं। 1990 के दशक की शुरुआत में, जब यह अध्ययन किया गया था, पता चला कॉलोनी के निवासियों की कमाई प्रति व्यक्ति प्रति माह 1,000 ($30) से लेकर 100 रुपये ($3) से कम थी। कुछ साल बाद किये गये एक अलग सर्वेक्षण में पाया गया कि आधे से अधिक परिवारों की कुल कमाई 2,000 रुपये प्रति माह से कम थी, बस्ती की औसत आय 500 रुपये प्रति व्यक्ति प्रति माह से कम थी। कुछ झोंपड़ी के मालिकों ने अपनी झोंपड़ी को क़ानून के परे किराये पर दे रखी थी क्योंकि यहाँ क़ानून के द्वारा कोई सीमा का निर्धारण नहीं किया गया था, लेकिन मकान मालिक और किरायेदारों के बीच यहाँ बहुत कम संघर्ष दिखाई दिया।

पड़ोसियों और यहाँ तक कि वैवाहिक साझेदारों के बीच अधिकांश विवाद वेलफ़ेयर एसोसिएशन द्वारा सुलझाये जाते थे। इस प्रकार के दख़लन्दाज़ी से हर कोई ख़ुश नहीं था। एक महिला, जो अपनी शादी के बाद कॉलोनी में रहने आयी, ने कहा कि उसके पड़ोसी बहुत दक़ियानूसी और चुगली करते हैं। लेकिन सामुदायिक जीवन की गतिविधियों को टेलीविज़न शो, वीडियो और धार्मिक त्योहारों द्वारा भी बनाये रखा गया था। संघ द्वारा आयोजित सबसे बड़ा उत्सव शीतला देवी की वार्षिक पूजा है। उसका एक जिज्ञासु इतिहास है, जिसकी उत्पत्ति ग्रामीण दक्षिण बंगाल में एक लोक देवी के रूप में हुई है जो चेचक के प्रसार को रोकती है। हाल के वर्षों में, अब चेचक का उन्मूलन हो गया है, वह कोलकाता की मलिन बस्तियों में एक देवी

के रूप में उभरी है जो आमतौर पर अपने बच्चों के स्वास्थ्य की देखभाल करती है। अब झुग्गी निवासियों के द्वारा सप्ताह भर त्योहार के रूप में इनकी पूजा की जाती है, छोटे दान द्वारा वित्तपोषित, बेहतर ज्ञात और असीम रूप से अधिक आकर्षक ब्राह्मणवादी देवी दुर्गा के मध्यवर्गीय त्योहार की अवज्ञाकारी नक़ल का एक रूप है। शीतला उत्सव के दौरान, एसोसिएशन संगीत शो और जात्रा प्रदर्शन आयोजित करता है, उनके 'गुरु' अनादि बेरा स्वाभाविक रूप से एक प्रमुख भूमिका निभाते हैं। एक छोटा त्योहार देवी काली की पूजा है, जहाँ वीडियो शो, मांस खाने और पीने के लिए कॉलोनी के युवा पुरुषों को छूट दी जाती है।

रेलवे कॉलोनी गेट नम्बर एक के निवासियों द्वारा बनाया गया पीपुल्स वेलफ़ेयर एसोसिएशन सिविल सोसाइटी का एसोसिएशन नहीं है। यह सम्पत्ति क़ानूनों और नागरिक विनियमों के सामूहिक उल्लंघन से उत्पन्न होता है। राज्य इसे अधिक वैध उद्देश्यात्मक वाले अन्य नागरिक संघों के समान वैधता के रूप में मान्यता नहीं दे सकता है। स्क्वाटर, अपनी ओर से, स्वीकार करते हैं कि सार्वजनिक भूमि पर उनका क़ब्ज़ा अवैध और अच्छे नागरिक जीवन के विपरीत है। लेकिन वे एक अधिकार के रूप में आवास और आजीविका का दावा करते हैं और उस दावे को आगे बढ़ाने के लिए प्रमुख सामूहिक साधन के रूप में अपने एसोसिएशन का उपयोग करते हैं। रेलवे अधिकारियों को अपनी एक याचिका में एसोसिएशन ने लिखा :

> हमारे बीच पूर्वी पाकिस्तान के शरणार्थी और दक्षिण बंगाल के भूमिहीन लोग हैं। रोज़ी-रोटी, ज़मीन-जायदाद यहाँ तक कि अपना सब कुछ खो देने के बाद हमें रोजी-रोटी के लिए और आश्रय की तलाश में कोलकाता आना पड़ा। हम ज़्यादातर दिहाड़ी मज़दूर और घरेलू सहायक हैं, जो ग़रीबी रेखा से नीचे रहते हैं। हमने किसी तरह अपना आशियाना बना लिया है। अगर हमारे घर टूट जाय़ेंगे और झोपड़ियों से हमें बेदख़ल कर दिया जायेगा, ऐसी स्थिति में हम कही जा भी नहीं सकते।

शरणार्थी, भूमिहीन लोग, दिहाड़ी मज़दूर, गृहस्थी, ग़रीबी रेखा से नीचे ये सभी सरकारियत की जनसांख्यिकीय श्रेणियाँ हैं। यही वह आधार है जिस पर वे अपने दावों को परिभाषित करते हैं। इसी याचिका में, एसोसिएशन ने यह भी कहा है कि "कोलकाता के अन्य नागरिकों के साथ" यह शहर की रेल सेवाओं के सुधार और विस्तार के पक्ष में है यदि, इस उद्देश्य के लिए, "हमें हमारे वर्तमान आवासों से स्थानान्तरित करना नितान्त आवश्यक था" तो एसोसिएशन ने "उपयुक्त वैकल्पिक आवास" की माँग की। इस प्रकार, ग़रीब और वंचित जनसंख्या समूहों की देखभाल

करने के लिए सरकार के दायित्व के सन्दर्भ में, एसोसिएशन नैतिक बयानबाज़ी के लिए भी अपील कर रहा था, ऐसे में समुदाय अत्यन्त कठोर परिस्थितियों में एक सभ्य सामाजिक जीवन बनाने का प्रयास कर रहा था और साथ ही एक बेहतर नागरिकता के कर्तव्य की भी पुष्टि कर रहा था। सरकार की श्रेणियों को समुदाय की कल्पनाशील सम्भावनाओं के साथ निवेश किया जा रहा था, जिसमें रिश्तेदारी के सम्बन्धों का आविष्कार करने की क्षमता के साथ थोड़ी झिझक के साथ राजनीतिक बयानबाज़ियाँ भी की जा रही थीं।

ये दावे अलघुकरणीय रूप से राजनीतिक हैं। उन्हें केवल एक राजनीतिक क्षेत्र में ही बनाया जा सकता है, जहाँ नियमों को न ही स्थापित क़ानून या प्रशासनिक प्रक्रिया के क्षेत्र में सीमांकित या नियन्त्रित किया जा सके। इन दावों की सफलता पूरी तरह से लागू करने वालों को प्रभावित करने के लिए समर्थन जुटाने के लिए विशेष जनसंख्या समूहों की क्षमता पर निर्भर करती है। लेकिन यह सफलता अनिवार्य रूप से अस्थायी और प्रासंगिक है। राजनीतिक ताक़तों का रणनीतिक सन्तुलन बदल सकता है और नियम अब पहले की तरह नहीं झुक सकते। जैसा कि मैंने बताया है, सरकारियत हमेशा एक विषम सामाजिक क्षेत्र पर, कई जनसंख्या समूहों पर और कई रणनीतियों के साथ काम करती है। यहाँ नागरिकता के अधिकारों का समान तथा समरूपी प्रयोग नहीं होता है।

इस प्रकार, सामरिक राजनीति के सन्तुलन के लिए यह काफ़ी सम्भव है कि कल इन अतिक्रमणकारियों को बेदख़ल किया जा सके। (वास्तव में, 2002 की शुरुआत में, इन व्याख्यानों के बाद, एक नागरिक समूह ने कलकत्ता उच्च न्यायालय में एक जनहित याचिका सफलतापूर्वक दायर की, जिसमें रेलवे कॉलोनी में बसने वालों को बेदख़ल करने की माँग की गयी थी क्योंकि वे दक्षिण कोलकाता में रवींद्र सरोबर झील के पानी को प्रदूषित कर रहे थे। इस बीच, अतिक्रमणकारियों के एक बड़े वर्ग ने वाम मोर्चे से अपनी निष्ठा को तृणमूल कांग्रेस में स्थानान्तरित कर लिया था। मार्च की शुरुआत में, अदालत के आदेश को लागू करने के लिए भेजे गये एक पुलिसबल को शारीरिक रूप से पीछे करने में कामयाब रहे। वे अब उम्मीद के ख़िलाफ़ उम्मीद कर रहे हैं कि उनकी पार्टी के नेता को जल्द ही नयी दिल्ली में केन्द्र सरकार में रेल मन्त्री के रूप में बहाल किया जायेगा; वे जबरन बेदख़ल करने से पहले पुनर्वास प्राप्त कर सकते हैं। यह राजनीतिक समाज की राजनीतिक रणनीति का सबसे कमज़ोर तर्क है।

ग़ौरतलब है कि कैसे राजनीतिक ताक़तों के सामरिक सन्तुलन में बदलाव नाटकीय रूप से शहरी जीवन के हाशिये पर रहने वाले हज़ारों लोगों के जीवन

को प्रभावित कर सकता है, आइए, हम रेलवे ट्रैक के उत्तर में लगभग आधा मील की दूरी तय करते हैं। गरियाहाट मध्यवर्गीय दक्षिण कोलकाता का दिल है। वे अब यहाँ के व्यस्त चौराहे पर नया फ़्लाईओवर बना रहे हैं। लगभग एक साल पहले, ये चौड़े रास्ते थे, जिनमें चौड़े फ़ुटपाथ और चमकीली रोशनी वाली दुकानें थी। मध्यवर्ग के निवासी ख़ुश थे कि उनके शहर को उसकी मूल सुन्दरता और आकर्षण बहाल किया जा रहा है, जबकि इससे पहले सड़कों और फ़ुटपाथों पर हज़ारों रेहड़ी-पटरीवालों का क़ब्ज़ा हो गया था। 1960 के दशक के मध्य से लगभग तीस वर्षों के लिए, शहर की प्रमुख सड़कें जर्जर कियोस्क की पंक्तियों से भरी हुई थीं, जो अधिकांश फ़ुटपाथों पर क़ब्ज़ा कर लेती थीं और अक्सर सड़क मार्ग पर फैल जाती थीं। फ़ुटपाथ स्टॉल स्पष्ट रूप से एक महत्त्वपूर्ण आर्थिक कार्य कर रहे थे और हज़ारों लोगों को आजीविका का एक निम्न-स्तर लेकिन महत्त्वपूर्ण स्रोत प्रदान कर रहे थे। विक्रेताओं ने राजनीतिक समाज में रणनीतिक रूप से काम किया था। नागरिकों और राजनीतिक दलों के बीच अपने कमज़ोर और स्पष्ट रूप से अवैध, सड़कों पर क़ब्ज़े को स्थापित करने और बनाये रखने के लिए सफलतापूर्वक समर्थन जुटाया था। 1990 के दशक के मध्य में, स्थितियाँ बदल गयीं। पेट्रोकेमिकल्स और इलेक्ट्रॉनिक्स जैसे विकास क्षेत्रों में विदेशी निवेश को आकर्षित करने के लिए कोलकाता को साफ़ करने के लिए पश्चिम बंगाल की कम्युनिस्ट नेतृत्ववाली सरकार पर दबाव बढ़ रहा था। शहरी मध्यम वर्ग के बीच सरकार का समर्थन तेज़ी से गिर रहा था। 1996 में, सुभाष चक्रवर्ती, मन्त्री जिन्होंने बालक ब्रह्मचारी के मृत शरीर के अन्तिम संस्कार का सफलतापूर्वक आयोजन किया था, को कोलकाता की सड़कों को साफ़ करने का प्रभार दिया गया था। दो सप्ताह की अवधि में, ऑपरेशन सनशाइन नामक एक सुनियोजित समन्वित कार्रवाई में, नगरपालिका अधिकारियों और पुलिस ने कोलकाता में सभी सड़क के किनारे के स्टालों को ध्वस्त कर दिया, फ़ुटपाथों को साफ़ कर दिया, सड़कों का विस्तार किया और पेड़ लगाये। विक्रेता अभी भी संगठित थे। यह महसूस करते हुए कि उन्हें वामपन्थियों द्वारा छोड़ दिया जा रहा है, वे अब विपक्षी दलों की ओर मुड़ गये। उन्होंने शारीरिक रूप से विरोध नहीं किया; कोई हिंसक टकराव नहीं हुई। लेकिन राजनीतिक सन्तुलन उनके ख़िलाफ़ हो गया, उन्हें सड़कों पर अपनी जगह छोड़नी पड़ी और पुनर्वास के वादे पूरे होने तक इन्तज़ार करना पड़ा।

प्रत्येक जनसंख्या समूह राजनीतिक समाज में सफलतापूर्वक कार्य करने में सक्षम नहीं होता है, अगर ऐसा होता है तो उसकी सफलता अक्सर अस्थायी होती है। आपको एक संगठित समूह का उदाहरण देने के लिए जो राजनीतिक समाज में

कोई प्रगति करने में स्पष्ट रूप से असफल रहा है, आइए, हम शहर के पुराने हिस्से में उत्तर की ओर बढ़ते हैं–कॉलेज स्ट्रीट, जहाँ विश्वविद्यालय का पुराना परिसर अभी भी स्थित है और जो बंगाली प्रकाशन उद्योग का केन्द्र है। यहाँ भूलभुलैया वाली गलियों का एक पूरा मोहल्ला है जहाँ किताबों की छपाई, उत्पादन और बिक्री मुख्य गतिविधि हैं। आधुनिक फ़ोटो टाइप सेटिंग उपकरण के साथ बड़े कॉटपोरेट घरों से लेकर छोटे मालिक द्वारा संचालित लेटरप्रेस तक, जहाँ टेक्स्ट अभी भी हाथ से टाइप किये जाते हैं और जहाँ एक हाथ से संचालित होने वाली ट्रेडल मशीन एकदम सही हालत में थी, जिस पर 'मैनचेस्टर में निर्मित 1882' लिखा हुआ था। यहाँ के दृश्य आपको व्यावसायिक संगठनों और प्रौद्योगिकियों का एक अद्भुत मिश्रण के तौर पर दिख सकते हैं। 1990 के दशक में, बोधगम्य भाषा और फ़ॉन्ट में इलेक्ट्रॉनिक प्रिंटिंग के वैश्विक प्रसार के प्रभाव में लेटरप्रेस को वस्तुत: कोलकाता के चेहरे से मिटा दिया गया था। लेकिन प्रकाशन उद्योग का एक अन्य हिस्सा–बुक बाइंडिंग तकनीक का उपयोग करना जारी रखा, 120 से अधिक वर्षों में कोई परिवर्तन नहीं हुआ। उन्नीसवीं सदी के बुक बाइंडिंग वर्कशॉप में, मन्द बिजली के लैंप और शायद एक ट्रांजिस्टर रेडियो पर धमाकेदार फ़िल्म संगीत को छोड़कर और कुछ नहीं होता था। यहाँ एक पूरे नगरपालिका वार्ड को दफ़्तरीपारा-बुक बाइंडर्स क्वार्टर कहा जाता है–जहाँ 4000 श्रमिकों को रोज़गार देने वाले 500 बाइंडर्स हैं। सेंटर फ़ॉर स्टडीज़ इन सोशल साइंसेज़ के मेरे सहयोगियों ने 1990 में बुक बाइंडर्स का सर्वेक्षण किया था।[4]

कई अलग-अलग प्रकार की बुक बाइंडिंग इकाइयाँ और कर्मचारी हैं, जो अधिकांश भाग के लिए व्यवहार्यता हाशिये पर और अक्सर एक-दूसरे के साथ प्रतिस्पर्धा में सह-अस्तित्व में हैं। कुछ बड़ी इकाइयों में प्रत्येक में बीस या अधिक कर्मचारी हैं और 3000 वर्ग फ़ुट या उससे अधिक का फ़र्श स्थान है। उनके स्थायी कर्मचारी मासिक वेतन पर हैं, जो 1990 में 600 रुपये ($18) तक जा सकते थे और सवैतनिक अवकाश और पेंशन का लाभ उठा सकते थे। हालाँकि अधिकांश इकाइयाँ मध्यम या छोटे आकार की होती हैं, जहाँ मालिक भी श्रमिक होते हैं और अक्सर दो या तीन से अधिक कर्मचारी नहीं होते हैं। लगभग एक तिहाई कर्मचारी केवल व्यावसायिक मौसम के दौरान ही कार्यरत होते हैं।

1990 में कुशल पुरुष श्रमिकों की औसत मज़दूरी लगभग 500 रुपये (15 डॉलर) प्रति माह थी और अपेक्षाकृत अकुशल महिला श्रमिकों की औसत मज़दूरी लगभग 400 रुपये थी, किन्तु वे दिन में पूरे आठ घण्टे काम करती हैं। बच्चे भी हैं, जो 'लड़कों' के रूप में कार्यरत हैं (लिंग की परवाह किये बिना, वे सभी 'लड़के' हैं)

–मदद करने वाले हाथ जो चाय लाने से लेकर किताबों के ढेर को लोड करने और उतारने तक सभी प्रकार के कामों में लगे हो सकते हैं। यदि उन्हें नक़द भुगतान किया जाता है, तो वे महीने में लगभग 150 रुपये (4.50 डालर) कमा सकते हैं, क्योंकि अक्सर उन्हें केवल भोजन, कपड़े और सोने के लिए जगह मिलती है। ये कमाई भारत में औद्योगिक रोज़गार के मानकों के हिसाब से बेहद कम है, लेकिन यह एक असंगठित उद्योग है, जो अनौपचारिक क्षेत्र कहे जाने वाले इलाक़ों में गहराई तक बसा हुआ है।

1970 और 1980 के दशक में कम्युनिस्ट पार्टी के द्वारा जिल्दसाज़ी करने वाले कर्मचारियों को संगठित करने और बेहतर वेतन के लिए मालिकों के साथ सौदेबाज़ी करने के ठोस प्रयास किये गये, विशेष रूप से 1977 में कम्युनिस्ट पार्टी के सत्ता में आने के बाद उनके कार्यकर्ताओं ने इनका नेतृत्व किया। 1990 में दफ़्तरीपाड़ा के जिल्दसाज़ों में तीन दिन की हड़ताल हुई। हड़ताल का रूप और उसके परिणाम शिक्षाप्रद हैं। मज़दूरों ने 100 रुपये प्रति माह वेतन वृद्धि की माँग की। लेकिन 90 फ़ीसदी जिल्दसाज़ी ऐसी इकाइयाँ थीं जिनके मालिक ख़ुद मज़दूर थे। सभी जानते थे कि ज़्यादातर मालिक बढ़ी हुई मज़दूरी का भुगतान कभी नहीं कर पायेंगे। इसके बाद यह हड़ताल ऐसी हो गयी जिसमें दफ़्तरीपारा के पूरे उद्योग-मालिकों और श्रमिकों ने मिलकर, बाध्यकारी नौकरियों के लिए, अधिक भुगतान करने के लिए प्रकाशकों पर दबाव बनाने की कोशिश की। बड़े प्रकाशकों ने शहर की अन्य इकाइयों या राज्य के बाहर से भी अपना काम कराने की धमकी दी। अन्त में, जब दफ़्तरीपारा के बड़े बाइंडर्स ने वेतन में 75 रुपये प्रति माह की वृद्धि करने पर सहमति व्यक्त की, तो हड़तालियों ने एक बड़ी जीत की घोषणा की और आन्दोलन को बन्द कर दिया। हड़ताल के बाद, दफ़्तरीपारा में यूनियन की गतिविधियाँ एक बार फिर कम हो गयीं।

रेलवे कॉलोनी में हमने जो देखा, उसके विपरीत दफ़्तरीपारा में जिल्दसाज़ों की सामूहिक पहचान का कोई मतलब नहीं है। यहाँ एक छोटे-से शहरी पड़ोस में एक ही व्यवसाय में 4,000 लोग हैं। अधिकांश पुरुष रात में अपने वर्कशॉप में सोते हैं और सप्ताहान्त और छुट्टियों में अपने गाँव चले जाते हैं। महिलाएँ उपनगरों से आती हैं, आमतौर पर शरणार्थी या अवैध कॉलोनियों से जैसा कि हमने पहले देखा था। वे ट्रेन से यात्रा करते हैं, लेकिन टिकट ख़रीदने का ख़र्च वहन नहीं कर सकते, इसके बजाय जब कंडक्टर दिखाई देते हैं तो वे भाग जाते हैं। दफ़्तरीपारा के कार्यकर्ता आमतौर पर वामपन्थी दलों को वोट देते हैं, लेकिन वे अपने ग्रामीण सम्बन्धों से राजनीति के बारे में जानते हैं, इसलिए नहीं कि कार्यकर्ताओं के रूप में उनका जीवन

उन्हें राजनीति की ओर ले जाता है। इसके बजाय, वे मालिक और कर्मचारी के बीच दयालुता और पितृत्वभाव के प्रति वफ़ादारी की बात करते हैं। एक सेवानिवृत्त कर्मचारी, आदरणीय हबीब मिया, उस इंक़लाब या क्रान्ति की बात करते हैं, जो अंग्रेज़ों के जाने के बाद देश में फैल गयी थी, जिसमें अमीर और सम्पत्तिवाले भी ग़रीबों की देखभाल नहीं कर सकते हैं।[5] लेकिन यहाँ सरकारी तन्त्र के साथ कोई जुड़ाव नहीं है, दफ़्तरीपारा के जिल्दसाज़ राजनीतिक समाज में अपना रास्ता नहीं बना पाये हैं। उनका उदाहरण एक बार फिर श्रम के तथाकथित अनौपचारिक क्षेत्र में वर्ग संगठन की कठिनाइयों को दिखाता है, जहाँ पूँजीपति और उत्पादन के क्षुद्र तरीक़े एक-दूसरे को मज़बूत करने वाली उलझन में गुँथे हुए हैं। कई कर्मचारियों के ईमानदार प्रयासों के बावजूद, श्रमिक वर्ग संगठन की लेनिनवादी रणनीतियाँ यहाँ स्थापित हुई हैं। इसके बजाय वामपन्थी राजनीतिक नेताओं ने अपना ध्यान कहीं और लगाया है और राजनीतिक समाज में कहीं अधिक सफलता पायी है।

दो

राजनीतिक समाज की वास्तविक कहानी पश्चिम बंगाल के ग्रामीण इलाक़ों से आती है, यही वह जगह है जहाँ वाम दलों ने सरकार के कार्यों को जनसंख्या समूहों के स्पष्ट बहुमत से स्थानीय बन्दरगाह के शक्तिशाली और आश्चर्यजनक रूप से स्थिर स्रोतों में परिवर्तित कर दिया है। इस बारे में बहुत कुछ लिखा गया है कि भूमि सुधारों से लेकर गाँवों में लोकतान्त्रिक स्थानीय सरकार की संस्था तक, अनुशासित पार्टी संगठन के रखरखाव के लिए, हालाँकि कुछ आलोचकों ने हिंसा पर मनाये जा रहे उत्साह की ओर भी इशारा किया है। दरअसल, यहाँ मेरी चर्चा के लिए, मैं उस समस्या पर ध्यान केन्द्रित करूँगा जो मैंने पिछले अध्याय में उठायी थी : सीमान्त जनसंख्या समूहों के विशेष दावे, जो अक्सर क़ानून के उल्लंघन पर आधारित होते हैं, को समान नागरिकता और नागरिक गुण की खोज के अनुरूप कैसे सुसंगत बनाया जा सकता है? शासितों की व्यवहार्य और प्रेरक राजनीति का निर्माण करने के लिए मध्यस्थता को बनाये रखने के लिए सवाल यह है कि कौन मध्यस्थता कर सकता है?

राजनीतिक समाज के क्षेत्र में हमारी रेलवे कॉलोनी की सफल लामबन्दी में मास्टर थियटर-प्रेमी अनादि बेर की प्रमुख भूमिका आपको याद होगी। तथ्य यह है कि वह प्राथमिक विद्यालय के शिक्षक के रूप में अपनी भूमिका से लोकप्रिय थे, महत्त्वहीन नहीं है। ग्रामीण पश्चिम बंगाल में राजनीतिक समाज के हाल के विस्तार में स्कूल शिक्षक शायद सबसे सर्वव्यापी व्यक्ति थे। 1997 में, कोलकाता में मेरे

एक सहयोगी द्वैपायन भट्टाचार्य ने पश्चिम बंगाल के दो ज़िलों में स्कूल शिक्षकों की राजनीतिक भूमिका का अध्ययन किया।[6]

पुरुलिया ज़िले में, उन्होंने पाया, अधिकांश प्राथमिक विद्यालय के शिक्षक कम्युनिस्ट शिक्षक संघ के सदस्य थे और कई स्थानीय सरकार के विभिन्न स्तरों पर निर्वाचित पदों पर थे। वे पार्टी और किसान संगठन में शीर्ष पदों पर भी रहे और राज्य विधानमण्डल और संसद के लिए चुने गये। उनमें से कई पहले सामाजिक कार्यकर्ता के रूप में गांधीवादी संगठनों से जुड़े थे। 1980 के दशक की शुरुआत से, जब कम्युनिस्टों ने अपने भूमि सुधार और कृषि विकास कार्यक्रमों को आगे बढ़ाया, तो उन्होंने स्कूल के शिक्षकों को लुभाया, जो जल्द ही ज़िले में राजनीतिक गतिविधियों में सबसे आगे थे। पारम्परिक ज़मींदार वर्ग को राजनीतिक परिदृश्य से हटा दिये जाने के साथ, शिक्षक आम सहमति की नयी राजनीति के लिए महत्त्वपूर्ण हो गये, जिसे वामपन्थी ग्रामीण पश्चिम बंगाल में बनाने की कोशिश कर रहे थे।

1980 के दशक में, हर जगह एक लोकप्रिय धारणा उभरी कि स्कूल के शिक्षकों में स्थानीय विवादों का सामान्य रूप से स्वीकार्य समाधान खोजने की इच्छा और क्षमता है। चूँकि वे वेतनभोगी थे, इसलिए वे कृषि-आय पर निर्भर नहीं थे और इस प्रकार भूमि के मसले पर उनका कोई स्वार्थ नहीं था। अधिकांश किसान पृष्ठभूमि से आते थे और इस प्रकार उन्हें ग़रीबों के प्रति सहानुभूति रखने वाला माना जाता था। वे व्यापक निरक्षर समाज के बीच शिक्षित थे। वे किसानों की भाषा के साथ-साथ पार्टी की भाषा से परिचित थे, ग्राम समुदाय का हिस्सा होते हुए भी क़ानूनी और प्रशासनिक प्रक्रियाओं में पारंगत थे। स्थानीय सरकार में पार्टी के नेताओं के रूप में, वे ग्रामीण इलाक़ों में सरकारी नीतियों के कार्यान्वयन में महत्त्वपूर्ण थे। उन्होंने प्रशासन की भाषा का उपयोग करते हुए, लेकिन ग़रीबों की ओर से बोलने का दावा करते हुए, नौकरशाही के साथ हस्तक्षेप किया। साथ ही, उन्होंने गाँव के लोगों को सरकार की नीति और प्रशासनिक फ़ैसले समझाये। स्थानीय सहमति का प्रतिनिधित्व करने के लिए सरकारी अधिकारियों द्वारा अक्सर उनके विचार लिये गये : उन्होंने सरकारी कार्यक्रमों के कार्यान्वयन के विशिष्ट स्थानीय रूपों, स्थानीय लाभार्थियों की प्रमाणित सूचियों की सिफ़ारिश की। उनके साथ ही स्थानीय राय का अपने साथ ले जाने के लिए उन पर भरोसा किया जा सकता था। 1980 के दशक में, स्कूली शिक्षकों ने ग्रामीण ज़िलों में बेजोड़ शक्ति और प्रतिष्ठा का संचालन किया। ग्रामीणों को यह कहते हुए आमतौर पर सुना जाता था कि उनका स्कूल शिक्षक वह था जिस पर उनका सबसे अधिक विश्वास था।

अब, इससे पहले कि रॉबर्ट पुटनम के प्रशंसक सामाजिक पूँजी के सिद्धान्त के लिए इस साक्ष्य में समर्थन का दावा करें,[7] मुझे एक बार फिर उस अन्तर पर ज़ोर देना चाहिए जो मैं एक उदार नागरिक समाज और राजनीतिक समाज के अर्थ में नागरिक समुदाय के बीच चित्रित कर रहा हूँ, जैसा कि मैंने इसका वर्णन किया है। ग्रामीण ग़रीब जो विभिन्न सरकारी कार्यक्रमों के लाभों का दावा करने के लिए लामबन्द होते हैं, नागरिक समाज के सदस्य के रूप में ऐसा नहीं करते हैं। प्रभावी रूप से उन लाभों को उनकी ओर निर्देशित करने के लिए, उन्हें सरकारी तन्त्र में सही स्थानों पर सही दबाव लागू करने में सफल होना चाहिए। इसका अर्थ अक्सर नियमों को झुकाना या फैलाना होगा, क्योंकि मौजूदा प्रक्रियाओं ने ऐतिहासिक रूप से उन्हें बाहर करने या हाशिये पर डालने का काम किया है। इसलिए उन्हें स्थानीय राजनीतिक सहमति बनाने के लिए जनसंख्या समूहों को संगठित करने में सफल होना चाहिए जो पूरे समाज में सत्ता के वितरण के ख़िलाफ़ प्रभावी ढंग से काम कर सकें। यह सम्भावना राजनीतिक समाज के कामकाज की ओर खुलती है। जब स्कूल के शिक्षक ग़रीबों के मामले की पैरवी करने के लिए ग्रामीण समुदाय का विश्वास हासिल करते हैं और एक स्थानीय सहमति प्राप्त करने के लिए प्रशासकों के बीच भी विश्वास की कड़ी बनते हैं, तो वे एक नागरिक समुदाय के समान सदस्यों के बीच उत्पन्न विश्वास को मूर्त रूप नहीं देते हैं। इसके विपरीत, वे उन डोमेन के बीच मध्यस्थता करते हैं जो सत्ता की गहरी और ऐतिहासिक रूप से स्थापित असमानताओं से भिन्न होते हैं। वे उन लोगों के बीच मध्यस्थता करते हैं, जो शासन करते हैं और जो शासित होते हैं।

मुझे यह जोड़ना चाहिए कि जब ग़रीब और वंचित जनसंख्या समूहों के लिए सरकारी कार्यक्रमों के लाभों को सुरक्षित करने के लिए राजनीतिक समाज का एक सफल संघटन होता है, तो कोई यह दावा कर सकता है कि राजनीतिक समाज द्वारा सक्षम लोगों की स्वतन्त्रता का वास्तविक विस्तार नागरिक समाज के भीतर आमतौर पर सम्भव नहीं होता। आमतौर पर, सरकारी गतिविधि सामाजिक ढाँचे के भीतर विशेषाधिकार के साथ स्तरीकृत होती है। सामान्य रूप से उपलब्ध होने वाले लाभ उन लोगों द्वारा प्रभावी रूप से हड़प लिये जाते हैं, जिनके पास प्रणाली का अधिक ज्ञान और प्रभाव होता है। ऐसा केवल इसलिए नहीं है कि इसे भ्रष्टाचार के रूप में वर्णित किया जा सकता है अर्थात् क़ानूनी या प्रशासनिक शक्तियों का आपराधिक दुरुपयोग के रूप में, बल्कि यह वैधानिकता के सामान्य दायरे में अच्छी तरह से लागू होता है क्योंकि लोगों के कुछ वर्गों के पास ज्ञान या इच्छाशक्ति नहीं है कि वे

जिस चीज़ के हक़दार हैं, उस पर अधिकार कर सकें। यह न केवल भारत जैसे देशों में एक सामान्य स्थिति है जहाँ प्रभावी नागरिक समाज है।[8]

हालाँकि स्कूल के शिक्षकों के बारे में मेरी कहानी राजनीतिक समाज के सुखद अन्त के साथ एक साधारण कहानी नहीं है। भट्टाचार्य के अध्ययन में इस बात के भी पुख़्ता सबूत मिले हैं कि पश्चिम बंगाल के ग्रामीण इलाक़ों में स्कूल के शिक्षक धीरे-धीरे उस भरोसे को खो रहे हैं जिसका कभी आनन्द उठाते थे। प्राथमिक शिक्षा में सुधार के लिए राज्य सरकार ने प्राथमिक विद्यालय के शिक्षकों के वेतन में बड़ी वृद्धि की अनुमति दी। यदि पति और पत्नी दोनों प्राथमिक विद्यालय के शिक्षक थे, जो असामान्य नहीं था, तो उनकी संयुक्त नक़द आय गाँव के सबसे धनी व्यापारी जितनी बड़ी हो सकती थी। 1990 के दशक की शुरुआत तक, यह शिकायत व्यापक थी कि स्कूल के शिक्षक अपना सारा समय राजनीतिक कार्यों में लगाते हैं और पढ़ाते नहीं हैं। शिक्षक की नौकरी ग्रामीण समाज में एक आकर्षक बन गयी थी और शिक्षण नियुक्तियों के लिए घूसख़ोरी के आरोप थे। कभी विश्वसनीय मध्यस्थ रहे, स्कूल के शिक्षकों ने अब सत्ता-संरचना के भीतर अपने स्वयं के निहित हितों को विकसित कर लिया था। 1990 के दशक के अन्त तक, कम्युनिस्ट पार्टी स्पष्ट रूप से अपने शिक्षक साथियों को एक गम्भीर दायित्व के रूप में पा रही थी। अब बड़ा सवाल यह है कि राजनीतिक समाज ख़ुद को कैसे नवीनीकृत कर सकता है? आगे कौन मध्यस्थता करेगा?

तीन

सरकारी सेवाओं का उचित प्रशासन कल्याण और विकास के क्षेत्र हाल ही में चर्चा का विषय रहे हैं। मैं यहाँ पश्चिमी लोकतन्त्रों में कल्याणकारी राज्य की नवउदारवादी आलोचनाओं पर विचार नहीं करूँगा, जिन्होंने कई मामलों में सरकारी क्षेत्र के महत्त्वपूर्ण पुनर्गठन का नेतृत्व किया है, बल्कि मैं अपना ध्यान सरकार की कुछ नयी वैश्विक तकनीकों की ओर मोड़ूँगा, जो यह सुनिश्चित करने का दावा करती हैं कि विकास के लाभ अधिक समान रूप से वितरित हों और ग़रीब और वंचित इसके शिकार न बनें। यह एक ऐसा क्षेत्र है जहाँ अन्तरराष्ट्रीय विकास एजेंसियों ने विशेष रूप से हाल ही में अपनी नीतियों में सुधार किया है और विभिन्न परियोजनाओं के प्रतिरोध और विफलताओं के अपने अनुभव के आलोक में अपने उपकरणों को नया रूप दिया है। मैं, विशेष रूप से, विकास परियोजनाओं द्वारा विस्थापित आबादी के पुनर्स्थापन और पुनर्वास के प्रश्न पर ध्यान केन्द्रित करूँगा।

विश्व बैंक ने पिछले दो दशकों में एक पुनर्वास नीति तैयार करने और परियोजना के डिज़ाइन में विस्थापन और पुनर्वास के मुद्दों को शामिल करने में अग्रणी भूमिका निभायी है। इसमें कोई आश्चर्य की बात नहीं है कि सरकारियत के मूल तर्क का अनुसरण करते हुए विस्थापन लागतों और पुनर्वास आवश्यकताओं का विश्लेषण मुख्य रूप से लागत-लाभ विश्लेषण की आर्थिक पद्धतियों द्वारा किया गया। साथ ही, परियोजना से प्रभावित व्यक्तियों या अपने आवास या आजीविका खोने वाले परिवारों के लिए पात्रता का एक वर्गीकरण किया गया था। इसके अलावा, कुछ समुदाय आधारित अधिकारों को उन समूहों के लिए भी परिभाषित किया गया था जो सामान्य संसाधनों को खो रहे थे या उनकी सांस्कृतिक प्रथाओं के प्रदर्शन पर प्रतिकूल प्रभाव पड़ रहा था (जैसे उनके पूजा-स्थलों या पवित्र उपवन आदि को खोना)। इन अधिकारों को सरकार या परियोजना कार्यान्वयन एजेंसियों के माध्यम से लागू किये जाने की उम्मीद थी। हाल के वर्षों में, एक नया साहित्य सामने आया है जो अनैच्छिक पुनर्वास के विश्लेषण के संकीर्ण आर्थिक पहलुओं का विस्तार करना चाहता है।[9] जिसमें विस्थापन के सम्भावित परिणामों के रूप में भूमिहीनता, बेरोज़गारी, आवासहीनता, खाद्य असुरक्षा, मृत्यु दर में वृद्धि, सार्वजनिक सम्पत्तियों का नुक़सान तथा सामाजिक विघटन जैसे तत्त्व शामिल हैं।

सैद्धान्तिक रूप से, यह हालिया सुधार नीति मूल्यांकन की क्षमता का एक बड़ा सौदा है, जहाँ अर्थशास्त्री अमर्त्य सेन का यह दावा है कि उपयोगिताओं या आय या प्राथमिक वस्तुओं के बजाय मूल स्वतन्त्रता एक महत्त्वपूर्ण वर्गीकरण है।[10] लेकिन लाभार्थियों की क्षमता और व्यावहारिक परिचालक प्रक्रिया के उद्देश्य के उपायों का अनुमान लगाना आसान नहीं है। उन लोगों के दावों को पहचानने में भी समस्या है, जो हमारी रेलवे कॉलोनी के अतिक्रमणकारियों या रेहड़ी-पटरीवालों की तरह अपने क़ब्ज़ेवाली जगह पर कोई क़ानूनी अधिकार नहीं रखते हैं। एक दिलचस्प वैचारिक क़दम, जिसने इस क्षेत्र में कई तदर्थ और पैरा लीगल समाधानों के लिए अधिकार और योग्यता के बीच अन्तर को व्यवस्थित करने की कोशिश की है। जहाँ अधिकार उन लोगों के पास है, जो अधिकारियों द्वारा अधिगृहीत भूमि या भवन पर उचित क़ानूनी हक़ का दावा करते हैं। हम कह सकते हैं कि वे उचित नागरिक हैं जिन्हें क़ानूनी रूप से निर्धारित मुआवज़ा मिलना चाहिए। जिनके पास इमारतों के लिए उचित क़ानूनी साफ़ा हो जिसे अधिकारी प्राप्त करते हैं, वे उचित नागरिक कह सकते हैं जिन्हें क़ानूनी रूप से निर्धारित मुआवज़े का भुगतान किया जाना चाहिए। जिनके पास इस तरह के अधिकार नहीं हैं, फिर भी उनके अधिकार हो सकते हैं, वे मुआवज़े के नहीं बल्कि घर के पुनर्निर्माण या नयी आजीविका खोजने में सहायता

के पात्र हैं। हालाँकि, समस्याएँ बनी हुई हैं कि इन विभिन्न प्रकार के अधिकारों और अधिकारों की पहचान और सत्यापन कैसे किया जाये और यह कैसे सुनिश्चित किया जाये कि मुआवज़ा या सहायता सही लोगों तक पहुँचे।[11]

परियोजना से प्रभावित लोगों के प्रतिरोध और प्रशासनिक रूप से निर्धारित पुनर्वास रणनीतियों की विफलताओं का सामना करते हुए, एक लगातार नारा पुनर्वास प्रक्रिया में प्रभावित लोगों की 'भागीदारी' सुनिश्चित करने का प्रयास करने का रहा है। दरअसल इसके पीछे तर्क यह है कि अगर प्रभावी ढंग से और ईमानदारी से अनैच्छिक पुनर्वास को स्वैच्छिक में बदला जा सकता है। यह भी तर्क दिया गया है कि यद्यपि परियोजना लागत में शामिल पुनर्वास लागत स्वैच्छिक पुनर्वास में अधिक है, परियोजना अन्त में अधिक कुशल और सफल होती है क्योंकि उसे समय पर पूरा किया जा सकता है और सामाजिक और राजनीतिक समस्याओं के अधूरे पुनर्वास से बचा जा सकता है। यह बात अब साहित्य में इतनी घिसी-पिटी हो गयी है कि इसे सरकारी एजेंसियों, फ़ंडिंग संस्थानों, परियोजना सलाहकारों, विशेषज्ञों और कार्यकर्ताओं द्वारा लगभग एक मन्त्र के रूप में दोहराया जाता है। इस बिन्दु पर अधिकांश बयान 'एनजीओ के माध्यम से नागरिक समाज की भागीदारी' के नये उदारवादी हठधर्मिता को दोहराते हुए समाप्त होते हैं। हालाँकि भागीदारी के अर्थ को यदि शासन की दृष्टि से देखा जाये तो यह शासन की एक श्रेणी के रूप में दिखता है। लेकिन जब इसे शासितों की स्थिति से लोकतन्त्र के एक अभ्यास के रूप में देखा जायेगा तो इसका अर्थ बहुत अलग होगा।

आपको शासितों की राजनीति के रूप में लोकतन्त्र की सम्भावना की कुछ स्थितियों का बोध कराने के लिए, मैं आपके लिए पुनर्वास के तीन मामले लेकर आता हूँ, जिनका अध्ययन मैंने 2000 में किया था।[12]

पहला मामला बिहार के साथ बंगाल की पश्चिमी सीमा से जुड़ा हुआ रानीगंज के कोयला खदान शहर का है। यहाँ की हवा धुएँ से भरी हुई है और रात में आप दूर-दूर के खेतों में आग की लपटें देख सकते हैं। दशकों से अन्धाधुन्ध खनन के कारण घनी आबादीवाले शहरी क्षेत्रों सहित बड़े बसे हुए क्षेत्र धँसने और भूमिगत और सतही आग के लिए प्रवण हैं। कई छोटी और इतनी छोटी आपदाओं के बाद, सतह को स्थिर करने और आग को रोकने के प्रयास चल रहे हैं। हालाँकि, ये तरीक़े तकनीकी रूप से कठिन हैं। इसका विकल्प आबादी को सुरक्षित स्थानों पर बसाना है। लम्बी चर्चा और कुछ स्थानीय आन्दोलन के बाद, भारत सरकार ने 1996 में एक उच्च-स्तरीय समिति नियुक्त की, जिसने बताया कि 151 स्थानों में 34,000 से अधिक घर गम्भीर रूप से अस्थिर क्षेत्रों में थे। लगभग 300,000 लोगों के लिए

पुनर्वास की लागत जिसमें आवास, भूमि, बुनियादी ढाँचा और स्थानान्तरण भत्ता शामिल है लेकिन उनके पास कोई क़ानूनी हक़ नहीं है, उनके लिए कोई मुआवज़ा भी नहीं है, जो लगभग 20 बिलियन ($ 500 मिलियन) होगा। समिति ने सलाह दी कि मामले की 'तात्कालिकता' को देखते हुए, संस्थागत तन्त्र के स्थापित होने की प्रतीक्षा किये बिना पुनर्वास तुरन्त शुरू किया जाना चाहिए।

ज़ाहिर तौर पर, पुनर्वास का काम प्रगति पर है, लेकिन इस प्रगति से अधिकांश लोग अनभिज्ञ ही रहे। बड़े पैमाने पर आपदा की सम्भावना का आभास होते हुए भी यहाँ के लोग दशकों से इस ख़तरे के साथ जी रहे हैं और इससे वह ज़्यादा चिन्तित नहीं दिखते हैं। यहाँ पुनर्वास किसी नयी विकासात्मक परियोजना या नये आर्थिक अवसरों से बँधा हुआ नहीं है। अगर सरकार और सार्वजनिक क्षेत्र की एजेंसियों में यह भावना है कि अचानक और बड़े पैमाने पर आपदा को रोकने के साधन के रूप में पुनर्वास की आवश्यकता है, तो जनसंख्या के भीतर इस सम्बन्ध में बहुत कम तात्कालिकता है। पुनर्वास के लिए 'स्वैच्छिक' क़दम का कोई सबूत प्रतीत नहीं होता है। लोगों को लाभ पहुँचाने के लिए यहाँ राजनीतिक समाज को लामबन्द नहीं किया गया है।

मेरा दूसरा मामला कोलकाता के बन्दरगाह और नये औद्योगिक शहर हल्दिया से है, जो नदी के उस पार, और कोलकाता के दक्षिण में है। हल्दिया का पुनर्वास दो अलग-अलग परियोजनाओं के लिए दो चरणों में हुआ।

पहले 1963 से 1984 तक हल्दिया बन्दरगाह के निर्माण के लिए भूमि का अधिग्रहण किया गया। अधिग्रहण और पुनर्वास की प्रक्रिया धीमा और कई कठिनाइयों को चिह्नित करती थी। जिसमें उत्पन्न विवादों का समाधान अदालत में हुआ। इससे पहले, योग्यता प्राप्त करने वाले सभी लोग पुनर्वास भूखण्ड लेने में रुचि नहीं रखते थे, क्योंकि वे अपने कृषि-कार्य के स्थान के सम्बन्ध में सुविधाजनक रूप से स्थित नहीं थे। 1990 के दशक की शुरुआत में, हल्दिया क्षेत्र के शहरीकरण के बाद ज़मीन की क़ीमतों में तेज़ी से वृद्धि के साथ, पुनर्वास भूखण्डों के लिए आवेदनों की बाढ़ आ गयी, कुछ ऐसे लोगों (या उनके बेटे और बेटियों) से जो पच्चीस साल पहले विस्थापित हो चुके थे। 2000 तक, मूल 2,600 परिवारों में से 1,400 से अधिक, जो योग्यता प्राप्त कर चुके थे, उनकी भूमि लेने के बीस साल से भी अधिक समय बाद भी उनका पुनर्वास किया जाना बाक़ी है।

भूमि अधिग्रहण का अगला चरण 1988-91 में हल्दिया के नये औद्योगिकीकरण के साथ आया, जिससे पुनर्वास की माँग को लेकर काफ़ी संगठित आन्दोलन हुआ। 1995 में, यह निर्णय लिया गया कि पुनर्वास मामलों को पुनर्वास सलाहकार समिति

की सिफ़ारिशों पर निपटाया जायेगा। समिति में दो प्रशासक, दो भूमि अधिग्रहण अधिकारी और मुख्य सरकार और विपक्षी दलों का प्रतिनिधित्व करने वाले चार राजनीतिक व्यक्ति शामिल होंगे। पुनर्वास के लिए आवेदनों की सभी प्रक्रिया, मामलों की सुनवाई, आवण्टन, शिकायतों से निपटारा, इस समिति द्वारा किया जाना था।

प्रशासकों, राजनीतिक नेताओं और प्रभावित व्यक्तियों के बीच आम धारणा यह प्रतीत होती है कि यह एक सफल प्रक्रिया रही है। विचार यह है कि मौजूदा स्थानीय परिस्थितियों में विशिष्ट मानदण्ड तैयार करने, पुनर्वास भूखण्डों के लिए अर्हता प्राप्त करने और पुनर्वास के योग्य वास्तविक मामलों की पहचान करने का कार्य राजनीतिक प्रतिनिधियों के बीच ज़मीनी स्तर के समझौते के आधार पर किया जाना चाहिए। चूँकि समझौते में सरकार की पार्टी और विपक्षी पार्टी दोनों शामिल होंगे, इसलिए यह माना जा सकता है कि यह स्थानीय आम सहमति का प्रतिनिधित्व करेगा। एक बार इस स्तर पर एक समझौता हो जाने के बाद, प्रशासन का कार्य केवल निर्णयों को पूरा करना था।

बेशक, यहाँ महत्त्वपूर्ण धारणा यह है कि राजनीतिक दल हितों और विचारों की पूरी श्रृंखला को प्रभावी ढंग से कवर करते हैं। आज अधिकांश पश्चिम बंगाल में ग्रामीण समाज के अत्यधिक राजनीतिक, संगठित और ध्रुवीकृत स्वरूप को देखते हुए, यह एक अनुचित धारणा नहीं हो सकती है। यदि उस क्षेत्र में कोई तीसरी संगठित राजनीतिक शक्ति होती जो अलग-अलग स्वरों का प्रतिनिधित्व भी करती, तो उसे भी प्रभावी होने के लिए ऐसी समिति के भीतर समायोजित करना पड़ता।

उदाहरण के लिए, समिति ने निर्णय लिया कि न्यूनतम पुनर्वास भूखण्ड 0.04 एकड़ होगा कि आश्रितों की अधिक संख्यावाले परिवारों को बड़े भूखण्ड मिलेंगे, कि पुनर्वास भूखण्डों के बदले किसी को नक़द नहीं मिल सकता है कि जिनके पास कहीं और घर हैं, वे पात्र नहीं हैं, कि जिन लोगों ने भूमि अधिग्रहण की प्रत्याशा में अपने आवास पर ढाँचों का निर्माण किया था, वे गुणवत्तापूर्ण नहीं होंगे आदि। इन सभी मामलों को स्थानीय जाँच के आधार पर तय किया गया था और यह भावना थी कि यदि दोनों राजनीतिक दलों का प्रतिनिधित्व किया गया था, तो कोई रास्ता नहीं था कि योग्यता मानदण्ड को ग़लत तरीक़े से लागू किया जा सके। समिति ने यह निर्णय लिया कि पुनर्वास क्षेत्रों में विशेष भूमि लाटरी द्वारा निकाली जायेगी, जिसमें विस्थापित व्यक्ति अपनी स्वयं की लाटरी निकालेंगे। नतीजतन, ऐसी कोई शिकायत नहीं हो सकती है कि विशेष व्यक्तियों को बेहतर स्थित भूखण्डों के पक्ष में किया गया था। समिति द्वारा किये गये निर्णयों को देखते हुए, मुझे ऐसे मामले भी मिले जहाँ उसने राजनीतिक प्रतिनिधियों द्वारा समिति के ध्यान में लायी गयी नयी जानकारी

के आलोक में अपने पहले के फ़ैसलों को उलट दिया और एक मामला जहाँ एक महिला को मानवीय आधार पर पुनर्वास भूखण्ड दिया गया, भले ही वह निर्धारित मापदण्डों पर खरे नहीं उतरे।

मेरा तीसरा पुनर्वास मामला राजारहाट से कोलकाता के उत्तर-पूर्व से है, जहाँ एक नया शहर बन रहा है। केवल कुछ वर्षों के दौरान, यह ग्रामीण कृषि-क्षेत्र से कोलकाता शहरी महानगर के आभासी विस्तार में परिवर्तित हो रहा है। नतीजतन, क्षेत्र में ज़मीन की क़ीमतें आसमान छू रही हैं। जैसे ही न्यू टाउन परियोजना की ख़बर फैली, सम्पत्ति विकासकर्ताओं और भूमि सट्टेबाज़ों ने छोटे ज़मींदारों पर झपट्टा मारा और भूमि अधिग्रहण की प्रक्रिया शुरू होने से पहले उन्हें ख़रीदने की कोशिश की। तेज़ी से बढ़ती भूमि की क़ीमतों के अलावा, एक अन्य समस्या यह थी कि करों से बचने के लिए शहरी और अर्ध-शहरी क्षेत्रों में भूमि की बिक्री के सभी मूल्यों को पंजीकरण उद्देश्यों के लिए नियमित रूप से कम दर्ज किया जाता है। आधिकारिक निर्णय बाज़ार-मूल्यों की पेशकश करके स्वैच्छिक पुनर्वास को प्रोत्साहित करना था। लेकिन अगर बाज़ार की क़ीमतें क्षेत्र में भूमि-बिक्री के क़ानूनी रिकॉर्ड द्वारा निर्धारित की जाती हैं, तो किसी को भी स्वेच्छा से अपनी भूमि देने के लिए प्रेरित नहीं किया जायेगा।

इसके बाद 'बातचीत' क़ीमतों पर भूमि अधिग्रहण करने का निर्णय लिया गया। प्रभावित व्यक्तियों के साथ स्वीकार्य मूल्य पर बातचीत करने के लिए एक भूमि अधिप्राप्ति समिति का गठन किया गया था। आश्चर्य नहीं कि समिति में सरकार के स्थानीय प्रतिनिधियों के साथ-साथ विपक्षी राजनीतिक दलों को भी शामिल किया गया था। परिणाम, यह दावा किया जाता है, वस्तुतः परेशानी मुक्त अधिग्रहण है जिसमें लगभग कोई अदालती मामला नहीं है। मालिकों को तीन महीने के भीतर मुआवज़ा दिया गया था। (क्योंकि इसका कोई आधिकारिक दाम नहीं लगाया गया था) अधिग्रहण की लागत निश्चित रूप से सामान्य क़ानूनी प्रक्रिया का पालन करने की तुलना में अधिक थी। लेकिन तब परियोजना में देरी होती। चूँकि परियोजना का उद्देश्य बिक्री के लिए नयी शहरी भूमि विकसित करना था। इसलिए बढ़ी हुई लागत उन लोगों से ली जाने वाली क़ीमतों में समाहित हो सकती थी, जिन्हें विकसित भूमि दी जायेगी।[13]

इस सरकारियत की प्रक्रिया के साथ एक सक्रिय सम्बन्ध में राजनीतिक समाज है। यहाँ राजनीतिक समाज ने सामान्य राजनीतिक संस्कृति का स्थान बना लिया है। यहाँ, लोग अपने सम्भावित अधिकारों से तथा अपनी बात को कहने के संस्थानों

से अनजान नहीं हैं, बल्कि उन्होंने औपचारिक रूप से राजनीतिक प्रतिनिधियों को मान्यता दी है जिनका उपयोग वे अपनी ओर से मध्यस्थता करने के लिए कर सकते हैं। हालाँकि यह तरीक़ा तभी कारगर होगा, जब सभी की किसी विशेष परियोजना की सफलता में हिस्सेदारी होगी। अन्यथा वह मध्यस्थ आम सहमति को ख़त्म कर देंगे। इसका एक तरीक़ा यह भी है कि अधिकारी अपने आप को चुनावी राजनीति के दायरे से बाहर रखकर राजनीतिक प्रतिनिधियों की सिफ़ारिशों का पालन करें। कहने का तात्पर्य यह है कि राजनीति और सरकारी निकाय दोनों ऐसे पृथक् हों, जिसमें बादवाला पहलेवाले को प्रभावित कर सके। किन्तु सरकारी और राजनीति के बीच के अन्तर को स्पष्टता से बनाये रखा जाना चाहिए।

सरकारी अधिकारियों द्वारा रिकॉर्ड किये गये निर्णय वास्तविक बातचीत को छिपाते हैं जो राजनीतिक समाज में होनी चाहिए। हमें यह नहीं बताया गया है कि किस विशिष्ट मानदण्ड पर राजनीतिक प्रतिनिधियों ने अन्ततः लाभार्थियों की सूची पर सहमति व्यक्त की, यह पूरी तरह सम्भव है कि ज़मीनी स्तर पर बातचीत नौकरशाही तर्कसंगतता के सिद्धान्तों या यहाँ तक कि क़ानून के प्रावधानों का भी सम्मान नहीं करती थी। हम जानते हैं कि एक मामले में कम से कम एक व्यक्ति को लाभार्थियों की सूची में शामिल किया गया था क्योंकि प्रतिनिधियों ने महसूस किया कि वह इस सूची में शामिल होने के योग्य था भले ही वह निर्धारित मानदण्डों के अनुसार योग्य नहीं था। राजरहाट में, हम अन्य स्रोतों से जानते हैं कि स्थानीय आम सहमति में यह समझ शामिल है कि भूमि के मालिकों को दिये जाने वाले मुआवज़े का एक हिस्सा उन किरायेदारों और मज़दूरों को वितरित किया जायेगा जो अपनी आजीविका खो चुके हैं। यह पूरी तरह से इस बात के दायरे से परे है कि सरकारी प्राधिकरण को क्या पहचानने या यहाँ तक कि जानने की आवश्यकता है, लेकिन यह राजनीतिक प्रतिनिधियों की सिफ़ारिशों को स्वीकार करके इसे पहले से ही मान लेता है।

ग़ौरतलब है कि प्रतिद्वन्द्वी राजनीतिक प्रतिनिधियों के बीच एक स्थानीय सहमति से स्थानीय रूप से प्रमुख हितों और मूल्यों को प्रतिबिम्बित करने की सम्भावना है। यह उन लोगों की माँगों को हासिल करने में प्रभावी होगा जो संगठित राजनीतिक समर्थन पाने में सक्षम हैं, लेकिन स्थानीय रूप से हाशिये पर पड़े हितों की माँगों को अनदेखा कर सकते हैं और दबा भी सकते हैं। इसके अलावा, हमें यह नहीं भूलना चाहिए कि एक स्थानीय राजनीतिक सहमति में सामाजिक रूप से रूढ़िवादी होने की सम्भावना है और विशेष रूप से असंवेदनशील हो सकती है, उदाहरण के लिए, लिंग या अल्पसंख्यक मुद्दों के लिए। जैसा कि मैंने पहले भी कुछ बार उल्लेख

किया है, राजनीतिक समाज सत्ता के गलियारों और गलियारों में लोकप्रिय जीवन की कुछ गन्दगी, कुरूपता और हिंसा लायेगा। लेकिन अगर कोई लोकतन्त्र के वादे वाली स्वतन्त्रता और समानता को सही मायने में महत्त्व देता है, तो उसे नागरिक समाज के स्वच्छ क़िले में क़ैद नहीं किया जा सकता है।

आपने ध्यान दिया होगा कि जब मैं राजनीतेक समाज का वर्णन जनसंख्या समूहों के उद्देश्य से सरकारी एजेंसियों की गतिविधियों द्वारा खोले गये बातचीत और विवाद की साइट के रूप में करता हूँ, तो मैं अक्सर उन प्रशासनिक प्रक्रियाओं की बात करता हूँ जो पैरालीगल हैं और सामूहिक दावों की बात करती हैं, नैतिक एकजुटता के सम्बन्धों की अपील करती हैं। मुझे लगता है कि यह महत्त्वपूर्ण है कि एक बार फिर इस बात पर ज़ोर दिया जाये कि आधुनिक राज्य के क़ानूनी-राजनीतिक रूपों के सम्बन्ध में राजनीतिक समाज कैसे स्थित है। जैसा कि मैंने पहले के एक अध्याय में उल्लेख किया है, आधुनिक राज्य के भीतर स्थापित लोकप्रिय सम्प्रभुता और समान नागरिकता के आदर्श सम्पत्ति और समुदाय के दो आयामों के माध्यम से मध्यस्थ और साकार हैं। सम्पत्ति नागरिक समाज में व्यक्तियों के बीच सम्बन्धों के क़ानून द्वारा नियमन का वैचारिक नाम है। यहाँ तक कि जहाँ सामाजिक सम्बन्ध सभ्य समाज के उचित रूपों में ढाले नहीं गये हैं या अभी तक नहीं बने हैं, राज्य को फिर भी इस कल्पना को बनाये रखना चाहिए कि उसकी सम्प्रभुता के संविधान में सभी नागरिक नागरिक समाज से सम्बन्धित हैं और क़ानूनी रूप से निर्मित तथ्य, क़ानून के समान विषय के आधार पर हैं। फिर भी सरकारी सेवाओं के वास्तविक प्रशासन में, जैसा कि हमने बार-बार देखा है, इस क़ानूनी निर्माण की काल्पनिक गुणवत्ता को पहचाना जाना चाहिए और इससे निपटा जाना चाहिए। एक दोहरी रणनीति क्या परिणाम देती है : एक ओर, पैरालीगल व्यवस्थाएँ जो राजनीतिक समाज के आकस्मिक भूभाग पर संशोधित, पुनर्व्यवस्थित या पूरक होती हैं, दूसरी ओर, सम्पत्ति की औपचारिक संरचनाएँ, जिन्हें निश्चित रूप से पुष्टि और संरक्षित किया जाना चाहिए। नागरिक समाज का क़ानूनी रूप से गठित डोमेन है।

सम्पत्ति, हम जानते हैं, वह महत्त्वपूर्ण आयाम है जिसके साथ पूँजी आधुनिक राज्य के साथ ओवरलैप करती है। यह सम्पत्ति से अधिक है, जिसे हम राजनीतिक समाज के भूभाग पर, पूर्व-पूँजीवादी संरचनाओं और पूर्व-आधुनिक संस्कृतियों के परिवर्तन की आधुनिक स्थिति के भीतर गतिशील देखते हैं। यह है कि हम वास्तविक पर संघर्ष देख सकते हैं। नागरिकों के बीच अधिकारों के केवल औपचारिक वितरण के बजाय। नतीजतन, यह राजनीतिक समाज में है कि हम दुनिया के अधिकांश हिस्सों में राजनीतिक आधुनिकता के बदलते ऐतिहासिक क्षितिज को समझने में

सक्षम हैं। जहाँ नागरिक समाज का कल्पित आदर्श राजनीतिक परिवर्तन की ताक़तों पर शक्तिशाली प्रभाव डाल सकता है, वैसे ही आधुनिक राज्य अधिकारों और हक़दारियों के दैनिक वितरण पर वास्तविक लेनदेन के समय सम्पत्ति और क़ानून की वास्तविक पुनर्परिभाषाओं की ओर ले जा सकता है। पैरालीगल तब, क़ानून के सम्बन्ध में अपनी अस्पष्ट और पूरक स्थिति के बावजूद, मन्द आधुनिकता की कुछ रोगात्मक स्थिति नहीं है, बल्कि दुनिया के अधिकांश हिस्सों में आधुनिकता के ऐतिहासिक संविधान की प्रक्रिया का हिस्सा है।

दूसरी ओर, समुदाय के भीतर वैधता प्रदान की जाती है। आधुनिक राज्य का क्षेत्र केवल राष्ट्र के रूप में है। अन्य एकजुटता जो सम्भावित रूप से राष्ट्र के राजनीतिक समुदाय के साथ संघर्ष में आ सकती हैं, बहुत सन्देहास्पद हैं। हालाँकि, हमने देखा है कि सरकारी कार्यों की गतिविधियाँ वास्तविक आबादी के कई वर्गों का निर्माण करती हैं जो राजनीतिक रूप से कार्य करने के लिए एक साथ आते हैं। प्रभावी ढंग से राजनीतिक समाज में अपना दावा करने के लिए, सरकारियत द्वारा उत्पादित जनसंख्या समूह को समुदाय की नैतिक सामग्री के साथ निवेश किया जाना चाहिए। यह सरकारी राजनीति का एक प्रमुख हिस्सा है। यहाँ एक अनुभवजन्य रूप से एकत्रित जनसंख्या समूह को एक समुदाय के नैतिक रूप से गठित रूप में बदलने की कई कल्पनाशील सम्भावनाएँ हैं। मैं पहले ही तर्क दे चुका हूँ कि ऐसे सभी राजनीतिक परिवर्तनों की विभाजनकारी और भयावह के रूप में निन्दा करना अवास्तविक और ग़ैर-ज़िम्मेदाराना दोनों है।

हालाँकि, मैंने आपको राजनीतिक समाज के अँधेरे पक्ष के बारे में बहुत कुछ नहीं बताया है। ऐसा इसलिए नहीं है क्योंकि मैं इसके अस्तित्व से अनभिज्ञ हूँ, बल्कि इसलिए कि मैं पूरी तरह से यह समझने का दावा नहीं कर सकता कि कैसे आपराधिकता या हिंसा उन तरीक़ों से बँधी हुई है जिसमें विभिन्न वंचित जनसंख्या समूहों को सरकारी देखभाल के लिए, अपना दावा करने के लिए संघर्ष करना पड़ता है। मेरा मानना है कि मैंने राजनीतिक समाज के बारे में यह सुझाव देने के लिए पर्याप्त कहा है कि लोकप्रिय लोकतान्त्रिक अभ्यास के क्षेत्र में, अपराध और हिंसा निश्चित श्वेत-श्याम क़ानूनी श्रेणियाँ नहीं हैं; वे बड़ी मात्रा में राजनीतिक बातचीत के लिए खुले हो सकते हैं। उदाहरण के लिए, यह एक तथ्य है कि पिछले ढाई दशकों में, भारत में जातिगत हिंसा के सार्वजनिक और राजनीतिक प्रकोप में एक स्पष्ट वृद्धि हुई है, एक ऐसे दौर में जिसने निःसन्देह सबसे तेज़ी से विस्तार देखा है। अब तक उत्पीड़ित जातियों द्वारा लोकतान्त्रिक प्रक्रिया के भाव के रूप में हमारे पास ऐसे कई उदाहरण हैं जब वंचित क्षेत्रीय, आदिवासी या अन्य अल्पसंख्यक समूहों

द्वारा हिंसक आन्दोलनों के बाद सरकार के दायरे में एक त्वरित और अक्सर उदार समावेशन किया गया है। तो क्या यहाँ राजनीतिक समाज के क्षेत्र में अवैधता और हिंसा का कोई रणनीतिक उपयोग है, जिसके कारण अन्तरराष्ट्रीय स्तर पर लेखकों ने भारतीय लोकतन्त्र की स्तुति का सहानुभूतिपूर्वक न होकर बल्कि मिलियन विद्रोहों के रूप में वर्णन किया है। इसका मेरे पास कोई उत्तर नहीं है? हालाँकि, इस प्रश्न का एक व्यावहारिक हालिया अध्ययन मुम्बई में शिवसेना पर थॉमस ब्लॉम हैनसेन द्वारा प्रकाशित किया गया है। आदित्य निगम ने नागरिक समाज के 'भूमिगत' से निपटने वाले कुछ हालिया पत्र भी प्रकाशित किये हैं। फ़िलहाल, मैं आपको केवल इन कार्यों के बारे में बता सकता हूँ।"[14]

मैंने भारत के केवल एक छोटे-से क्षेत्र से उदाहरण लिया है। ऐसा इसलिए है क्योंकि यह वह क्षेत्र है जिसे मैं सबसे अच्छी तरह जानता हूँ। यह एक ऐसा क्षेत्र भी है जहाँ मुझे लगता है, राजनीतिक समाज लोकतान्त्रिक राजनीति की विकसित लोकप्रिय संस्कृति के भीतर एक पृथक् रूप में विद्यमान है। उस अनुभव के आलोक में, मैंने कुछ ऐसी स्थितियों के बारे में सोचने की कोशिश की है जिनमें सरकार के संकुचित कार्यों के लिए नहीं बल्कि लोकतान्त्रिक राजनीतिक भागीदारी के विस्तार के लिए स्थितियाँ पैदा कर सकते हैं। यह महत्त्वहीन नहीं है कि भारत दुनिया का एकमात्र बड़ा लोकतन्त्र है जहाँ हाल के वर्षों में चुनावी भागीदारी में वृद्धि जारी रही है और वास्तव में ग़रीबों, अल्पसंख्यकों और वंचित जनसंख्या समूहों के बीच तेज़ी से बढ़ रही है। अमीर और शहरी मध्य वर्गों के बीच भागीदारी में गिरावट के कुछ हालिया साक्ष्य भी हैं।[15] यह अधिकांश पश्चिमी लोकतन्त्रों की तुलना में सरकारियत के तथ्यों के प्रति बहुत अलग राजनीतिक प्रतिक्रिया का सुझाव देता है।

मैंने यहाँ लिंग के बारे में भी कुछ नहीं कहा है। सौभाग्य से, यह एक ऐसा विषय है जिस पर भारतीय लोकतन्त्र के सन्दर्भ में समृद्ध और परिष्कृत साहित्य मौजूद है।[16] दिलचस्प बात यह है कि यह अक्सर राजनीतिक समाज की आलोचना इसी पक्ष पर होती है। उदाहरण के लिए, 1980 के दशक में महिलाओं के लिए अधिक अधिकारों को सुनिश्चित करने के लिए महिलाओं के समूहों द्वारा समर्थित और संसद द्वारा जल्दी से अपनाये गये प्रगतिशील क़ानूनों की वृद्धि हुई थी। अब सवाल उठाया गया है कि क्या यह सफलता बहुत आसानी से ऊपर से विधायी कार्रवाई द्वारा नहीं जीती गयी थी, क्योंकि ज़्यादातर महिलाओं का वास्तविक जीवन अभी भी उन परिवारों और समुदायों में चल रहा है जहाँ रोज़मर्रा की प्रथाओं को क़ानून द्वारा नहीं बल्कि अन्य अधिकारियों द्वारा नियन्त्रित किया जाता है। यह

सवाल उठाया गया है कि क्या अल्पसंख्यक समुदायों में महिलाओं के अधिकारों को राज्य के क़ानून द्वारा आगे बढ़ाया जा सकता है जो अल्पसंख्यकों के अधिकारों का उल्लंघन भी कर सकता है या क्या अल्पसंख्यक समुदायों के भीतर विश्वासों और प्रथाओं को बदलने की कोशिश करने का एकमात्र व्यावहारिक मार्ग धीमा और श्रमसाध्य है। महिलाओं के लिए संसद में एक तिहाई सीटें आरक्षित करने के प्रस्ताव को हाल में पिछड़ी जाति के नेताओं के मुखर विरोध द्वारा रोक दिया गया है, जिन्होंने आरोप लगाया है कि यह उनकी कड़ी मेहनत के प्रतिनिधित्व को ख़त्म कर देगा और उच्च जाति की महिला विधायकों द्वारा प्रतिस्थापित किया जायेगा। इसमें महिलाओं के अधिकारों से सम्बन्धित कई अन्य मुद्दों की तरह, नागरिक समाज की प्रबुद्ध इच्छाओं और राजनीतिक समाज की गन्दी, विवादास्पद और अक्सर अप्रिय चिन्ताओं के बीच अपरिहार्य संघर्ष को समझा जा सकता है।

मैं अपने पाठकों को प्राचीन यूनान में लोकतन्त्र के राजनीतिक सिद्धान्त की स्थापना के क्षण की याद दिलाकर समाप्त करता हूँ। सदियों पहले नागरिक समाज या उदारवाद का आविष्कार किया गया था, अरस्तू ने निष्कर्ष निकाला था कि सभी व्यक्ति शासक वर्ग का हिस्सा बनने के लिए फ़िट नहीं थे क्योंकि सभी के पास आवश्यक व्यावहारिक ज्ञान या नैतिक गुण नहीं थे। लेकिन उनके चतुर अनुभवजन्य दिमाग़ ने इस सम्भावना से इनकार नहीं किया कि कुछ समाजों में, कुछ प्रकार के लोगों के लिए, कुछ परिस्थितियों में, लोकतन्त्र सरकार का एक अच्छा रूप हो सकता है। हमारा राजनीतिक सिद्धान्त आज आदर्श संविधान के अरस्तू के मानदण्डों को स्वीकार नहीं करता है। लेकिन हमारी वास्तविक सरकारी प्रथाएँ अभी भी इस आधार पर आधारित हैं कि हर कोई शासन नहीं कर सकता। मैंने जो दिखाने की कोशिश की है, वह यह है कि लोकप्रिय सम्प्रभुता के अमूर्त वादे के साथ-साथ दुनिया के अधिकांश लोग नये तरीक़े ईजाद कर रहे हैं जिसमें वे चुन सकते हैं कि उन्हें कैसे शासित किया जाना चाहिए। राजनीतिक समाज के कई रूपों का मैंने वर्णन किया है, मुझे सन्देह है, अरस्तू की स्वीकृति के साथ नहीं मिलेंगे, क्योंकि वे लोकप्रिय नेताओं को क़ानून पर वरीयता लेने की अनुमति देने के लिए प्रकट होंगे। लेकिन मुझे लगता है कि हम उन्हें यह समझाने में सक्षम हो सकते हैं कि इस तरह से लोग सीख रहे हैं, और अपने राज्यपालों को यह सीखने के लिए मजबूर कर रहे हैं कि वे कैसे शासन करना पसन्द करेंगे। बुद्धिमान ग्रीक सहमत हो सकते हैं, यह लोकतन्त्र के लिए एक अच्छा नैतिक औचित्य है।

सन्दर्भ

1. अशोक सेन (1992), 'लाइफ़ एंड लेबर इन ए स्क्वाटर्स कॉलोनी', ओकेशनल पेपर 138, सेंटर फ़ॉर स्टडीज़ इन सोशल साइंसेज़, कोलकाता : अक्टूबर।
2. इस विषय के लिए बसने वालों के वास्तविक नाम बदल दिये गये हैं।
3. सामाजिक कल्याण के लिए एक ग़ैर-सरकारी संगठन सवेरा द्वारा सर्वेक्षण किया गया, जो रेलवे कॉलोनी में एक ग़ैर-औपचारिक स्कूल, स्वास्थ्य केन्द्र और व्यावसायिक प्रशिक्षण केन्द्र चलाता है। मैं सौगत रॉय का आभारी हूँ।
4. अशोक सेन (1991), 'द बाइंडरी वर्कर्स ऑफ़ दफ़्तरीपारा : 1 फ़ॉर्म्स एंड फ्रैगमेंट्स' ओकेशनल पेपर 127, सेंटर फॉर स्टडीज़ इन सोशल साइंसेज़, कोलकाता, अप्रैल।
5. अशोक सेन (1991), 'द बाइंडरी वर्कर्स ऑफ़ दफ़्तरीपारा : 2. देयर ओन लाइफ़ स्टोरीज़', ओकेशनल पेपर 128, सेंटर फ़ॉर स्टडीज़ इन सोशल साइंसेज़, कोलकाता, जून।
6. द्वैपायन भट्टाचार्य (2001), सिविक कम्युनिटी एंड इट्स मार्जिंस : स्कूल टीचर्स इन रूरल, वेस्ट बंगाल, *इकोनॉमिक एंड पॉलिटिकल वीकली*, 36, संख्या 8, 24 फरवरी, पृ. 673-83
7. रॉबर्ट डी. पुटनम, रॉबर्ट लियोनार्डी और रफ़ेला वाई, नेनेटी (1993), *मेकिंग डेमोक्रेसी वर्क : सिविक ट्रेडिशंस इन मॉडर्न इटली*, प्रिंसटन : प्रिंसटन यूनिवर्सिटी प्रेस।
8. मैं इस बिन्दु का सुझाव देने के लिए अकील बिलग्रामी का आभारी हूँ।
9. देखें, विशेष रूप से, माइकल एम. सेर्निया (1999), *द इकोनॉमिक्स ऑफ़ इनवॉलंटरी रिसेटलमेंट, क्वेश्चनस एंड चौलेंजेज़*, वाशिंगटन : डी.सी. विश्व बैंक।
10. इस कथन के लिए देखे, अमर्त्य सेन (1999), *डेवलपमेंट एस* फ्रीडम, न्यूयॉर्क, रैंडम हाउस।
11. पुनर्वास के प्रशन पर भारत में चर्चाओं के नमूने के लिए, *दिल्ली स्कूल ऑफ इकोनॉमिक्स, इकोनॉमिक एंड पॉलिटिकल वीकली*, 15 जून 1996 की कार्यशाला में प्रस्तुत विस्थापन और पुनर्वास पर पत्रों के संकलनकर्ता जीन ड्रेज़ और वीना दास को देखें : पृ. 1453-1440
12. पार्थ चटर्जी (2000), *रिसेंट स्ट्रेटेजिस ऑफ़ रिसेटलमेंट एंड रिहेबिट्सन इन वेस्ट बंगाल*, सेंटर फ़ॉर स्टडीज़ इन सोशल साइंसेज़, कोलकाता, जून।
13. राजरहाट अधिग्रहण मामले पर हाल में परियोजना को सँभालने वाले अधिकारियों में से एक संजय मित्रा ने प्लान्ड अर्बनजेशन थ्रू पब्लिक पार्टीसिपेशन, केस ऑफ़ द न्यू टाउन, कालकाता, *इकोनॉमिक एंड पॉलिटिकल वीकली*, 37 संख्या में विस्तार से चर्चा की है (16 मार्च, 2002), पृ. 1048-54
14. थॉमस ब्लॉम हेन्सन, *वेजेज़ ऑफ़ वायलेंस : नेमिंग एंड आइडेंटिटी इन पोस्टकोलोनियल* बॉम्बे, प्रिंसटन : प्रिंसटन यूनिवर्सिटी प्रेस, 2001, आदित्य निगम (2000), 'सेकुलरिज़्म, मॉडर्निटी नेशन, एपिस्टोमॉलोजी आफ़ द दलित क्रिटीक, *इकोनोमिक पॉलिटिकल वीकली*' 35, न 48, 25 नवम्बर, 2000
15. योगेन्द्र यादव (2000), *अंडरस्टैंडिंग द सेकेंड डेमोक्रेटिक अपसर्ज : ट्रेंड्स ऑफ़ बहुजन पार्टिसिपेशन इन इलेक्टोरल पॉलिटिक्स इन द 1990*, फ्रांसिन फ्रेंकल, जोया हसन, राजीव भार्गव और बलवीर अरोड़ा, सम्पादक, *ट्रांसफ़ॉर्मिंग इंडिया : सोशल एंड पॉलिटिकल डायनेमिक्स ऑफ़ डेमोक्रेसी*, दिल्ली : ऑक्सफ़ोर्ड यूनिवर्सिटी प्रेस।
16. उदाहरण के लिए, निवेदिता मेनन (1999), सम्पादन : *जेंडर एंड पॉलिटिक्स इन इंडिया, दिल्ली* : ऑक्सफ़ोर्ड यूनिवर्सिटी प्रेस।

लन्दन स्टाइल डबल डेकर बस और बैलगाड़ी। (अहमद अली, 1952)
हितेसरंजन सान्याल मेमोरियल आर्काइव ऑफ़ द सेंटर फ़ॉर स्टडीज़ इन सोशल साइंस, कलकत्ता।

आधुनिक कार्यस्थल : कोका कोला विज्ञापन। (अहमद अली, 1953)
हितेसरंजन सान्याल मेमोरियल आर्काइव ऑफ़ द सेंटर फ़ॉर स्टडीज़ इन सोशल साइंस, कलकत्ता।

एक फुटपाथी दर्जी। (सुब्रत लाहिरी, 1977)
हितेसरंजन सान्याल मेमोरियल आर्काइव ऑफ़ द सेंटर फ़ॉर स्टडीज़ इन सोशल साइंस, कलकत्ता।

सड़क पर फल बाज़ार। (सुब्रत लाहिरी, 1977)
हितेसरंजन सान्याल मेमोरियल आर्काइव ऑफ़ द सेंटर फ़ॉर स्टडीज़ इन सोशल साइंस, कलकत्ता।

फुटपाथी टाइपिस्ट। (सलीम पॉल, 1977)
हितेसरंजन सान्याल मेमोरियल आर्काइव ऑफ़ द सेंटर फ़ॉर स्टडीज़ इन सोशल साइंस, कलकत्ता।

फ़ूड स्टॉल्स। (सुब्रत लाहिरी, 1977)
हितेसरंजन सान्याल मेमोरियल आर्काइव ऑफ़ द सेंटर फ़ॉर स्टडीज़ इन सोशल साइंस, कलकत्ता।

जूस बिक्रेता। (सुब्रत लाहिरी, 1977)
हितेसरंजन सान्याल मेमोरियल आर्काइव ऑफ़ द सेंटर फ़ॉर स्टडीज़ इन सोशल साइंस, कलकत्ता।

सुस्त व्यापार और लॉटरी टिकट बिक्रेता। (अमित धर, 1977)
हितेसरंजन सान्याल मेमोरियल आर्काइव ऑफ़ द सेंटर फ़ॉर स्टडीज़ इन सोशल साइंस, कलकत्ता।

रेलवे की ज़मीन पर शरणार्थियों के बन्दोबस्त। (सबुज मुखोपाध्याय, 2003)

रेलवे पटरियाँ और कुछ ही इंच की दूरी पर घरेलू जीवन। (सबुज मुखोपाध्याय, 2003)

अवैध रूप से बसे कालोनियों के बच्चे अपने घर को बचाने के लिए प्रदर्शन कर रहे हैं। (सबुज मुखोपाध्याय, 2003)

जिल्दसाजी का कार्यस्थल। (विकास बोस, 2003)

एक प्रिंटिंग प्रेस, जहाँ सौ वर्षों में बहुत कम बदलाव आया है। (विकास बोस, 2003)

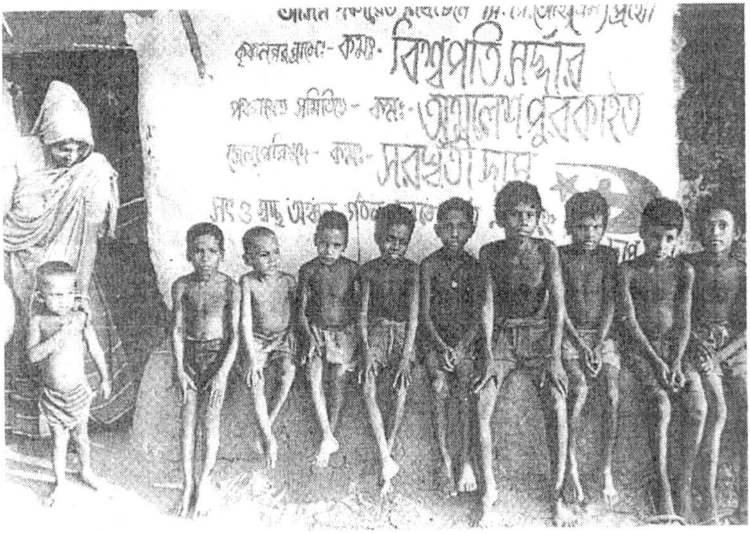

ग्राम परिषद चुनाव के लिए दीवार पर लिखे गये नारे। (दिलीप बनर्जी, 1993)

ग्रामीण बंगाल में हथौड़ा और दरांती। (दिलीप बनर्जी, 1993)

मेट्रोपोलिटन जीवनशैली का प्रचार, 2003

भारतीय मन्त्रियों पर आईएमएफ़ का क़र्ज़। (अमित धर, 1984)
हितेसरंजन सान्याल मेमोरियल आर्काइव ऑफ़ द सेंटर फ़ॉर स्टडीज़ इन सोशल साइंस, कलकत्ता।

भाग : 2

वैश्विक/स्थानीय : 11 सितम्बर से पहले और बाद में

अध्याय : चार

विश्व-शान्ति के पहले की दुनिया

एक

1964 में जब मैं प्रेसीडेंसी कॉलेज, कोलकाता में दाख़िल हुआ, उस समय तक प्रोफ़ेसर सुशोभन सरकार जादवपुर विश्वविद्यालय से सेवानिवृत्त हो चुके थे। लेकिन उन दिनों वह कॉलेज के छात्रों के बीच एक किंवदन्ती बन चुके थे। यह मेरा दुर्भाग्य है कि एक छात्र और शोधकर्ता के रूप में मैंने उन्हें दूर से केवल कुछ ही बार देखा और कभी भी उन्हें अच्छी तरह से जानने का अवसर नहीं मिला। लेकिन मैंने अपने पुराने इतिहासकार सहयोगियों में उनके प्रभाव की अचूक छाप देखी। यद्यपि उनके सबसे प्रसिद्ध प्रकाशित निबन्ध लेख बंगाल पुनर्जागरण पर है।[1] उनकी उस्तादी वास्तव में यूरोपीय इतिहास में थी। साल-दर-साल, यह यूरोपीय इतिहास और राजनीति पर उनके व्याख्यान थे जिन्होंने छात्रों के बीच उनकी विशाल प्रतिष्ठा बनायी। सुशोभन सरकार पर लिखे एक ख़ुलासे में, प्रोफ़ेसर बरुण डे ने टिप्पणी की कि 1930 और 1940 के दशक के बंगाली बुद्धिजीवी विश्व राजनीति या यूरोपीय दर्शन और साहित्य की तुलना में बंगाल की कृषि अर्थव्यवस्था या किसान आन्दोलनों में कम रुचि रखते थे। उनकी जदोजेहद बाहरी दुनिया के लिए कहीं अधिक खुले थे।[2] हमें बताया जाता है कि इन दिनों चीज़ें बिल्कुल विपरीत हैं। बंगाली बुद्धिजीवियों को वर्तमान में कूपमण्डूक रहना पसन्द था। मैं सुसोभन सरकार के उदाहरण का पालन करूँगा और उसे अच्छी तरह से अपनाऊँगा। मुझे यक़ीन नहीं है कि शिकायत उचित है, लेकिन यहाँ अभी विश्व इतिहास की बहस का विषय नहीं है।

सुशोभन सरकार स्मारक व्याख्यान 2001, जो पश्चिम बंग इतिहास संसद द्वारा आयोजित तथा 18 अगस्त, 2001 को प्रसीडेंसी कॉलेज, कोलकाता में दिया गया। लेखक द्वारा बांग्ला से अनूदित।

इस अध्याय का शीर्षक प्रोफ़ेसर सरकार की बांग्ला में लिखी गयी पहली प्रकाशित पुस्तक *यूरोप आफ़्टर द ग्रेट वॉर* (1939) के शीर्षक से मेल खाता है।[3] अब किताब मिलना मुश्किल है। मेरी याददाश्त के अनुसार मैंने इस किताब को तक़रीबन तीस साल पहले देखा था। इसमें सरकार ने प्रथम विश्वयुद्ध के अन्त से 1938 तक यूरोपीय राजनीति का विश्लेषण किया था। आज के दृष्टिकोण से इसे आसानी से *यूरोप बेफ़ोर द सेकंड ग्रेट वार* शीर्षक दिया जा सकता था। सरकार ने आसन्न संघर्ष के स्पष्ट पूर्वाभास का विश्लेषण किया था।

मैं इस बात का जायज़ा लेकर शुरू करूँगा कि सहस्राब्दी के मोड़ पर मानव इतिहास कहाँ पहुँचा है। वर्तमान के प्रचलित आकलन में दो परस्पर विरोध हैं। पहला आकलन औद्योगिकीकरण, विज्ञान की प्रगति और व्यक्तिगत भावना की आज़ादी पर आधारित आधुनिकता और उसके जीवन के स्वरूपों को अब तक पूरी दुनिया में फैल जाना चाहिए था। यह रूपों के विस्तारण से जुड़ा हुआ था। ऐसा नहीं होने का कारण यह है कि कुछ शासनों और विचारधाराओं ने जो राज्य के नियन्त्रण के लिए अत्यधिक प्रतिबद्ध हैं, उन्होंने दुनिया के विभिन्न देशों में ख़ुद को स्थापित कर लिया है। इसने बीसवीं शताब्दी में दो विश्व युद्धों और एक भयानक शीत युद्ध को जन्म दिया था। (कभी-कभी शीत युद्ध थोड़ा गर्म हो जाता था, जैसा कि वियतनाम में हुआ) लाखों लोगों को आधुनिकता के लाभ और सुख से वंचित कर दिया गया। अन्त में, सहस्राब्दी के अन्तिम दशक में, वे पिछड़े दिखने वाले शासन शीत युद्ध के काल के दिनों में अपनी स्वयं की अक्षमताओं के भार के नीचे ढह गये। पूरी दुनिया मुक्त बाज़ार और उदार राजनीति की स्फूर्तिदायक रोशनी में आनन्दित हुई। मानव इतिहास ने महान शान्ति के युग में प्रवेश किया।

दूसरा आकलन, कहने की ज़रूरत नहीं है कि यह उतना सुखद चित्र प्रस्तुत नहीं करता है। यह कहानी इस प्रकार चलती है कि दूसरी और तीसरी दुनिया के विभिन्न देशों में समाजवाद के विभिन्न रूपों को इस विश्वास के साथ आज़माया गया था कि एकाधिकार पूँजी और साम्राज्यवाद के नियन्त्रण के बाहर स्वतन्त्र सामाजिक आर्थिक प्रगति सम्भव हो। उन सभी परीक्षणों में सफलता नहीं मिली। उनकी सफलता में मुख्य बाधा एकाधिकृत पूँजी और साम्राज्यवाद द्वारा लगातार किया जा रहा विरोध था। शीत युद्ध की आड़ में, पूँजी का विस्तार हुआ, नये बाज़ारों पर विजय प्राप्त की, और अधिक लाभ के लिए अपनी लालसा को सन्तुष्ट किया। सर्वसमावेशी पूँजीवाद के ख़िलाफ़ संघर्ष और मुक्ति का सपना केवल एक स्मृति के रूप में जीवित रहा। महान शान्ति पर एक काली छाया पृथ्वी पर अवतरित हुई।

ये दो परस्पर विरोधी कथानक हैं। लेकिन जिस घटना का वे वर्णन करते हैं, उसके नामकरण के बारे में थोड़ा विवाद है। इस पर किसी का कोई भी प्रामाणिक निर्णय हो, हर कोई इस बात से सहमत प्रतीत होता है कि पिछले कुछ वर्षों में पूरी दुनिया में जो कुछ हो रहा है, उसे 'वैश्वीकरण' कहा जा सकता है। मुझे बताया गया है कि 'वैश्वीकरण' शब्द का पहली बार प्रयोग 1970 के दशक के मध्य में अमेरिकन एक्सप्रेस ने अपने क्रेडिट कार्ड के विज्ञापन में किया था। हममें से कुछ लोगों का मानना था कि 1970 का दशक मुक्ति का दशक होगा। अब ऐसा लगता है कि अमेरिकी बैंकों का भी यही सपना था। कम से कम फ़िलहाल के लिए तो बैंकरों का सपना सच हो गया है। यदि आपकी जेब में अमेरिकन एक्सप्रेस क्रेडिट कार्ड है, तो आप दुनिया के किसी भी देश में अपने दिल की सामग्री की ख़रीदारी करने के लिए पर्याप्त रूप से स्वतन्त्र महसूस करेंगे।

यह जल्दबाज़ी होगी कि यह पूरी प्रक्रिया वैश्वीकरण की है। इससे भी महत्त्वपूर्ण बात यह है कि मात्र नाम से हमें यह नहीं आकलन किया जा सकता कि हमारा सपना क्या है और हम देखते क्या हैं? क्या हम इसके सामने समर्पण कर दें? या इसे दोनों हाथों से गले लगा लें? या क्या हमें इसके प्रति बेवफ़ा होना चाहिए? या शायद हमें आस्तीन चढ़ाते हुए इसके प्रति रोष दिखाना चाहिए? कहने की आवश्यकता नहीं है, उत्तर इस बात पर निर्भर करता है कि हम वैश्वीकरण नामक प्रक्रिया को कैसे समझते और उसका मूल्यांकन करते हैं। कुछ समय पहले मैंने जिन दो आकलनों का उल्लेख किया था, वे उन दोनों की स्थिति बिलकुल विपरीत है। वास्तविक स्थिति निस्सन्देह कहीं बीच में है। लेकिन यह वास्तव में कहाँ स्थित है? कई विचारक आज इस मामले से जूझ रहे हैं। मैं विचारकों की समझ पर एक आकलन पेश करने की कोशिश करूँगा। ऐसा नहीं है कि केवल अहस्तक्षेप नीति उदारवादियों ने ही इस विषय पर लिखा है। उदाहरण के लिए, कई वामपन्थी और मार्क्सवादी लेखकों ने वैश्वीकरण नामक परिघटना को बारीकी से और गम्भीरता से देखा है, मसलन मैनुअल कैस्टल्स और डेविड हार्वे जैसे भूगोलवेत्ता, या सास्किया सासेन और डेविड हेल्ड जैसे समाजशास्त्री या यहाँ तक कि फ्रेडरिक जेम्सन और गायत्री चक्रवर्ती जैसे साहित्यिक सिद्धान्तकार इस जद्दोजेहद में शामिल है। सन्देह से परे पुष्टि किये गये विश्वसनीय ज्ञान की तलाश करना यहाँ बेकार है। बल्कि जो लोग इस विषय पर पुष्ट सिद्धान्तों का दावा करते हैं, वे सम्भवतः सन्दिग्ध उद्देश्यों से प्रेरित होते हैं।

दो

आइए, शुरुआत एक ऐतिहासिक प्रश्न से करते हैं। वैश्वीकरण के बारे में नया क्या है? अगर इस प्रक्रिया का मतलब यह है कि दुनिया के अलग-अलग भौगोलिक क्षेत्र एक-दूसरे पर निर्भर हो गये हैं कि वे वस्तुओं और सेवाओं के एक विशाल संचलन में फँस गये हैं–तो यह एक ऐसी प्रक्रिया है जो कम से कम 200 वर्षों से चली आ रही है। कई साल पहले, कार्ल मार्क्स और फ्रेडरिक एंगेल्स ने द *कम्युनिस्ट मेनिफ़ेस्टो* में लिखा था कि पूँजी के मालिक नये बाज़ारों की तलाश में दुनिया पर इस प्रकार निगहबानी करेंगे कि इसे "हर जगह स्थापित होना चाहिए, हर जगह बसना चाहिए, हर जगह सम्बन्ध स्थापित करना चाहिए। पुराने और स्थापित राष्ट्रीय उद्योग नष्ट हो जायेंगे। हर देश में उत्पादन और ख़पत महानगरीय और वैश्विक हो जायेगा। उद्योग के वे आधार पैरों के नीचे से खिसक जायेंगे जो राष्ट्रीय आधार लिये हुए खड़े हैं। नये उद्योग अब स्वदेशी कच्चे माल का उपयोग नहीं करेंगे; उनका कच्चा माल पृथ्वी के सुदूर कोनों से आयेगा।" इसी तरह, उनके उत्पादों की ख़पत न केवल घरेलू बल्कि उसकी आपूर्ति विश्व के एक तिहाई हिस्सों से होगी।[4] यह 1848 की बात है। कोई कह सकता है कि तब वैश्वीकरण पहले से ही काफ़ी उन्नत था। तो आज नया क्या है?

इस सवाल पर लगातार बहस चल रही है।[5] इतिहास के प्रमाण बताते हैं कि उन्नीसवीं शताब्दी के अन्त में वास्तव में एक बड़ा वैश्वीकरण था। यूरोप से दुनिया के कई हिस्सों में बड़ी मात्रा में ख़ासकर उत्तरी और दक्षिणी अमेरिका और ब्रिटिश और फ्रांसीसी उपनिवेशों में पूँजी का निर्यात किया जा रहा था। यह पूँजी का बढ़ता अन्तरराष्ट्रीय प्रवाह था जिसने अधिकांश बड़े देशों को 1870 के दशक से अपनी मुद्राओं की विनिमय दर तय करने के लिए एक सामान्य मानक को स्वीकार करने के लिए प्रेरित किया। कई विद्वानों ने तर्क दिया है कि बीसवीं सदी के अन्त में पूँजी के निर्यात की दर वास्तव में उन्नीसवीं सदी के अन्त की तुलना में कम थी। यदि कोई पन्द्रह सबसे विकसित देशों को लिया जाये, तो यह पता चलता है कि 1880 के दशक में विदेशी पूँजी उनकी कुल राष्ट्रीय आय का 5 प्रतिशत थी। 1930 के दशक में यह आँकड़ा घटकर 1.5 प्रतिशत और 1950 और 1960 के दशक में 1 प्रतिशत रह गया था। 1996 में, जब वैश्वीकरण के विजयघोष हमारे कानों को छलनी कर रहे थे, उन पन्द्रह विकसित देशों की संयुक्त राष्ट्रीय आय में विदेशी पूँजी का अनुपात 2.5 प्रतिशत तक भी नहीं चढ़ा था, यानी 1880 के दशक के विदेशी पूँजी का आधा हिस्सा था। यदि केवल ब्रिटेन का ही उदाहरण लें तो हम पाते हैं कि

1895 से 1899 के बीच ब्रिटिश बचत का 21 प्रतिशत विदेशों में निवेश किया गया था। 1910 और 1913 के बीच यह आँकड़ा बढ़कर 53 प्रतिशत हो गया था। कोई भी विकसित औद्योगिक देश आज अन्तरराष्ट्रीय पूँजी के लेन-देन पर इतना निर्भर नहीं है। यहाँ तक कि अर्जेंटीना, जिसकी उन्नीसवीं सदी के अन्त में आधी पूँजी विदेशियों के स्वामित्व में थी, अब उसकी अर्थव्यवस्था में केवल 20 से 22 प्रतिशत विदेशी पूँजी नियोजित है, भले ही हम हर रोज़ सुनते हैं कि अन्तरराष्ट्रीय ऋण के बोझ तले डूब रहा है।

दूसरे शब्दों में, यदि हम अन्तरराष्ट्रीय पूँजी के प्रवाह पर विचार करें। उन्नीसवीं शताब्दी के अन्त की तुलना में आज वास्तव में कम वैश्वीकरण है। कहने की ज़रूरत नहीं है कि प्रथम विश्वयुद्ध के बाद पूँजी का निर्यात और अन्तरराष्ट्रीय वित्तीय बाज़ार बुरी तरह बाधित हो गये थे। इसके बाद 1930 के दशक में दुनिया भर में मन्दी आयी। आदर्श मानक सभी व्यावहारिक उद्देश्यों के लिए निष्क्रिय हो गया। द्वितीय विश्वयुद्ध के बाद यह ब्रेटन वुड्स व्यवस्था थी जिसने अन्तरराष्ट्रीय वित्तीय आदान-प्रदान के लिए कुछ आदेश और नियन्त्रण बहाल करने का प्रयास किया। इसलिए 1970 के दशक तक वैश्वीकरण में एक गिरावट थी। 1980 के दशक में ज्वार फिर से बढ़ना शुरू हुआ। आज वैश्वीकरण का उत्सव मोटे तौर पर बीसवीं सदी के मध्य दशकों में स्थिति के साथ की गयी तुलना का परिणाम है, न कि उन्नीसवीं सदी में।

पूँजी के निर्यात से अन्तरराष्ट्रीय व्यापार की ओर बढ़ते हुए, हम कमोबेश एक ही तरह की तस्वीर देखते हैं। प्रथम विश्वयुद्ध तक उन्नीसवीं शताब्दी के दौरान अन्तरराष्ट्रीय व्यापार का विस्तार हुआ और फिर बीसवीं शताब्दी के मध्य में अनुबन्धित हुआ। यह 1975 के आसपास से फिर से बढ़ना शुरू हुआ। ब्रिटेन, फ्रांस, जापान, जर्मनी, संयुक्त राज्य अमेरिका, कनाडा ये सभी देश 1970 की तुलना में प्रथम विश्वयुद्ध से पहले बहुत उच्च स्तर पर अन्तरराष्ट्रीय व्यापार में लगे हुए थे। 1980 के दशक से, बेशक, वे सभी उन स्तरों तक पहुँच चुके हैं और कुछ मामलों में तो उनसे आगे भी निकल गये हैं।

कहने की ज़रूरत नहीं है कि यह सब यूरोप और अमेरिका के औद्योगिक देशों से सम्बन्धित है। अन्य देशों के लिए तस्वीर कम स्पष्ट है। एशिया के अधिकांश देश पिछले दस या पन्द्रह वर्षों में वैश्विक अर्थव्यवस्था से गहराई से उलझ गये हैं। दूसरी ओर, ऐसा प्रतीत होता है कि अफ्रीका के लगभग आधे देश अन्तरराष्ट्रीय व्यापार से अपना सम्पर्क खो चुके हैं। इस प्रकार, एक बात स्पष्ट है : वैश्वीकरण पूँजी, प्रौद्योगिकी और वस्तुओं का कोई बड़ा मेला नहीं है, जहाँ हम जो चाहते हैं, उसके

साथ चलने के लिए स्वतन्त्र हैं। किसी को क्या मिलता है और कितना, एक्सचेंजों के वैश्विक नेटवर्क में उसे कहाँ जगह मिलती है, वास्तव में उसमें जगह मिलती है या नहीं, यह कई आर्थिक और राजनीतिक स्थितियों पर निर्भर करता है।

बेशक, वैश्वीकरण के प्रवर्तक इस बात पर ज़ोर देते हैं कि वैश्विक अर्थव्यवस्था से जुड़कर ग़रीब देश अमीर हो सकते हैं और देशों के बीच असमानताओं को कम किया जा सकता है। ऐसा क्या हुआ? सबूत निर्णायक नहीं है। यदि शोधकर्ताओं का एक समूह आँकड़ों का एक सेट पेश करता है कि वैश्वीकरण के कारण देशों के बीच असमानताएँ वास्तव में बढ़ी हैं, तो शोधकर्ताओं का एक अन्य समूह तुरन्त इसका मुक़ाबला आँकड़ों के दूसरे सेट के साथ करेगा, यह तथ्यात्मक तौर पर तर्क देंगे की असमानताएँ नहीं बढ़ी हैं। मैंने जो कुछ भी सुना और देखा है, उससे मेरी अपनी धारणा यह है कि पिछले दस या पन्द्रह वर्षों में अमीर और ग़रीब देशों के बीच असमानता कम नहीं हुई है; कुछ भी हो, वे शायद बढ़ी ही है। इतना ही नहीं, कुछ देश जो कुछ साल पहले तेज़ी से विकास कर रहे थे, वे हाल ही में बाधाओं में फँसते हुए उनकी विकास गति मन्द हो गयी है। 1970 के दशक में, दक्षिण अमेरिका के कई देश ठीक विदेशी व्यापार में संलग्न होकर बड़ी तेज़ी से आगे बढ़े थे। वे 1980 के दशक में विदेशी ऋणों के बोझ से दबे हुए थे; अधिकांश तब से ठीक नहीं हुए हैं। 1980 के दशक में पूर्वी एशिया की आर्थिक प्रगति पौराणिक बन गयी। और फिर 1997 में अचानक उन अर्थव्यवस्थाओं पर आपदा आ पड़ी। संकट पूरी तरह टला नहीं है। भाग्य के ये अचानक उलट-फेर क्यों होते हैं और क्या वे वैश्वीकरण की अवधि में अपरिहार्य हैं, ऐसे प्रश्न हैं जिन्हें हमें बाद में सम्बोधित करना चाहिए।

वित्तीय और व्यापार नेटवर्क के अलावा, वैश्वीकरण के दो अन्य पहलू हैं जिनके बारे में बहुत कुछ सुना जाता है : ये संचार और यात्रा हैं। वैश्वीकरण के सांस्कृतिक परिणामों के मूल्यांकन में दोनों महत्त्वपूर्ण हैं। इसमें कोई सन्देह नहीं है कि परिवहन में सुधार के कारण राष्ट्रीय सीमाओं के पार लोगों की आवाजाही बहुत बढ़ गयी है। अन्तरराष्ट्रीय यात्रा अब व्यापारियों और महाराजाओं तक ही सीमित नहीं है। लाखों आम लोग अब अन्तरराष्ट्रीय यात्राओं पर निकलते हैं। हालाँकि, यदि हम विशेष रूप से अन्तरराष्ट्रीय प्रवासन (मात्र यात्रा के बजाय) को देखें, तो यह पता चलता है कि उन्नीसवीं शताब्दी में बीसवीं सदी के अन्त की तुलना में अधिक लोग परदेशी हुए। 1820 से प्रथम विश्वयुद्ध तक, साठ लाख लोग यूरोप से अमेरिका चले गये। कहने की आवश्यकता नहीं है, संयुक्त राज्य अमेरिका, कनाडा, अर्जेंटीना, ऑस्ट्रेलिया या न्यूजीलैंड के वर्तमान निवासियों का

बड़ा हिस्सा इन उन्नीसवीं सदी के प्रवासियों के वंशज हैं। इसके अलावा, कुछ बीस से तीस मिलियन भारतीय थे जिन्हें मलाया, फिजी, मॉरीशस, अफ्रीका के विभिन्न देशों और वेस्ट इंडीज में गिरमिटिया मज़दूरों के रूप में ले जाया गया था। सबूत बताते हैं कि बीसवीं सदी के पहले दशक में द्वितीय विश्वयुद्ध के बाद हर साल दस लाख लोग एक देश से दूसरे देश में प्रवास करते थे। पश्चिम के औद्योगिक देशों में कम वेतनवाले अप्रवासी मज़दूरों की एक नयी माँग थी। परिणामस्वरूप, इन देशों में विदेशी अप्रवासियों का प्रवाह आज भी क़ानूनी और अवैध दोनों माध्यमों से जारी है। लेकिन अगर संख्या पर विचार किया जाये, तो आज अन्तरराष्ट्रीय प्रवासन का स्तर वास्तव में प्रथम विश्वयुद्ध से पहले की तुलना में कम है।

इसलिए ऐतिहासिक साक्ष्यों से पता चलता है कि कई पहलुओं में और कम से कम मात्रात्मक दृष्टि से वैश्वीकरण वास्तव में प्रथम विश्वयुद्ध से पहले की अवधि में अब की तुलना में अधिक उन्नत था। बेशक, यह सर्वविदित है कि उस युद्ध तक की अवधि वैश्विक पूँजी के विकास की कहानी में एक महत्त्वपूर्ण अध्याय जोड़ती है। हम जानते हैं, विशेष रूप से लेनिन के लेखन से कि इस अवधि की विशेषता महान प्रभाव के वित्त पूँजी और साम्राज्यवादी शक्तियों के बीच प्रतिद्वन्द्विता से थी। क्या ऐसा हो सकता है कि विश्व इतिहास का पहिया हमें पहले के उस चरण में वापस ले जा रहा है? या यह मामला है कि इस बीच पूँजी और राज्य की प्रकृति में ऐसा परिवर्तन हुआ है कि स्पष्ट समानता के बावजूद, वैश्वीकरण के दो काल चरित्र में काफ़ी भिन्न हैं? आइए, फिर, अन्तरों को देखें।

इक्कीसवीं सदी की शुरुआत में पूँजी के चरित्र को समझने के लिए, हमें औद्योगिक पूँजी पर नहीं बल्कि अन्तरराष्ट्रीय वित्तीय बाज़ारों पर ध्यान देना चाहिए। वैश्वीकरण की ताक़तों द्वारा आज डाला गया एक प्रमुख दबाव देश की वित्तीय और बैंकिंग प्रणाली पर राष्ट्रीय राज्य के नियन्त्रण को ढीला करना, देश के अन्दर और बाहर आधारभूत संरचना अन्तरराष्ट्रीय पूँजी के सर्किट को मुक्त करना और कम्प्यूटर और दूरसंचार के बुनियादी ढाँचे में सुधार करना है।

इसके परिणामस्वरूप अन्तरराष्ट्रीय पूँजी बाज़ारों का अविश्वसनीय रूप से तेज़ी से विस्तार हुआ है, जिससे पूँजी के विकास में क्रान्ति आयी है। 1980 से दुनिया के समृद्ध औद्योगिक देशों में वित्त पूँजी राष्ट्रीय उत्पाद की तुलना में ढाई गुना की दर से बढ़ी है। राष्ट्रीय उत्पाद में वृद्धि की दर से मुद्राओं, बॉन्डों और इक्विटी में व्यापार पाँच गुना बढ़ गया है। दूसरे शब्दों में, निर्माण की तुलना में शेयरों, बॉन्डों और मुद्राओं के व्यापार में अधिक-से-अधिक पूँजी का निवेश किया जा रहा है,

सम्भवत: इसलिए कि मुनाफ़ा जल्दी और अधिक हो। वास्तव में, आज सबसे बड़ा वित्तीय बाज़ार मुद्रा बाज़ार है, जो वास्तव में अपने दायरे और संचालन में वैश्विक है। 1983 में, मुद्राओं में व्यापार वस्तुओं में अन्तरराष्ट्रीय व्यापार की कुल मात्रा की तुलना में दस गुना बड़ा था; 1992 में, यह बढ़कर साठ गुना हो गया था। फिर बॉन्ड में अन्तरराष्ट्रीय व्यापार होता है। 1980 के दशक की शुरुआत में, यू.एस. ट्रेजरी बॉन्ड का वार्षिक व्यापार लगभग 30 बिलियन डॉलर था; 1990 के दशक की शुरुआत में यह बढ़कर 500 अरब डॉलर हो गया था। यू.एस. ट्रेजरी बॉन्ड की ख़रीद में वृद्धि जारी है, और यू.एस. विदेशी ऋण भी शामिल है। लेकिन यह उस देश के नेताओं के लिए ज़्यादा चिन्ता का कारण नहीं है। दुनिया की एकमात्र महाशक्ति होने का फ़ायदा यह है कि इसका विदेशी क़र्ज़ अनिवार्य रूप से बोझ नहीं बल्कि शक्ति चलाने का एक और साधन है।

क्या अन्तरराष्ट्रीय वित्तीय बाज़ार के इस आश्चर्यजनक तेज़ी से विस्तार की कोई सीमा है? क्या राष्ट्रीय सीमाओं के पार पूँजी का प्रवाह इस गति से अनिश्चित काल के लिए बढ़ सकता है? कई विशेषज्ञ सोचते हैं कि आने वाले कुछ समय तक वित्तीय बाज़ारों की वृद्धि जारी रहेगी। 1992 में, वैश्विक वित्तीय बाज़ार दुनिया के तेईस सबसे अमीर देशों के संयुक्त राष्ट्रीय उत्पाद से दोगुना बड़ा था। 2000 में वृद्धि तीन गुना थी। *मैकिन्से ग्लोबल इंस्टीट्यूट* ने अनुमान लगाया है कि वित्तीय बाज़ार कम से कम अगले बीस वर्षों तक इस दर से बढ़ते रह सकते हैं, क्योंकि कई राष्ट्रीय बाज़ारों को अभी वैश्विक वित्तीय प्रणाली के भीतर एकीकृत किया जाना बाक़ी है।

बेशक, बॉन्ड और मुद्राओं के साथ सट्टा लगाने में कई जोखिम शामिल हैं। एक उदाहरण बैरिंग कम्पनी का मामला है, एक सम्मानित वित्तीय संस्थान जिसे एक अति उत्साही और कुछ हद तक बेईमान कर्मचारी द्वारा किये गये एक अनुचित लेन-देन द्वारा नीचे रखा गया था, जबकि 1990 के दशक का स्टॉक मार्केट बूम ख़त्म हो गया है, पूँजी के लिए दुकान बन्द करने और घर पर रहने का शायद ही कोई कारण हो।

आज ऐसा प्रतीत होता है कि वह एक बार फिर उस आदिकालीन विश्व-विजेता भावना की खोज कर रहा है जो उसके प्रारम्भिक वर्षों की विशेषता थी। भले ही आत्मा आदिम हो, इसके कौशल बहुत तेज़ और अधिक परिष्कृत हैं। प्रसिद्ध अर्थशास्त्री अब दिन-रात काम कर रहे हैं और वित्तीय बाज़ारों में जोखिमों के प्रबन्धन के वैज्ञानिक तरीक़े ईजाद करने की कोशिश कर रहे हैं। उनमें से एक या दो ने अपने प्रयासों के लिए 'नोबेल पुरस्कार' भी जीता है। कौन कहता है कि पूँजी का विद्वता से कोई सरोकार नहीं है? इसमें छात्रवृत्ति के लिए बहुत सम्मान है जो मुनाफ़े में योगदान देता

है। प्रथम विश्वयुद्ध से पहले वित्त पूँजी के प्रभाव का उल्लेख करते हुए कीन्स ने कहा कि यह राष्ट्रीय अर्थव्यवस्थाओं को जुए के अड्डे में तब्दील कर रहा है। आज कई अर्थशास्त्री कह रहे हैं, "कीन्स साहब, डरिए मत! अब हम जुए के विज्ञान के धुरन्धर हो चुके हैं। बाज़ार बढ़ेंगे, हमारा मुनाफ़ा बढ़ेगा, पूँजी बढ़ेगी, हम सभी ख़ुशी से झूम उठेंगे।"

यदि हम आज के वैश्विक वित्तीय बाज़ार की तुलना बीसवीं सदी की शुरुआत से करते हैं, तो तीन महत्त्वपूर्ण अन्तर सामने आते हैं। सबसे पहले, हमारी वर्तमान सूचना और दूरसंचार प्रौद्योगिकियों के कारण, मुद्राओं या शेयरों को तुरन्त देश भर में ख़रीदा और बेचा जा सकता है। नतीजतन, दुनिया भर के विभिन्न बाज़ारों में स्टॉक, बॉन्ड और मुद्राओं की क़ीमतों में उतार-चढ़ाव का लाभ उठाने के लिए आज बहुत अधिक अवसर हैं। दैनिक लेन-देन की कुल मात्रा भी आज कई गुना अधिक है। राष्ट्रीय सीमाओं के पार अन्तरराष्ट्रीय पूँजी का दैनिक प्रवाह काफ़ी अधिक है। दूसरा, वित्तीय पूँजी के बाज़ारों में कुछ प्रमुख संस्थानों जैसे बीमा कम्पनियों, पेंशन फ़ंड, म्यूचुअल फ़ंड आदि का वर्चस्व है। ये संस्थान आम लोगों की छोटी बचत को एक साथ जमा करते हैं और उन्हें लाभदायक उद्यमों में निवेश करते हैं। तीसरा, पिछले दो या तीन दशकों में वित्तीय लेन-देन के कई नये उपकरणों का आविष्कार किया गया है। उदाहरण के लिए कई चीज़ें जिनकी बीस साल पहले विनिमय की वस्तुओं के रूप में कल्पना नहीं की जा सकती थी, अब लाखों डॉलर में कारोबार कर रही हैं। मैंने अक्सर अपने अर्थशास्त्री मित्रों से कहा है कि वे मुझे इस रहस्यमय वस्तु की प्रकृति के बारे में बतायें। उनके सर्वोत्तम प्रयासों के बावजूद, मुझे यह स्वीकार करना चाहिए कि विषय अभी भी मेरे पुराने ज़माने के कॉलेज शिक्षक की समझ की शक्तियों से दूर है।

वैश्विक वित्तीय बाज़ारों में इन क्रान्तिकारी परिवर्तनों के साथ-साथ पिछले तीस वर्षों में विनिर्माण का वैश्वीकरण लगातार आगे बढ़ा है। विभिन्न देशों में स्थित कारख़ानों में एक उत्पाद के विभिन्न घटकों का निर्माण और अन्तिम उत्पाद को दूसरे देश में असेम्बल करना पूरी तरह से आसान हो गया है। विनिर्माण प्रक्रियाओं का वैश्वीकरण विशेष रूप से ऑटोमोबाइल, रसायन, फ़ार्मास्युटिकल और इलेक्ट्रॉनिक आईसीएस उद्योगों में उन्नत है। यहाँ तक कि कपड़ा-निर्माण जैसी पारम्परिक चीज़ भी अब कई देशों में फैली हुई है। बांग्लादेश में, उदाहरण के लिए, परिधान शब्द अब एक दैनिक लोकभाषा बन गया है : इसका अर्थ है निर्यात के लिए कपड़े बनाने का कारख़ाना। लेकिन मैन्युफ़ेक्चरिंग का इस तरह का वैश्वीकरण, जैसा कि मैंने कहा, कुछ दशकों से हो रहा है। जो नया है, वह

लेखांकन और प्रशासन जैसी सेवाओं का वैश्विक फैलाव है। एक ऐसी कम्पनी के बारे में सोचें जिसका मुख्यालय लन्दन में है, लेकिन जिसके कर्मचारियों के पेरोल की गणना और प्रबन्धन बेंगलुरु में किया जाता है, जिसके ग्राहकों के फ़ोन कॉल का उत्तर सिंगापुर में दिया जाता है, और जिसकी बिक्री के आँकड़े और इन्वेंट्री ब्यूनस आयर्स में रखी जाती है। यह विज्ञान कथा नहीं है। यहाँ तक कि मेरे जैसा व्यावसायिक मामलों में अज्ञानी व्यक्ति ने भी ऐसी कई कम्पनियों के बारे में पढ़ा और सुना है। लेकिन तथ्य यह है कि एक फ़र्म के निर्माण और सेवा-घटक दुनिया के कई हिस्सों में फैले हुए हैं। इसका मतलब यह नहीं है कि कम्पनी का विकेन्द्रीकरण किया जा रहा है। इस वैश्वीकरण प्रक्रिया के एक महत्त्वपूर्ण पहलू के रूप में, वास्तव में नियन्त्रण और लाभ अर्जन का एक विशाल केन्द्रीकरण है। वास्तव में, जितना अधिक विनिर्माण और सेवाओं के विभिन्न भागों को विभिन्न देशों में फैलाया जा रहा है, केन्द्रीकृत नियन्त्रण की उतनी ही अधिक आवश्यकता है। महत्त्वपूर्ण बात यह है कि औद्योगिक दुनिया के महानगरीय शहरों में केन्द्रीकृत नियन्त्रण अनिवार्य रूप से स्थित है। वैश्वीकरण के अजीब परिणामों में से एक न्यूयॉर्क, लन्दन, पेरिस या टोक्यो जैसे कुछ शहरों का अत्यधिक महत्त्व है, सास्किया सैसेन ने उन्हें 'वैश्विक शहर' कहा है।[6] फ़र्मों के निर्माण और सेवा-गतिविधियों के घटक एक भाग है और दूसरी ओर, वैश्विक शहरों में स्थित कुछ प्रधान कार्यालयों से इन सभी गतिविधियों पर बढ़ता केन्द्रीकृत नियन्त्रण है।

फिर राष्ट्रीय अर्थव्यवस्था पर राष्ट्रीय राज्य के नियन्त्रण के बारे में क्या? हम हमेशा से जानते हैं कि आधुनिक राष्ट्रीय अर्थव्यवस्थाएँ राज्य द्वारा बनाये गये क़ानूनों द्वारा बनायी और नियन्त्रित की जाती हैं। क्या वे दिन ख़त्म हो गये हैं? अब अर्थव्यवस्था को विनियमित करने के लिए क़ानून कौन बनायेगा? वैश्वीकरण के राजनीतिक पहलुओं के सम्बन्ध में शायद यह सबसे महत्त्वपूर्ण प्रश्न है जो आज हमारे सामने है।

तीन

आज यह आम सहमति है कि वैश्विक अर्थव्यवस्था सभी राष्ट्र-राज्यों की आन्तरिक नीतियों पर गहरा और आक्रामक प्रभाव डाल रही है। सबसे अधिक प्रभाव उन संस्थानों द्वारा डाला जाता है जो वित्त के अन्तरराष्ट्रीय प्रवाह को नियन्त्रित करते हैं। पूँजी का यह रूप एक देश से दूसरे देश की ओर प्रवाहशील है। परिणामस्वरूप, उन देशों के मामले में जो विशेष रूप से अन्तरराष्ट्रीय पूँजी पर निर्भर हैं, वैश्विक वित्तीय संस्थान उन देशों से अपना पैसा बाहर ले जाने की धमकी देकर अपनी इच्छित

नीतियाँ प्राप्त कर सकते हैं। कहने की ज़रूरत नहीं है कि जो देश वित्तीय संकट में फँसते हैं, उन्हें अक्सर बचाव पैकेज के बदले अन्तरराष्ट्रीय ऋण देने वाली संस्थाओं द्वारा लगायी गयी शर्तों को स्वीकार करने के लिए मजबूर किया जाता है। इसमें कोई सन्देह नहीं है कि इसका परिणाम राष्ट्रीय सम्प्रभुता को कमज़ोर करना है। सवाल यह है कि क्या राष्ट्रीय सम्प्रभुता के लिए सम्भावित ख़तरे को देशों की वैश्वीकरण की प्रक्रिया से दूर रहने के लिए प्रेरित करना चाहिए? हालाँकि, ऐसा प्रतीत होता है कि दूर रहने की लागत भी बहुत बड़ी है और कुछ राज्यों के पास उन्हें स्वीकार करने के लिए संसाधन हैं। यह तर्क भी दिया जा सकता है कि कोई राज्य अपने क़ानूनों की शक्ति का उपयोग अपनी राष्ट्रीय अर्थव्यवस्था के चारों ओर बाधाएँ खड़ी करने के लिए कर सकता है ताकि इसे वैश्विक बाज़ार की अनिश्चितताओं और अन्तरराष्ट्रीय वित्त पूँजी के ख़तरनाक प्रभाव से बचाया जा सके। लेकिन परिणाम अनिवार्य रूप से अपरिहार्य और बढ़ते बजट घाटे, मुद्रास्फीति, राष्ट्रीय ऋण में वृद्धि, विदेशी मुद्रा की कमी और अन्त में एक बड़े वित्तीय संकट की एक श्रृंखला है। संकट से बचने के लिए सरकार को ऋण के लिए अन्तरराष्ट्रीय वित्तीय संस्थानों से सम्पर्क करना होगा। अब तक चारदीवारी में बन्द अर्थव्यवस्था के दरवाज़े और खिड़कियाँ एक के बाद एक खुलने लगती हैं। एक बार जब दरवाज़े खुलते हैं तो वैश्वीकरण की मोहक अपील को छिपाना मुश्किल हो जाता है। व्यक्तिगत तौर पर अभिजात वर्ग और मध्यम वर्ग इस बात का विरोध सर्वप्रथम करेंगे : "हमारे जीवन स्तर और हमारी वस्तुओं और सेवाओं की गुणवत्ता इतनी कम क्यों होनी चाहिए?" उनकी अपील है कि हम वैश्विक बाज़ारों में शामिल हों, बाहरी दुनिया के साथ अपने सम्बन्ध बढ़ायें, नयी प्रौद्योगिकियों का आयात करें। जिससे हम अपने उपभोक्ता जीवन की दैनीय नीरसता को समाप्त करें।" पिछले बीस वर्षों में दुनिया का लगभग कोई भी देश इस प्रक्रिया से बच नहीं पाया है। इसके कारण सोवियत संघ और पूर्वी यूरोप में समाजवादी राज्य का पतन हो गया। चीन की आर्थिक शक्ति आज वैश्वीकरण के जाल में बुरी तरह फँस चुकी है। हालाँकि कम्युनिस्ट पार्टी अभी भी वहाँ बनी हुई है, कोई भी अब समाजवाद की बात नहीं करता है। क्यूबा काफ़ी हद तक नेटवर्क से बाहर है, लेकिन यह उसकी अपनी पसन्द का परिणाम कम और संयुक्त राज्य अमेरिका द्वारा किये गये आर्थिक बहिष्कार और राजनीतिक विरोध के कारण अधिक है। उत्तर कोरिया ने अभी भी अपने दरवाज़े बन्द रखे हैं, यह नहीं कहा जा सकता इसके नतीजे ख़ुश करने लायक़ हैं।

दूसरे शब्दों में, वैश्वीकरण कुछ हद तक दिल्ली की कहावत लड्डू जैसा है : जो खाये वह पछताये जो न खाये वह पछताये।[7] यह सत्यापित सत्य प्रतीत होता है

कि वैश्विक अर्थव्यवस्था से पूरी तरह दूर रहने से गम्भीर समस्याएँ उत्पन्न होती हैं। वैश्विक अर्थव्यवस्था में प्रवेश करने के बाद परेशानी से बचना सम्भव है या नहीं, यह इस बात पर निर्भर करता है कि हम राष्ट्रीय राज्य की सम्प्रभुता को कितना महत्त्व देते हैं। कई लोग अब कहते हैं कि सम्प्रभुता अतीत की बात है। सम्प्रभुता का क्या फ़ायदा अगर यह हमें अपने लोगों की बेहतर अभिलाषा के लिए रोटी-कपड़ा-मकान की व्यवस्था नहीं देती है? इसके अलावा, यह भी सच है कि कई देशों में शासक समूह अपने लोगों पर क्रूर अत्याचार थोपने के लिए राष्ट्रीय सम्प्रभुता के बहाने का इस्तेमाल करते हैं। ऐसे मामलों में, यह तर्क कि राष्ट्रीय सम्प्रभुता अनुल्लंघनीय है, प्रतिक्रियावादियों के हाथों का एक उपकरण बन जाता है। क्या हम उन विशिष्ट परिस्थितियों पर विचार किये बिना सार्वभौमिक रूप से सम्प्रभुता की रक्षा कर सकते हैं जिनमें इसे लागू किया जा रहा है? ऐसे कई महत्त्वपूर्ण विचारक हैं जिन्होंने हाल ही में ऐसे प्रश्न उठाये हैं।

सत्रहवीं और अठारहवीं शताब्दी में यूरोप में आधुनिक अर्थों में सम्प्रभु राज्य का निर्माण हुआ। इसकी महत्त्वपूर्ण विशेषता सम्प्रभु शक्ति का एकाधिकार था जिसका दावा क्षेत्रीय सीमा के भीतर था : राज्य ही एक मात्र सम्प्रभु संस्था हो सकती थी। क़ानून बनाने, दण्ड देने, युद्ध की घोषणा करने की शक्ति केवल राज्य को ही हो सकती थी। मध्यकालीन व्यवस्था में अतिव्यापी अधिकारी क्षेत्रवाले अधिकारियों की बहुतायत, आधिपत्य और अधीनता के सम्बन्धों के जटिल जाल के बजाय जो मध्ययुगीन व्यवस्था की विशेषता थी, उसमें उन्नीसवीं शताब्दी में राष्ट्रीयता और लोगों की सम्प्रभुता का विचार उभरा। आधुनिक सम्प्रभु राष्ट्र-राज्य का अपने पूर्ण विकसित रूप में उभरा। कहने की आवश्यकता नहीं कि सत्रहवीं या अठारहवीं शताब्दी में केवल यूरोप के राज्य ही एक-दूसरे की सम्प्रभुता को मान्यता देते थे। वे एक-दूसरे की सम्प्रभु क्षेत्रीय सीमाओं पर पारस्परिक अनुमोदन की मुहर लगाने के लिए सन्धियाँ करेंगे और मानचित्रों पर एक-दूसरे की सीमाओं को चिह्नित करेंगे। सम्प्रभुता को मान्यता देने से इनकार या सहमत सीमाओं का उल्लंघन युद्ध का कारण बन सकता है। प्रत्येक युद्ध के बाद मानचित्र पर नयी रेखाएँ खींचकर एक नयी सन्धि की जाती थी। जिन लोगों को कॉलेज में यूरोप के कूटनीतिक इतिहास का अध्ययन करने का दुर्भाग्य मिला, उन्हें सुदूर प्रान्तों के उन अप्राप्य नामों को याद करने की कोशिश में बितायी गयी रातों की नींद हराम हो जायेगी, जो न जाने किस तारीख़ को एक यूरोपीय शक्ति से दूसरी यूरोपीय शक्ति में स्थानान्तरित किये गये थे। इसी तरह हमें सम्प्रभुता की उत्कृष्ट सुन्दरता का आनन्द लेना सिखाया गया।

जब यूरोपीय अपने साम्राज्य स्थापित करने के लिए विदेश गये, तो उन्हें निश्चित रूप से इस बात की चिन्ता थी कि क्या वे विजित देशों की सम्प्रभुता का उल्लंघन कर रहे हैं। कई मामलों में, वे स्पष्ट रूप से घोषणा करते थे कि दुनिया के उन असभ्य हिस्सों में, कोई अन्तरराष्ट्रीय क़ानून नहीं था; एकमात्र क़ानून जो वहाँ प्रचलित था वह बल और विजय का क़ानून था। साम्राज्यवाद का इतिहास पढ़ते हुए भारतीयों के मन में यह सवाल उठता है कि हम अपनी सम्प्रभुता की रक्षा क्यों नहीं कर सके? क्या ऐसा इसलिए नहीं था क्योंकि हम अपनी सम्प्रभुता की रक्षा करने में असफल रहे, जिसके कारण हमें इतने दु:ख और अपमान का सामना करना पड़ा? राष्ट्रीय आन्दोलन के भीतर सभी धाराओं ने एक ही लक्ष्य की माँग की : स्वतन्त्र सम्प्रभु राष्ट्रीय राज्य का निर्माण करना। यह न केवल भारत के आधुनिक इतिहास के लिए, बल्कि एशिया, अफ्रीका और अमेरिका के हर उपनिवेशित देश के लिए भी सच था। द्वितीय विश्वयुद्ध के बाद अन्तरराष्ट्रीय इतिहास की यह प्रमुख घटना थी। जो केवल यूरोपीय राष्ट्रों का विशेष अधिकार था, उसे अब दुनिया के प्रत्येक राष्ट्र के आत्मनिर्णय के सार्वभौमिक और मौलिक अधिकार के रूप में मान्यता दी गयी। अंटार्कटिका को छोड़कर, विश्व के प्रत्येक क्षेत्रीय स्थान को किसी न किसी राष्ट्र-राज्य के सम्प्रभु क्षेत्राधिकार के हिस्से के रूप में मान्यता दी गयी थी। भारत की सम्प्रभुता बहुत क़ीमत चुकाकर अर्जित की गयी है। हम भारतीय इसे छोड़ने के बारे में अपने बुरे सपने में भी नहीं सोच सकते। यूरोपीय लोग हमें थोड़ा संरक्षण की दृष्टि से देखते हैं और कहते हैं, "ठीक है, आप अभी-अभी स्वतन्त्र हुए हैं, यही कारण है कि आप सोचते हैं कि सम्प्रभुता से अधिक मूल्यवान कुछ भी नहीं है। लेकिन हमने इसका अच्छा और बुरा पक्ष भी देखा है। दो विश्व युद्धों के बाद, हमने महसूस किया है कि राष्ट्रीय सम्प्रभुता को शिथिल करना इतना बुरा विचार नहीं है। इससे बहुत कुछ अच्छा हो सकता है। आपको इसके बारे में सोचना अच्छा होगा"। राष्ट्रीय सम्प्रभुता की संरचना आख़िरकार इतना बुरा विचार नहीं है। इससे बहुत कुछ अच्छा हो सकता है। आपको इसके बारे में सोचना अच्छा रहेगा।

सरकार और नागरिकता पर सबसे कट्टरपन्थी प्रस्ताव जो राष्ट्र-राज्य की सीमाओं से परे जाने का प्रयास करते हैं, यूरोप से आ रहे हैं। वास्तव में, यूरोपीय संघ नियमित रूप से क़ानून, प्रशासन और न्यायिक प्रक्रिया के कई मामलों पर अपने सदस्य राष्ट्र-राज्यों की स्वतन्त्रता में कटौती करता है। एक सामान्य यूरोपीय मुद्रा अब प्रचलन में है। प्रत्येक सदस्य-राज्य को अपनी सरकार के लिए एक सामान्य संवैधानिक ढाँचा स्वीकार करना होगा। यूरोप के भीतर राष्ट्रीय सीमाओं के पार व्यापार, यात्रा और रोज़गार जैसे मामलों पर राष्ट्र-राज्य का अब कोई नियामक

नियन्त्रण नहीं है। इसका मतलब यह नहीं है कि संघ कितना कड़ा होना चाहिए, इस पर पूरी तरह से एकमत है; कोई यह नहीं कह रहा है कि अंग्रेज़, फ्रांसीसी और जर्मन पूरी तरह से एक राजनीतिक निकाय में विलीन हो जायेंगे। सवाल यह नहीं है कि क्या यूरोपीय राष्ट्र-राज्य ख़त्म हो जायेंगे और उसके स्थान पर यूरोप की एक संघीय संरचना उभरेगी। बल्कि, सवाल यह है कि क्या आधुनिक ऐतिहासिक सिद्धान्त में राष्ट्र-राज्य सम्प्रभुता का एकमात्र वैध स्थल को यूरोप त्याग देगा। जो लोग सम्प्रभुता की मौलिक रूप से नयी धारणाओं की बात करते हैं, वे कहते हैं, "हाँ, यह अधिक से अधिक वास्तविकता से होना चाहिए, जो यूरोप में ही नहीं बल्कि अन्य जगहों पर भी व्याप्त है। क्योंकि यूरोप के शीर्ष पर एक जो संघीय संरचना है, वह केवल उद्‌भव नहीं है, उसमें राष्ट्र-राज्य के नीचे की संरचनाओं में भी ढील दी गयी है। देखिए कितनी आसानी से स्कॉटलैंड और वेल्स को अपनी संसदें मिल गयीं। तीस साल पहले भी इससे गृहयुद्ध हो सकता था।"

नये उदारवादी सिद्धान्तकार कहते हैं कि सम्प्रभुता के साथ-साथ नागरिकता की अवधारणा भी अपने आमूलचूल परिवर्तन के दौर से होकर गुज़रा हैं। नये सिद्धान्तकारों का दावा है कि यह विचार राष्ट्र-राज्य ही नागरिकता का एकमात्र सच्चा घर है, उसके अधिकारों का एकमात्र गारंटर है और उसकी वफ़ादारी का एकमात्र वैध उद्‌देश्य है, तेज़ी से बदल रहे इस विचार की गति तेज़ है। आज यूरोप में, एक देश से दूसरे देश में काम करने वाले, तीसरे देश में मकान रखने वाले और तीनों देशों में वोट देने का अधिकार रखने वाले व्यक्ति को ढूँढ़ना आसान है। कोई यह मान लेगा कि वैश्वीकरण के तहत यह स्वाभाविक है। फिर भी, हालाँकि ऐसी चीज़ें भारत और बांग्लादेश और नेपाल और श्रीलंका में हर दिन होती हैं, हम उन्हें स्वाभाविक नहीं मानते हैं; इसके विपरीत, हम शिकायत करते हैं और कहते हैं, "देखो, उन लोगों को रोका जाये जो दूसरे देशों के हैं और हमारे चुनाव में वोट दे रहे हैं।" यूरोपीय उदारवादी हमसे कहेंगे कि यदि हम नागरिकता के विचार को राष्ट्र-राज्य की क़ैद से मुक्त कर सकें और इसे विभिन्न प्रकार की राजनीतिक सम्बद्धताओं के बीच वितरित कर सकें, तो हमारे पास समस्याओं से अधिक प्रभावी ढंग से और अधिक लोकतान्त्रिक तरीक़े से निपटने के साधन होंगे; मसलन प्रवासियों के अधिकार, अल्पसंख्यकों के अधिकार, राष्ट्र के भीतर सांस्कृतिक विविधता और व्यक्ति की स्वतन्त्रता। तब अलगाववाद, आतंक और गृहयुद्ध की गुंजाइश बहुत कम रह जायेगी।

बेशक, हम अपनी ओर से इन तर्कों का जवाब दे सकते हैं। यह कहा जा सकता है कि यूरोप में सम्प्रभुता और नागरिकता की अवधारणाएँ इतनी आसानी से

इसलिए सहज कर दी गयी हैं क्योंकि आज वहाँ मौजूद बहुत ही अजीब ऐतिहासिक स्थितियाँ हैं–ऐसी स्थितियाँ जो दुनिया में कहीं और मौजूद नहीं हैं। बीसवीं सदी के उत्तरार्ध में पश्चिमी यूरोप का इतिहास अद्वितीय समृद्धि, लोकतान्त्रिक शासन और शान्ति का इतिहास है। आधी सदी से भी अधिक समय से यूरोप के देशों के बीच युद्ध नहीं हुआ है; युद्ध की सम्भावना भी नहीं है। ऐसी स्थिति यूरोप के इतिहास में अभूतपूर्व है। लेकिन इसके लिए आवश्यक शर्त यूरोपीय और अमेरिकी पूँजी के बीच सहयोग और शीत युद्ध के सन्दर्भ में संयुक्त राज्य अमेरिका और सोवियत संघ की पारस्परिक भूमिका थी। पिछले पचास वर्षों में यूरोप में कोई युद्ध नहीं हुआ है क्योंकि किसी भी युद्ध के कारण परमाणु आदान-प्रदान होता। शान्ति का कोई विकल्प नहीं था। इससे ऐसी स्थिति बनी जिसमें आर्थिक और राजनीतिक सहयोग के प्रयोग काफ़ी आगे बढ़ सके। राष्ट्रीय सम्प्रभुता की अवधारणा ढीली हो गयी क्योंकि यूरोप के राज्यों को सम्प्रभुता की सबसे कठिन परीक्षाओं का सामना नहीं करना पड़ा। वे यह मानने में सक्षम हो गये हैं कि कोई भी यूरोपीय राज्य कभी भी अकेले युद्ध नहीं करेगा, किसी अन्य यूरोपीय राज्य के ख़िलाफ़ तो बिल्कुल भी नहीं। प्रत्येक राज्य ने अपनी-अपनी गणना की है कि अधिक सहयोग के बदले में अपनी सम्प्रभुता का थोड़ा और हिस्सा छोड़ने से उसे कितना लाभ होगा; परिणाम अक्सर प्रत्येक राज्य के लिए अलग-अलग होते हैं और जैसा कि मैंने पहले कहा है, इस मामले में कोई सर्वसम्मति नहीं है। विशिष्ट उपायों पर कई तर्क और विवाद हैं। महत्त्वपूर्ण बात यह है कि यह प्रश्न अब सम्प्रभुता की समाप्ति या खण्डित नागरिकता जैसे अमूर्त शब्दों में नहीं उठाया जाता है। सैद्धान्तिक रूप से कोई सामान्य निर्णय लेने का प्रश्न ही नहीं उठता। प्रत्येक बहस ठोस प्रस्तावों पर हुई है और प्रत्येक सदस्य राज्य द्वारा अपनी विशिष्ट लागतों और लाभों का मूल्यांकन करने के बाद निर्णय लिये गये हैं।

इसमें कोई सन्देह नहीं है कि यूरोपीय सिद्धान्तकारों के लेखन में वैश्विक समाज, वैश्विक लोकतन्त्र आदि की धारणाएँ इतनी बार दिखाई देने का एक कारण उदार राजनीति के उस पोषित आदर्श की ज़बरदस्त प्रेरक शक्ति है, एक लगभग यूटोपियन सपना है कि यह सभी मतभेदों और विवादों को आपसी चर्चा, बातचीत और संस्थागत नियमों को अपनाने और बल प्रयोग के बिना हल करना सम्भव है। इस काल्पनिक दुनिया में आज के यूरोप का एक आदर्श सामान्यीकरण, कोई भी हिंसा की धमकी नहीं देगा, बातचीत की मेज़ छोड़कर हथियार नहीं

उठायेगा, सीमाओं पर बन्दूक़ें और सैनिक एकत्र नहीं करेगा, या किसी और के आसमान में बमवर्षक नहीं भेजेगा। इन धारणाओं को अब यूरोप में वस्तुत: मान लिया गया है। यूरोप में सम्प्रभुता राष्ट्र-राज्यों की सहमति से शिथिल की गयी है, उनकी इच्छाओं के विपरीत नहीं। यूरोप में राज्य को शान्ति भंग होने का डर नहीं है, क्योंकि यूरोप में शान्ति का गारंटर कोई यूरोपीय राष्ट्र-राज्य नहीं है। वह गारंटर संयुक्त राज्य अमेरिका है, जो दुनिया की एकमात्र महाशक्ति है। उस महान शक्ति की देखरेख में ही आज यूरोप में महान शान्ति क़ायम है। महान शान्ति का दूसरा नाम साम्राज्य है।

चार

भारतीय साम्राज्य को बहुत अच्छी तरह से जानते हैं। परिणामस्वरूप, आज जब हम दुनिया में संयुक्त राज्य अमेरिका का प्रभुत्व देखते हैं, तो हममें से अधिकांश को इसे साम्राज्य के रूप में पहचानने में थोड़ी परेशानी होती है। फिर भी यह समझना आवश्यक है कि जिन साम्राज्यों के बारे में हमने इतिहास में सुना है, उनकी तुलना में वर्तमान अमेरिकी साम्राज्य मौलिक रूप से एक अलग चरित्रवाला है।

आधुनिक विश्व इतिहास में साम्राज्य का अर्थ विदेशी भूमि पर विजय प्राप्त करना, उन पर प्रभुत्व स्थापित करना है, जिससे वे उन्हें अपने क्षेत्रीय दायरे में शामिल कर लें। यदि कोई प्रतिस्पर्धी साम्राज्य था, तो प्रतिद्वन्द्विता इस बात पर थी कि प्रत्येक साम्राज्य ने कितने क्षेत्र पर क़ब्ज़ा किया है। यूरोप में ऑस्ट्रिया, रूस और तुर्की के क्षेत्रीय साम्राज्य थे। स्पेन, पुर्तगाल, ब्रिटेन, फ्रांस और हॉलैंड का विदेशों में साम्राज्य था। बीसवीं सदी के उत्तरार्ध में सभी साम्राज्य समाप्त हो गये। जैसा कि मैंने पहले कहा है, वह राष्ट्रों के आत्मनिर्णय और लोगों की सम्प्रभुता का युग था। वह अमेरिकी और सोवियत सत्ता के प्रतिस्पर्धी प्रभुत्व का युग भी था, जिसके परिणामस्वरूप शीत युद्ध हुआ। उन दशकों में पूँजीवादी व्यवस्था की प्रकृति का अध्ययन करने वाले कई लोगों ने इसे नवउपनिवेशवाद के रूप में प्रस्तुत किया। अमेरिकियों को यह विवरण पसन्द नहीं आया। गणतन्त्र की स्थापना एक साम्राज्य के विरुद्ध क्रान्ति के बाद हुई थी; यहीं पर लोगों की सम्प्रभुता को पहली बार संविधान में प्रतिष्ठापित किया गया था। स्वाभाविक रूप से, जब अमेरिकियों को साम्राज्यवादी कहा जाता था तो वे चिढ़ जाते थे।

पिछले दस वर्षों ने सब कुछ बदल दिया है। अब संयुक्त राज्य अमेरिका में राजनेता, पत्रकार और नीति-निर्माता काफ़ी खुले तौर पर कह रहे हैं, "यह साम्राज्य है, इस तथ्य का सामना करें, इसलिए बेहतर होगा कि हम पुराने और घिसे-पिटे विचारों से छुटकारा पायें और तय करें कि इसे कैसे चलाना है।" ऐसा केवल रूढ़िवादी दक्षिणपन्थी लोग ही नहीं कह रहे है। वास्तव में, वे इसे दूसरों की तुलना में बहुत कम कह रहे हैं, क्योंकि दक्षिणपन्थ के कई लोग अभी भी नयी वैश्विक राजनीति के तौर-तरीक़ों को समझ रहे हैं। यह उदारवादी ही हैं जो नये साम्राज्य के बारे में सबसे अधिक मुखर हैं। सबसे दिलचस्प बात यह है कि इतालवी मार्क्सवादी क्रान्तिकारी और सिद्धान्तकार एंटोनियो नेग्री और उनके अमेरिकी सहयोगी माइकल हार्ड्ट ने भी नये साम्राज्य पर विस्तार से लिखा है।[8]

यह नया साम्राज्य क्या है? ख़ैर, यह साम्राज्य किसी क्षेत्र पर क़ब्ज़ा नहीं करता, या पराजित देश पर अपना प्रशासन या कर नहीं लगाता। यह अपने सशस्त्र बलों को तब तक युद्ध में नहीं भेजता जब तक कि यह अत्यन्त आवश्यक न हो जाये। यह साम्राज्य लोकतान्त्रिक है। यह लोगों की सम्प्रभुता को स्वीकार करता है। तो फिर क्या ऐसा है कि एक देश के लोग दूसरे देश के लोगों पर सम्प्रभुता का प्रयोग कर रहे हैं? यह पुराने ज़माने के उन्नीसवीं सदी का उपनिवेशवाद है। इसमें नया क्या है? ख़ैर, यह पता चला है कि मामला बिल्कुल वैसा नहीं है। जब अमेरिकी युद्धपोतों से हज़ारों मिसाइलें उड़ीं और बेलग्रेड शहर को मलबे में तब्दील कर दिया, तो किसी ने नहीं सोचा था कि संयुक्त राज्य अमेरिका के लोग सर्बिया के लोगों पर सम्प्रभुता का दावा करने वाले थे। वास्तव में, जब सर्बियाई सरकार ने युद्ध में हार स्वीकार कर ली, तो अमेरिकी पक्ष में किसी ने नहीं सोचा था कि अब सर्बिया में एक अमेरिकी प्रशासन होगा, कि अमेरिकी ध्वज उसकी राजधानी में फहरायेगा, या अमेरिकी सैनिक बेलग्रेड की सड़कों पर गश्त करेंगे। दरअसल, मुख्य चिन्ता अमेरिकी सैनिकों को जल्द से जल्द वापस लाना था। इस नये साम्राज्य का मुक़ाबला करने के लिए कोई प्रतिद्वन्द्वी साम्राज्य नहीं है। साम्राज्य वैश्विक है। इसके दायरे में, एक राज्य दूसरे पर सम्प्रभुता का प्रयोग नहीं करता है। यह साम्राज्य ही सम्प्रभु है।

कुछ यूरोपीय उदारवादी लेखक कह रहे हैं कि अठारहवीं सदी के ज्ञानोदय युग में वर्णित इमैनुएल कांट का सपना अब सच होने वाला है। इस तथ्य को स्वीकार करते हुए कि प्रत्येक राज्य अपने स्वयं के क़ानूनों और हितों के अनुसार कार्य

करेगा। कांट ने फिर भी अनुमान लगाया कि यदि पूरे विश्व में अन्तरराष्ट्रीय अभ्यास का एक सार्वभौमिक, तर्कसंगत और सर्वोच्च कोड स्थापित किया जा सकता है तो स्थायी शान्ति सम्भव है। उदारवादी अब कह रहे हैं कि समय आ गया है कि विश्व स्तर पर लागू ऐसी व्यवहार संहिता स्थापित की जाये। पूरे विश्व में अन्तरराष्ट्रीय क़ानून और बुनियादी मानवाधिकार स्थापित किये जाने चाहिए। जहाँ इनका उल्लंघन होता है, राष्ट्रीय सम्प्रभुता के विशेषाधिकारों की अनुचित परवाह किये बिना, दोषियों को दण्डित किया जाना चाहिए। यदि राज्यों के नेताओं को स्वयं ही क़ानून की थोड़ी भी चिन्ता है, यदि वे स्वयं ही लोगों के मानवाधिकारों पर कुठाराघात करते हैं, तो राष्ट्रीय सम्प्रभुता का बहाना उनके बचाव में क्यों आने दिया जाना चाहिए? उस स्थिति में मानवाधिकार कभी स्थापित नहीं हो सकेगा। इसलिए, राज्य अभ्यास की एक वैश्विक संहिता का मसौदा तैयार करने और इस संहिता की निगरानी और कार्यान्वयन के लिए अन्तरराष्ट्रीय संस्थानों के निर्माण की आवश्यकता है। ये अन्तरराष्ट्रीय न्यायिक संस्थाएँ किस अधिकार पर स्थापित की जायेंगी? एक देश-एक वोट के सिद्धान्त पर चलने वाली संस्थाएँ, जैसे संयुक्त राष्ट्र महासभा, इस कार्य के लिए पूरी तरह अपर्याप्त होंगी। उदार लोकतान्त्रिक देशों को एक आदर्श वैश्विक सम्प्रभुता के संचालन के लिए संस्थागत स्थान बनाने में अपनी ज़िम्मेदारी स्वीकार करने के लिए आगे आना चाहिए। इस सम्प्रभु क्षेत्र का नाम, मैं पहले भी कह चुका हूँ, साम्राज्य है।

निस्सन्देह, यूरोप और संयुक्त राज्य अमेरिका में ऐसे कई लोग हैं जो उदारवादी नहीं हैं। वे पूरी दुनिया में मानवाधिकार की स्थापना का सपना नहीं देखते। वे स्वयं को यथार्थवादी कहते हैं। अन्तरराष्ट्रीय राजनीति में राष्ट्रीय हित और राष्ट्रीय शक्ति की ज़बरदस्त भूमिका के बारे में उनके मन में कोई सन्देह नहीं है। लेकिन उन्हें भी साम्राज्य के आकर्षण का एहसास होने लगा है। इसका कारण यह है कि साम्राज्य का पहला और सबसे महत्त्वपूर्ण कार्य शान्ति बनाये रखना है।

आतंक के पारस्परिक सन्तुलन के माध्यम से शान्ति के शीत युद्ध के दिन चले गये हैं। अब विश्व में शान्ति क़ायम करने की क्षमता किसमें है? एकमात्र वैध, तर्कसंगत, सार्वभौमिक रूप से स्वीकृत शक्ति जो पूरे विश्व में शान्ति का शासन स्थापित कर सकती है, वह सम्प्रभु साम्राज्य है। यह साम्राज्य युद्ध नहीं करेगा। इसका कोई प्रतिद्वन्द्वी, कोई शत्रु नहीं है; यह किसके विरुद्ध युद्ध करेगा? वह अपनी सैन्य शक्ति का उपयोग केवल शान्ति बनाये रखने के लिए करेगा। दूसरे शब्दों में, युद्ध में जाने के बजाय, साम्राज्य की सशस्त्र सेनाएँ पूरी दुनिया पर निगरानी रखेंगी।

यदि आवश्यक हुआ, तो वे बल का प्रयोग करेंगे आख़िरकार, पुलिस को भी बल का प्रयोग क़ानून का शासन स्थापित करने के लिए, वैध तरीक़े से क़ानून के भीतर रहते हुए करना चाहिए। यह उतना ही बल प्रयोग करेगा जितना आवश्यक हो। जिस प्रकार अत्यधिक बल प्रयोग के लिए पुलिस को दोषी ठहराया जाता है, उसी प्रकार साम्राज्य की सेनाओं पर भी यही नियम लागू होना चाहिए। हमें यह ध्यान में रखना होगा कि आज अमेरिकी जनता विदेशी सैन्य कार्रवाई में अमेरिकी सैनिकों की मौत को स्वीकार करने के लिए तैयार नहीं है। वे सद्दाम हुसैन या मिलोसेविक को ठग और अपराधी मानते हैं, अमेरिकी राष्ट्र के दुश्मन नहीं। ठगों और अपराधियों से निपटने के लिए, उन्हें गिरफ़्तार करने और जेल में डालने के लिए पुलिस भेजनी पड़ती है; कोई पुलिस से यह उम्मीद नहीं करता कि वह देश के लिए अपनी जान दे देगा। अमेरिकी सशस्त्र बल अब दुनिया की पुलिसबल के रूप में कार्य करने की तैयारी कर रहे हैं। फ़ारस की खाड़ी में युद्ध में केवल कुछ अमेरिकी सैनिक मारे गये और सर्बिया के युद्ध में शायद कोई भी नहीं।

अधिकांश लोग, यहाँ तक कि वे भी जिन्हें संयुक्त राज्य अमेरिका या यहाँ तक कि पश्चिम की नीतियों के प्रति कोई विशेष पसन्द नहीं है, इस बात से सहमत हैं कि साम्राज्य का पहला कार्य शान्ति बनाये रखना है। इज़राइल और फ़िलिस्तीन के बीच संघर्ष का मामला लें, जिस पर दोनों पक्षों के लोग तर्क देंगे कि संयुक्त राज्य अमेरिका के सक्रिय समर्थन के बिना शान्तिपूर्ण समाधान या यहाँ तक कि एक गम्भीर शान्ति प्रस्ताव की कोई सम्भावना नहीं है। पूर्व यूगोस्लाविया का गठन करने वाले टुकड़ों में हर दिन नये संघर्ष उभर रहे हैं। प्रत्येक मामले में, कोई अन्तरराष्ट्रीय हस्तक्षेप की आवश्यकता के बारे में सुनता है, जिसका अर्थ है शुरू में यूरोपीय सैनिक और यदि वह काम नहीं करता है, तो अमेरिकी बमवर्षक, अमेरिकी मिसाइलें, अमेरिकी सैनिक। यहाँ तक कि कश्मीर विवाद पर भी, जो पचास वर्षों से अधिक समय से अनसुलझा है, भारतीय और पाकिस्तानी दोनों प्रवक्ताओं से सुनने को मिलता है कि समाधान की रूपरेखा स्पष्ट है; सभी को एक सम्प्रभु शक्ति की आवश्यकता है जो दोनों पक्षों को मेज़ पर बैठने और समझौते पर हस्ताक्षर करने के लिए मजबूर कर सके। एकमात्र समस्या यह है कि साम्राज्य के नेता अन्यत्र इतने व्यस्त हैं कि उन्हें उस ओर देखने का भी समय नहीं मिल पाता।

नये साम्राज्य के सिद्धान्तकारों ने और भी अद्भुत चीज़ों की बात की है। यह साम्राज्य लोकतान्त्रिक है। यह बिना सम्राट का साम्राज्य है। यहाँ लोग सम्प्रभु हैं, जैसा कि लोकतन्त्र में होना चाहिए। यही कारण है कि इस साम्राज्य की कोई

भौगोलिक सीमा नहीं है। यह पुराने साम्राज्यों की तरह नहीं है जहाँ साम्राज्य के आकार को बढ़ाने के लिए नये क्षेत्रों को युद्ध द्वारा जीतना पड़ता है। अब साम्राज्य का विस्तार हो रहा है क्योंकि अधिक से अधिक लोग और यहाँ तक कि सरकारें भी, शान्ति और आर्थिक समृद्धि के प्रलोभन की तलाश में, इसकी शरण में आना चाहती हैं। इस प्रकार, साम्राज्य किसी क्षेत्र को जीतता नहीं है या सम्पत्ति को नष्ट नहीं करता है, बल्कि यह नये देशों को अपनी शक्ति के जाल में शामिल करता है, उनके लिए अपने नेटवर्क में जगह बनाता है। साम्राज्य की कुंजी बल नहीं बल्कि नियन्त्रण है। बल की हमेशा एक सीमा होती है; नियन्त्रण की कोई सीमा नहीं है। इसलिए, साम्राज्य का दृष्टिकोण एक वैश्विक लोकतन्त्र है।

हम नियन्त्रण का अभ्यास अपनी आँखों के ठीक सामने देख सकते हैं। मैंने पहले वैश्विक नियन्त्रण के बारे में बात की है जिसे अब आर्थिक और वित्तीय वैश्वीकरण के कारण राष्ट्रीय अर्थव्यवस्थाओं पर प्रयोग किया जा सकता है। अन्तरराष्ट्रीय वाणिज्यिक और व्यापार क़ानूनों को फिर से लिखने और उन्हें लागू करने के लिए नये संस्थान स्थापित करने का प्रयास तेज़ी से आगे बढ़ रहा है। मानवाधिकारों के कथित उल्लंघन के लिए सज़ा जैसा गहरा राजनीतिक मामला भी अब नयी अन्तरराष्ट्रीय न्यायिक संस्थाओं का अधिकार क्षेत्र बन गया है। मिलोसेविक का मुक़दमा इसका सबसे नाटकीय उदाहरण है। उदारवादियों को उम्मीद है कि मानवाधिकारों के अन्य समान रूप से महत्त्वपूर्ण और कुख्यात उल्लंघनकर्ताओं को ऐसी अन्तरराष्ट्रीय परीक्षण अदालतों के सामने लाया जायेगा। बेल्जियम में एक नया क़ानून है, जो कहता है कि दुनिया के किसी भी देश में मानवाधिकारों के उल्लंघन को बेल्जियम की अदालत में सुनवाई के लिए लाया जा सकता है। रवांडा में नरसंहार में शामिल होने के लिए हाल ही में चार लोगों को इस क़ानून के तहत दोषी ठहराया गया है। इस तथ्य में एक अजीब विडम्बना है कि बेल्जियम, जिसने केवल सौ साल पहले कांगो में दुनिया के सबसे क्रूर औपनिवेशिक शासनों में से एक की निगरानी की थी, को अब दुनिया में कहीं भी किसी भी मानवाधिकार उल्लंघनकर्ता पर मुक़दमा चलाने के अधिकार का दावा कर रहा है। लेकिन ये केवल सबसे ज्वलन्त उदाहरण हैं। यदि मानवाधिकारों की सुरक्षा साम्राज्य का कार्य है, तो वह कार्य केवल अन्तरराष्ट्रीय न्यायालयों द्वारा नहीं किया जा रहा है। यह एमनेस्टी इंटरनेशनल, मेडिसिन्स सैन्स फ्रंटियर्स या ऑक्सफैम जैसे कई अन्तरराष्ट्रीय ग़ैर-सरकारी संगठनों द्वारा दैनिक और लगन से किया जा रहा है, जिनके सक्षम और प्रतिबद्ध कार्यकर्ताओं को शायद कभी सन्देह नहीं हुआ कि

वे छोटी गिलहरियों की तरह रेत और कंकड़ की भाँति साम्राज्य के महान पुल का निर्माण कर रहे है।[7] लेकिन यहीं पर साम्राज्य की वैचारिक नींव रखी जा रही है।

तो फिर, हमारे पास एक वैश्विक और सम्प्रभु साम्राज्य है। लेकिन मैं आपको एक बार फिर याद दिला दूँ : राष्ट्रीय सम्प्रभुता के पुराने मॉडल के भीतर इस साम्राज्य की सम्प्रभुता के बारे में सोचना एक ग़लती होगी। यह साम्राज्य सम्पूर्ण विश्व के क्षेत्र पर स्वामित्व का दावा नहीं कर रहा है। यह इस सिद्धान्त को मान्यता देता है कि प्रत्येक देश और उसके निवासियों पर ऐसी सरकारों द्वारा शासन किया जाना चाहिए जो उस देश के लोगों की प्रतिनिधि हों। यह माँग नहीं करता कि हर देश में एक ही संविधान या एक ही प्रशासनिक व्यवस्था होनी चाहिए। यह पूरे विश्व में किसी प्रकार की राजनीतिक एकरूपता का दावा नहीं कर रहा है। इसका मुख्य सिद्धान्त नियन्त्रण है, कब्ज़ा या विनियोग नहीं। अपनी प्रकृति में, साम्राज्य आज पूँजी के परिवर्तित चरित्र के अनुरूप है।

उन्नीसवीं शताब्दी में आधुनिक औद्योगिक पूँजी की प्रकृति का विश्लेषण करते हुए, मार्क्स ने दिखाया कि कैसे, वस्तुओं के संचलन के नये पूँजीवादी नेटवर्क के भीतर पूर्व-पूँजीवादी उत्पादन प्रणाली के कई तत्त्वों के आकस्मिक और क्षणिक समावेश के बावजूद, पूर्व-पूँजीवादी उत्पादन के अपरिहार्य पतन और उचित पूँजीवादी उत्पादन के उदय की ओर ऐतिहासिक प्रवृत्ति थी। दोनों चरणों के बीच अन्तर करते हुए, मार्क्स ने पहले चरण को औपचारिक कहा और बादवाले को वास्तविक, श्रम का पूँजी में समाहित होना कहा। मार्क्स के डेढ़ शताब्दी बाद, पूँजी के वर्तमान चरित्र का वर्णन करने वाले कई सिद्धान्तकार इस ओर इशारा कर रहे हैं कि पूँजी अब यह माँग नहीं करती कि सारा उत्पादन असेम्बली लाइनवाली बड़ी फ़ैक्ट्रियों में होना चाहिए। वास्तव में, कई वस्तुएँ जो केवल तीस साल पहले उन्नत औद्योगिक देशों के बड़े कारख़ानों में उत्पादित की जाती थीं, अब बहुराष्ट्रीय कम्पनियों की देख-रेख में वस्तुतः तीसरी दुनिया के गाँवों में कुटीर उद्योगों के रूप में निर्मित की जा रही हैं। नयी प्रौद्योगिकियाँ, पूँजीवादी फ़र्मों के प्रबन्धकीय पुनर्गठन, पूँजी द्वारा श्रम के नियन्त्रण की नयी तकनीकों, वित्तीय साधनों और ऋण-तन्त्रों के विस्तार आदि जैसे कारकों के एक नये समूह को देखते हुए, पूँजी आज पहले की तुलना में कहीं अधिक लचीली है।

यह अब पचास या सौ साल पहले की तुलना में कहीं अधिक विविध और संकरिता को समायोजित कर सकता है। इसने पूर्व-पूँजीवादी परम्पराओं से सम्बन्धित कई तकनीकों और प्रथाओं के साथ तालमेल बिठाना सीख लिया है। आज, कोई भी

कई उन्नत पूँजीवादी संगठनों में देख सकता है कि श्रमिकों के पास काम के कोई निश्चित घण्टे नहीं हैं, वे अधिक कमाने के लिए बहुत सारा काम घर ले जाते हैं, या दिन में बारह या चौदह घण्टे काम करते हैं। वैश्वीकरण के परिणामों में से एक यह है कि औद्योगिक क्रान्ति के बाद पहली बार, दुनिया भर से असंगठित मज़दूरों, विशेषकर महिलाओं की इतनी बड़ी संख्या बड़े पैमाने की पूँजी के उत्पादक प्रभाव में आ़ रही है। औद्योगिक क्रान्ति का इतिहास पढ़ते समय, हमें एक बार बताया गया था कि काम के अधिकतम घण्टे या न्यूनतम मज़दूरी को विनियमित करने वाले कारख़ाने के क़ानून पूँजी के दीर्घकालिक विस्तार को बढ़ावा देने के लिए बनाये गये थे। आज पूँजी, विकास की नयी सीमाओं की तलाश में, उन क़ानूनों को इतिहास द्वारा लगायी गयी बेड़ियों के रूप में समझने लगी है। यहाँ तक कि उन्हें तोड़ना पूरी तरह से सम्भव नहीं है, तब भी कभी-कभी उनकी पकड़ से बाहर निकलना ही समझदारी है।

इस प्रकार, लचीली पूँजी लचीली सम्प्रभुता के साथ ऐसे साम्राज्य का निर्माण करती है जो इतना लचीला होता है कि वह स्वयं को स्थानीय और स्थानीय स्थितियों के साथ समायोजित कर सके और इस प्रकार शासन के नये और उचित रूप विकसित कर सके। नये साम्राज्य के सिद्धान्तकार, चाहे रूढ़िवादी, उदारवादी, या वामपन्थी, इस बात पर ज़ोर देते हैं कि आज की दुनिया में शान्ति स्थापित करने और बनाये रखने का यही एकमात्र तरीक़ा है। राजनीतिक नेताओं के बीच, शायद हर कोई इस नयी वास्तविकता के प्रति समान रूप से आश्वस्त नहीं है। क्लिंटन प्रशासन के दौरान, अक्सर ऐसा प्रतीत होता था मानो ऐसे साम्राज्य को निर्देशित करने की कोई सचेत नीति थी। उदारवादी वर्तमान बुश प्रशासन के बारे में शिकायत करते हैं कि यह अभी भी शीत युद्ध के युग की पुरानी सोच में फँसा हुआ है और वर्तमान दुनिया की बदली हुई वास्तविकताओं और ज़रूरतों के प्रति अपर्याप्त रूप से ध्यान दे रहा है।

मैं कुछ ऐसे मुद्दों को उठाकर अपनी बात समाप्त करूँगा जो हाल ही में दुनिया भर के वामपन्थी विचारकों को आन्दोलित कर रहे हैं। वामपन्थ से जुड़े कई लेखक इन दिनों सार्वभौमिक मानवाधिकारों की स्थापना के बारे में इतने मुखर हैं कि उन्हें सामान्य उदारवादियों से अलग करना मुश्किल है। सर्बिया में युद्ध के दौरान अक्सर उनकी सोच और नाटो प्रवक्ताओं के बयानों में बहुत कम अन्तर होता था।

हालाँकि, कुछ वामपन्थी लेखक सरकार के व्यापक और गहरे लोकतान्त्रिक स्वरूप बनाने के लिए सम्प्रभु राष्ट्र-राज्य के ढाँचे से परे जाने की बात कर रहे हैं।

लेकिन उनके विचार अभी भी यूरोप तक ही सीमित हैं। मैं पहले ही कह चुका हूँ कि यूरोप की अनोखी स्थिति में राष्ट्रीय सम्प्रभुता के बन्धन से मुक्त होने के बारे में सोचना आसान है। अन्यत्र, राष्ट्र-राज्य की सम्प्रभुता को इतने हल्के में लेना कहीं अधिक कठिन है। सबसे नवीन प्रस्ताव एंटोनियो नेग्री द्वारा दिया गया है जो कहते हैं कि जिस प्रकार आज की पूँजी उन्नीसवीं या बीसवीं शताब्दी की औद्योगिक राजधानी के विपरीत है, उसी प्रकार आज का साम्राज्य लेनिन द्वारा वर्णित साम्राज्यवाद के बिल्कुल विपरीत है। आज यह विचार कि संगठित औद्योगिक श्रमिक वर्ग पूँजी के ख़िलाफ़ संघर्ष का नेतृत्व करेगा, पूरी तरह से असम्भव है। इसी प्रकार, यह विचार कि साम्राज्यवाद के विरुद्ध संघर्ष में राष्ट्रीय पूँजीपति वर्ग के हित और तीसरी दुनिया में राष्ट्र-राज्य की सम्प्रभुता की रक्षा की जानी चाहिए, समान रूप से विफलता के लिए अभिशप्त है। वैश्वीकरण का मुक़ाबला राष्ट्र-राज्य की क़ानूनी शक्तियों से नहीं किया जा सकता। ज़रूरत इस बात की है कि नयी क्रान्तिकारी रणनीतियाँ तैयार की जायें जो वैश्वीकरण के युग के लिए उपयुक्त हों। नेग्री कहते हैं : दुनिया भर में शोषितों को न केवल सार्वभौमिक मानवाधिकार बल्कि सार्वभौमिक नागरिकता की माँग करनी चाहिए। यदि पूँजी वैश्विक हो सकती है, यदि सम्प्रभुता वैश्विक होने का दावा कर सकती है, तो श्रमिक दुनिया के किसी भी देश में काम खोजने, बसने और नागरिकता का प्रयोग करने का अधिकार क्यों नहीं माँग सकते? नेग्री का दावा है कि केवल ऐसी माँग ही वैश्विक पूँजी के साथ-साथ साम्राज्य के लिए भी वास्तव में क्रान्तिकारी चुनौती पेश करेगी।

बेशक, राजनीतिक रणनीतियाँ इस तरह से नहीं बनायी जा सकतीं जैसे कि वे ज्यामिति के प्रमेय हों। नेग्री का सपना कि दुनिया भर में बड़ी संख्या में लोग अपने असंगठित संघर्षों के माध्यम से एक दिन स्वचालित रूप से वैश्विक पूँजी की नींव को नष्ट कर देंगे, हमें कई बार बिना सोचे-समझे लड़ाई में हारे हुए, एक बरसात के दिन में बतायी गयी एक उम्मीद-भरी कहानी से ज़्यादा कुछ नहीं लगेगा। हार्ड्ट और नेग्री का औद्योगिक पूँजी और राष्ट्रीय सम्प्रभुता की पुरानी व्यवस्था और केन्द्र के बिना वैश्विक साम्राज्य की नयी वास्तविकता के बीच कथित आमूलचूल विच्छेद का जश्न, बिना किसी सन्देह के जल्दबाज़ी और भूख से भरी आँखोंवाला है। फिर भी हमें इस कारण से इस बात को नज़रअन्दाज़ नहीं करना चाहिए कि वैश्वीकरण के सिद्धान्तकार हमें क्या बता रहे हैं कि राष्ट्रीय अर्थव्यवस्था के चारों ओर दीवारें खड़ी करके इसके वैश्विक जाल से बचना असम्भव है।

इसलिए जिस चीज़ की आवश्यकता है, वह साम्राज्य द्वारा अपनायी गयी समान रूप से शासन की लचीली रणनीति और परिवर्तनशील साम्राज्य-विरोधी

राजनीति के लिए पर्याप्त प्रतिक्रिया है। 'वैश्वीकरण से दूर रहो' कोई बहुत चतुर नारा नहीं है; लेकिन ख़ुद को हर वैश्विक धारा में बह जाने देने की इच्छा भी उतनी ही मूर्खतापूर्ण और अवास्तविक है। हम प्रिंट मीडिया और टेलीविज़न पर हर दिन देखते हैं कि दक्षिणपन्थी और वामपन्थी दोनों ओर से पूर्व नारा लगाये जाते हैं। जहाँ तक भारतीय सरकार के नेताओं का सवाल है, ऐसा प्रतीत होता है कि वे साम्राज्य के जटिल रहस्यों को इतनी गहराई से समझ चुके हैं कि उन्होंने एशिया के इस क्षेत्र का प्रान्तीय गवर्नर नियुक्त होने के लिए वाशिंगटन में माथा टेका है। कहने की ज़रूरत नहीं है कि पूँजी का वैश्विक प्रभुत्व या मज़दूरों के हित या उत्पीड़ितों का संघर्ष जैसे प्रश्न उनके लिए प्रासंगिक प्रश्न नहीं हैं। वे कहते हैं, आज अमेरिकी आधिपत्य को चुनौती नहीं दी जा सकती; सहयोग करना ही बुद्धिमानी है।

अनोखी बात यह है कि जितना अधिक साम्राज्य एक निर्विवाद सम्प्रभु आधिपत्य का रूप लेता है, दुनिया उतना ही अधिक प्रतिरोध करती है। इन दिनों, जब भी पश्चिमी सरकारों के नेता या बहुराष्ट्रीय कम्पनियों के कप्तान या अन्तरराष्ट्रीय वित्तीय संस्थानों के निदेशक किसी बैठक के लिए कहीं इकट्ठा होने की कोशिश करते हैं, हज़ारों प्रदर्शनकारी शहर में इकट्ठा होते हैं और प्रदर्शन करते हैं, अक्सर आधिकारिक कार्यक्रम को बाधित करने में कामयाब होते हैं। यह हाल ही में यूरोप और उत्तरी अमेरिका के शहरों में बिना किसी केन्द्रीय संगठन के अनायास हुआ है। यह कहना मूर्खतापूर्ण होगा कि ये प्रदर्शन या तो पूँजी या साम्राज्य की नींव हिला रहे हैं, हालाँकि प्रदर्शनकारियों के पीछे कुछ खरोंचें छूटने की सम्भावना है। लेकिन इसमें कोई सन्देह नहीं है कि वैश्वीकरण के कारण लोगों का बड़ा वर्ग अपने पर्यावरण और जीवन के तरीक़ों पर नियन्त्रण खो रहा है। नियन्त्रण को राजधानी और साम्राज्य के मुख्यालयों में केन्द्रीकृत किया जा रहा है, जिस पर किसी का कोई नियन्त्रण नहीं है, क्योंकि अधिकारी नागरिकों के किसी निकाय द्वारा नहीं चुने जाते हैं, न ही वे किसी प्रतिनिधि संस्था के प्रति जवाबदेह होते हैं। यह आज साम्राज्य का प्रमुख विरोधाभास है। साम्राज्य लोकतन्त्र के पक्ष में है, फिर भी अभी तक उसने वैश्विक लोकतन्त्र की कोई रूपरेखा प्रस्तुत नहीं की है। इसलिए, यद्यपि अधिकांश लोग साम्राज्य की शक्ति की वास्तविकता को स्वीकार करते हैं, लेकिन इसके प्रभुत्व की कोई नैतिक वैधता नहीं है। प्रोफ़ेसर सुशोभन सरकार के सबसे प्रतिष्ठित छात्रों में से एक, रणजीत गुहा द्वारा गढ़े गये वाक्यांश को उद्धृत करते हुए, हम कह सकते हैं कि यह 'आधिपत्य के बिना प्रभुत्व' है।[10] सभी साम्राज्यों की तरह यह भी एक दिन ढह जायेगा। इसका संकट ठीक लोकतन्त्र की प्रथाओं को व्यापक और गहरा

करने के लिए दुनिया के विभिन्न हिस्सों में किये जा रहे संघर्षों पर लोकतन्त्र के सवाल पर गहरायेगा।

सन्दर्भ

1. सुशोभन चन्द्र सरकार (1970), *बंगाल रेंनसा एंड अदर्स एस्सेज़*, नयी दिल्ली : पीपुल्स पब्लिशिंग हाउस।
2. बरुण डे (1976), सुशोभन चन्द्र सरकार संकलित *एसेज इन आनर्स ऑफ़ प्रोफ़ेसर एस.सी. सरकार*, नयी दिल्ली, पीपुल्स पब्लिशिंग हाउस, xvii-iv
3. सुशोभन चन्द्र सरकार (1939), *महा युद्धेर पारे यूरोप*, कोलकाता, यूनिवर्सिटी ऑफ़ कलकता
4. कार्ल मार्क्स और फ्रेडरिक एंगेल्स (1998), द *कम्युनिस्ट मेनिफ़ेस्टो*, न्यूयॉर्क, मन्थली रिव्यू प्रेस।
5. सस्किया सासेन (1996), *लॉसिंग कंट्रोल? सोवेरीनेटी इन एन ऐज ऑफ़ ग्लोबलाइजेशन*, न्यूयॉर्क : कोलम्बिया यूनिवर्सिटी प्रेस, 1996
6. सास्किया सासेन (1991), द *ग्लोबल सिटी : न्यूयॉर्क, लन्दन, टोक्यो*, प्रिंसटन: प्रिंसटन यूनिवर्सिटी प्रेस।
7. दिल्ली के लड्डुओं (मिठाइयों) के बारे में 1857 के महान विद्रोह की अवधि से जुड़ी एक मनगढ़न्त कहावत है, जो स्पष्ट रूप से विद्रोह का सन्देश फैलाने के लिए प्रचलन में था। यदि कोई उसे स्वीकार करता था, तो इसका मतलब विद्रोह का समर्थन होता था, जिससे अंग्रेज़ों के क्रोध का सामना करना पड़ता था। फिर भी यदि कोई उसे अस्वीकार करता था, तो वह विद्रोहियों को अप्रसन्न करने का जोखिम उठाता था।
8. एंटोनियो नेग्री और माइकल हार्ड्ट (2009), *एम्पायर*, कैम्ब्रिज : हार्वर्ड यूनिवर्सिटी प्रेस।
9. सन्दर्भ रामायण में उस गिलहरी की कहानी का है, जो भगवान राम के प्रति अपने प्रेम के कारण, लंका तक समुद्र पर महान पुल के निर्माण में मदद करने के लिए एक छोटा-सा कंकड़ ले जाती है।
10. रणजीत गुहा (1998), *डोमिनेशन विदाउट हेजेमनी : हिस्ट्री एंड पावर इन कोलोनियल इंडिया*, कैम्ब्रिज : हार्वर्ड यूनिवर्सिटी प्रेस।

अध्याय : पाँच

समर-सूक्त

11 सितम्बर को इस शहर में किये गये हमलों को मैं जघन्य और बर्बर मानता हूँ। मैं उन लोगों में से नहीं हूँ जो राजनीतिक अहिंसा का प्रचार करते हैं। औपनिवेशिक और उत्तर-औपनिवेशिक देशों में राजनीति के एक छात्र के रूप में, मुझे यह विश्वास हो गया है कि जब आधुनिक दुनिया में वर्चस्व की संरचनाएँ बड़े पैमाने पर और कुशल हिंसा को तैनात करने की क्षमता में इतनी गहराई से निहित हैं, तो यह ज़ोर देना न तो सम्भव है और न ही उचित है कि जो लोग अनुचित वर्चस्व के ख़िलाफ़ लड़ते हैं, उन्हें हर समय राजनीतिक हिंसा के उपयोग से बचना चाहिए। लेकिन मैं ऐसी किसी साम्राज्यवाद-विरोधी या उपनिवेशवाद-विरोधी राजनीति के बारे में नहीं जानता जो किसी नागरिक लक्ष्य के ख़िलाफ़ जान-बूझकर की गयी हिंसा में पाँच हज़ार आम पुरुषों और महिलाओं की हत्या को उचित ठहरायेगी। भले ही, कुछ विकृत राजनीतिक तर्कों के आधार पर, कोई यह सोचे कि वह संयुक्त राज्य अमेरिका के साथ युद्ध में था, इसे युद्ध के कृत्य के रूप में भी उचित ठहराना एक कठिन कार्य होगा। मेरा मानना है कि बड़े पैमाने पर आतंक के ऐसे जान-बूझकर और सोच-समझकर किये गये कृत्य एक राजनीति और एक विचारधारा से उभरे हैं जो मौलिक रूप से ग़लत हैं और उन्हें ख़ारिज किया जाना चाहिए और निन्दा की जानी चाहिए। धार्मिक या जातीय कट्टरता की ऐसी विचारधाराएँ आज व्यापक हैं और वे किसी भी तरह से किसी एक धार्मिक समुदाय तक सीमित नहीं हैं। मैं उन लोगों में से एक हूँ जो तर्क देते हैं कि हमें सहानुभूतिपूर्वक उन कारणों को समझना चाहिए कि क्यों दुनिया भर में इतने सारे लोग कट्टरता की ऐसी विचारधाराओं से प्रभावित हैं। हालाँकि, इसका मतलब यह नहीं है कि हमें उनकी राजनीति के प्रति सहानुभूति रखनी चाहिए या उनका समर्थन करना चाहिए।

---

21 सितम्बर, 2001, को न्यूयॉर्क में कोलम्बिया विश्वविद्यालय के छात्रों द्वारा आयोजित बैठक का पाठ।

इतना कहने के बाद, मैं आतंक की इन कार्रवाइयों पर प्रतिक्रिया के प्रश्न पर आता हूँ। घटना के कुछ ही घण्टों के भीतर, संयुक्त राज्य अमेरिका के राष्ट्रपति ने घोषणा की कि उनका देश युद्ध में है। तत्काल, इसकी तुलना पर्ल हार्बर से की जाने लगी। हमें बताया गया कि द्वितीय विश्वयुद्ध के बाद से अमेरिका पर इस तरह से हमला नहीं किया गया था। मैं पूछ रहा हूँ कि यह घोषणा करना क्यों ज़रूरी था? इतनी जल्दी निर्णय कैसे हो गया? क्या ऐसा इसलिए था, क्योंकि पश्चिमी देशों की सार्वजनिक स्मृति में युद्ध एक जाना-पहचाना विषय है? कल्पना से लेकर इतिहास की किताबों से लेकर सिनेमा तक, पश्चिम में लोकप्रिय संस्कृति के असंख्य स्रोत हैं जिन्होंने लोगों को सिखाया है कि युद्ध का क्या मतलब है और जब कोई देश युद्ध में जाता है तो उसे क्या करना चाहिए? हमने इसे पिछले सप्ताह इस देश में देखा जब लोगों ने झण्डा फहराया, रक्त दान करने के लिए क़तार में खड़े हुए या चर्च में स्मारक सेवाओं में गणतन्त्र का समर-सूक्त गाया गया। हिंसा के एक अभूतपूर्व कृत्य को युद्ध का कृत्य बताकर इसे समझने योग्य बना दिया गया। शायद राज्य के मामलों में अनुभवहीन जार्ज डब्ल्यू. बुश, विदेश विभाग के अनुभवी दिग्गजों की तुलना में लोकप्रिय समझ के क़रीब थे जब उन्होंने कहा था कि वह ओसामा बिन लादेन को 'जीवित या मृत' चाहते थे। बदला और प्रतिशोध भी युद्ध की परिचित भावनाएँ हैं। इसलिए जब राष्ट्रपति बुश ने कहा, भले ही अपनी कुछ हद तक सीमित राजनीतिक शब्दावली के भीतर, कि वह "उन्हें मार डालेंगे और उनका शिकार करेंगे," वह अमेरिकी राष्ट्रीय भाषा में लम्बे समय से परिचित एक बयानबाज़ी का उपयोग कर रहे थे।

अब यह स्पष्ट है कि इतनी जल्दी युद्ध की घोषणा करके, अमेरिकी निर्णय-निर्माताओं ने ख़ुद को एक ऐसे कोने में धकेल दिया है जहाँ से बाहर निकलना उनके लिए कठिन हो रहा है। हमले के दस दिन बाद भी कोई स्पष्ट सैन्य प्रतिक्रिया नहीं हुई है। विशेषज्ञ लोगों को यह बताने की कोशिश कर रहे हैं कि यह कोई पारम्परिक दुश्मन नहीं है; उनकी कोई देश, कोई क्षेत्र, कोई सीमा नहीं है। ऐसे कोई स्पष्ट लक्ष्य नहीं हैं जिन पर हमला किया जा सके। अन्तरराष्ट्रीय गठबन्धन बनाने और दुश्मन पर प्रभावी ढंग से हमला करने में लम्बा समय लग सकता है। यह किसी देश या लोगों के ख़िलाफ़ युद्ध नहीं है। यह आतंकवाद के ख़िलाफ़ युद्ध है। लेकिन यह बताये जाने पर कि यह एक युद्ध था, किसी भी पहचानने योग्य प्रतिक्रिया की कमी से लोग निराश हैं। इस देश में क्रोध और हताशा का एक आभासी ज्वालामुखी बना हुआ है। लोग प्रतीकात्मक युद्धों के मूड में नहीं हैं। अगर मैं थोड़ी-सी स्पष्ट भाषा का प्रयोग करूँ तो वे ख़ून के प्यासे हैं।

किसी स्पष्ट शत्रु या लक्ष्य के अभाव में, बयानबाज़ी बार-बार गुप्त धार्मिक, जातीय और सांस्कृतिक घृणा में बदल रही है। और यह महज़ बयानबाज़ी भी नहीं है, क्योंकि मस्जिदों और मन्दिरों पर हमले हुए हैं, विदेशी दिखने वाले पुरुषों और महिलाओं पर हमले हुए हैं और कम से कम दो हत्याएँ हुई हैं। राष्ट्रपति सहित वरिष्ठ नेताओं ने अरब-अमेरिकियों को आश्वस्त करने का प्रयास किया है कि उनकी सुरक्षा को ख़तरे में नहीं डाला जायेगा। और फिर भी सांस्कृतिक असहिष्णुता की बयानबाज़ी जारी है। ज़िम्मेदार नेता रेडियो और टेलीविज़न पर बोलते हैं कि दुनिया के असभ्य हिस्सों के साथ अरबी नामवाले पड़ोसियों और 'सिर पर डायपर पहनने वाले' लोगों पर कड़ी नज़र रखने के बारे में क्या किया जाना चाहिए। वे अफ़ग़ानिस्तान, इराक़, सीरिया और लीबिया जैसे राज्यों को 'ख़त्म' करने और लेबनान और फ़िलिस्तीन में इस्लामी आतंकवादियों को 'ख़त्म' करने की बात करते हैं। यदि अभिजात वर्ग इसी तरह बोलता है, तो क्या हम इस युद्ध को सभ्यताओं के संघर्ष के रूप में समझने के लिए सामान्य लोगों को दोषी ठहरा सकते हैं?

मुझे लगता है कि हम ज़िम्मेदारी और जवाबदेही के बारे में सवाल पूछ सकते हैं और पूछना भी चाहिए। यदि आतंकवाद के विरुद्ध युद्ध इस देश द्वारा लड़े गये किसी अन्य युद्ध से भिन्न है, जैसा कि अब हमें बताया जा रहा है, तो यह पहले दिन से ही स्पष्ट होना चाहिए था। फिर दुश्मन देशों और दुश्मन लोगों के ख़िलाफ़ प्रतिशोध की परिचित भाषा का इस्तेमाल कर सभी को गुमराह क्यों किया जाये? यदि सीमाओं के बिना नयी दुनिया में संयुक्त राज्य अमेरिका वास्तव में एकमात्र महाशक्ति है, तो पारम्परिक युद्ध के सांस्कृतिक संसाधन उस नयी साम्राज्यवादी भूमिका के लिए बिल्कुल अपर्याप्त और अनुपयुक्त होंगे। क्या नेतृत्व ने ख़ुद को और देश दोनों को ऐसी भूमिका के लिए तैयार करने में ज़िम्मेदारी से काम किया है?

शेष विश्व में अमेरिका की भूमिका को लेकर ज़िम्मेदारी का एक और बड़ा सवाल है। इसके ज़बरदस्त सैन्य और आर्थिक प्रभुत्व को देखते हुए, दुनिया के किसी भी हिस्से में संयुक्त राज्य अमेरिका की हर कार्रवाई का राज्यों और समाजों पर भारी असर हो सकता है। क्या अमेरिका ने अपने कार्यों के दीर्घकालिक और अक्सर अनपेक्षित परिणामों को तौलने में ज़िम्मेदारी से काम किया है? उदाहरण के लिए, मैं यहाँ मध्य पूर्व के बारे में बात नहीं करूँगा जहाँ अमेरिकी नीति का बहुत बड़ा ऐतिहासिक प्रभाव रहा है। मैं अफ़ग़ानिस्तान के बारे में बात करना चाहता हूँ, जहाँ 1980 के दशक की शुरुआत में, संयुक्त राज्य अमेरिका ने सोवियत संघ के ख़िलाफ़ एक लम्बा छद्‌म युद्ध लड़ा था। कहा जाता है कि यह इतिहास का सबसे बड़ा सीआईए ऑपरेशन था। संयुक्त राज्य अमेरिका ने, पाकिस्तान में सैन्य शासन और सऊदी अरब की रूढ़िवादी राजशाही के सहयोग से, अफ़ग़ान आतंकवादियों

को संगठित, प्रशिक्षित, वित्त पोषित और सशस्त्र किया, उनकी इस्लामी विचारधारा को प्रोत्साहित किया और जब उन्होंने सफलतापूर्वक सोवियत सैनिकों को बाहर निकाला तो उनकी सराहना की। मैंने कोलंबिया विश्वविद्यालय के गलियारों में एक परिचित व्यक्ति ज़बिग्न्यू ब्रेज़िंस्की को कल रात टेलीविज़न पर यह कहते हुए सुना कि जब आख़िरी सोवियत सैनिक अमू दरिया को पार करके सोवियत संघ में वापस आये तो उन्हें बहुत अच्छा महसूस हुआ। उन्होंने यह भी कहा कि अगर उन्हें उस समय पता होता कि यह सोवियत संघ के पतन की शुरुआत होगी तो उन्हें और भी अच्छा महसूस होता। मुझे नहीं लगता कि उन्होंने एक पल के लिए भी सोचा होगा कि अमेरिकी भागीदारी के इस क्षेत्र पर कितने विनाशकारी परिणाम होंगे। तालिबान का जन्म 1980 के दशक में पाकिस्तान के मुजाहिदीन शिविरों में हुआ था। ओसामा बिन लादेन उस समय इस्लामिक आतंकवाद का हीरो बन गया था। पाकिस्तानी सेना स्वयं इस्लामी कट्टरवाद की विचारधारा से बुरी तरह पीड़ित हो गयी। परिणाम अब सभी के सामने हैं, क्या संयुक्त राज्य अमेरिका ने कभी स्वीकार किया है कि इस क्षेत्र के लिए जो किया गया है और यह क्षेत्र अब शेष विश्व के साथ क्या कर रहा है, उसके लिए उसकी कुछ ज़िम्मेदारी है?

सवाल आज पूछा जाना चाहिए जब युद्धपोत, बमवर्षक और कमांडो सैनिक सैन्य अभियानों के लिए स्थान ले रहे हैं, क्या कोई सोच रहा है कि अफ़ग़ानिस्तान में एक और युद्ध के परिणाम क्या हो सकते हैं? पाकिस्तान के लिए क्या परिणाम होंगे? पूरे दक्षिण एशिया के लिए क्या परिणाम होंगे, जहाँ परमाणु हथियारों से लैस दो देश हैं और धार्मिक और साम्प्रदायिक संघर्ष से भरा राजनीतिक माहौल है?

दिलचस्प हो या न हो, इसे समझें या न समझें, संयुक्त राज्य अमेरिका आज दुनिया की एकमात्र साम्राज्यवादी शक्ति है। इस प्रकार, यह जो कुछ भी करता है, उसका सारी दुनिया के लिए परिणाम होता है। अमेरिकी रक्षा विश्लेषकों को केवल सैन्य कार्रवाई की आकस्मिक क्षति के बारे में ही नहीं सोचना चाहिए। अमेरिकी नेताओं को यह भी अवश्य सोचना चाहिए कि वे दुनिया भर के समाजों और लोगों के इतिहास को कितना नुक़सान पहुँचाते हैं। यदि संयुक्त राज्य अमेरिका दुनिया की एकमात्र महाशक्ति है, तो उसे अपने कार्यों के लिए पूरी दुनिया के लोगों के प्रति ज़िम्मेदार होना चाहिए।

मैं इस बात से सहमत नहीं हूँ कि या तो अमेरिकी नेतृत्व या अमेरिकी लोग उस भारी नैतिक ज़िम्मेदारी से अवगत हैं जो समकालीन इतिहास ने उन पर डाली है। वर्ल्ड ट्रेड सेंटर पर हमले के बाद, राष्ट्रपति बुश केवल पश्चिमी फ़िल्मों में देखे गये

'वांटेड' पोस्टर के बारे में सोच सकते थे, जबकि पूरी दुनिया एक ऐसी अमेरिकी नीति की तलाश कर रही है जो लचीली हो, संवेदनशील हो और पिछले एक दशक में दुनिया में हुए भारी बदलावों के अनुरूप हो, हमें सम्भवतः परिचित अमेरिकी अहंकार, बड़बोलेपन और असंवेदनशीलता से अधिक कुछ मिलेगा। शायद, दुःख की बात है कि इक्कीसवीं सदी का पहला युद्ध बीसवीं सदी के कई युद्धों से अलग नहीं होगा।

अध्याय : छह

सेकुलरवाद का प्रतिवाद

एक

हाल के महीनों में दक्षिण एशिया के विभिन्न हिस्सों में जो कुछ हुआ है, उसे देखते हुए, इस समय हमारे लिए विश्लेषणात्मक तर्क के शुष्क तरीक़ों को लागू करना और धर्मनिरपेक्षता की सम्भावनाओं के बारे में निष्पक्षता से बात करना आसान नहीं है। दक्षिण एशियाई देशों में यह सामान्य राजनीति का समय नहीं है। बहरहाल, उदाहरण के लिए, अफ़ग़ानिस्तान में, गृहयुद्ध और बाहरी सैन्य हस्तक्षेप ने पहले से मौजूद राजनीतिक संरचनाओं को उखाड़ फेंका है। वहाँ राजनीति अभी भी युद्ध के माध्यम से चल रही है और यह कहना जल्दबाज़ी होगी कि नयी राजनीतिक व्यवस्था के लिए स्थिर नींव रखी जा रही है या नहीं। हमें बताया गया है कि पाकिस्तान में, एक जनरल जो अपने देश को उदार लोकतन्त्रों के विशिष्ट क्लब की सदस्यता दिलाना चाहता है और कट्टरपन्थियों, जो इस्लामी समाज का अपना ब्रांड बनाना चाहते हैं, के बीच एक गम्भीर संघर्ष है। हमारे लिए यह मानने के पर्याप्त कारण हैं कि समकालीन पाकिस्तान की वास्तविक कहानी उससे कहीं अधिक जटिल है। नेपाल में, शाही महल में एक विचित्र नरसंहार के बाद सुरक्षा बलों और माओवादी विद्रोहियों के बीच लगभग बड़े पैमाने पर युद्ध हुआ। श्रीलंका में, लम्बे समय से हिंसक जातीय संघर्ष से जूझ रहे देश में शान्ति लाने की दिशा में एक नयी सफलता मिलती दिख रही है। लेकिन ऐसी उम्मीदें अतीत में इतनी बार धराशायी हुई हैं कि यह भविष्यवाणी करना जल्दबाज़ी होगी कि निकट भविष्य में श्रीलंका में सामान्य राजनीति होगी।

यहाँ तक कि बांग्लादेश में भी, जहाँ राजनीतिक क्षेत्र में धार्मिक संघर्ष दुर्लभ है, हाल के चुनावों के बाद अल्पसंख्यक समुदाय पर हमलों की एक बड़ी घटना हुई है, सौभाग्य से नागरिक और राजनीतिक समूहों द्वारा समय पर हस्तक्षेप से क्षति

को रोकने में कामयाबी मिली। हालाँकि, उत्तरी और पश्चिमी भारत के कई हिस्सों में और विशेष रूप से गुजरात में, अल्पसंख्यक समुदाय पर हमले संगठित हिंसा के इतने भयानक पैमाने पर पहुँच गये कि अपने सभी नागरिकों की शारीरिक सुरक्षा की गारंटी देने वाले संवैधानिक राज्य का विचार ही ख़तरे में पड़ गया है। मैं नहीं मानता कि मैं यह सुझाव देकर अनावश्यक रूप से चिन्तित हो रहा हूँ कि भारत में जिसे वैध राजनीति माना जा रहा है, उसके क्षेत्र में अब एक नया तत्त्व प्रवेश कर चुका है। यह विचार है, जो अब चरमपन्थी हाशिये से नहीं बल्कि प्रतिनिधि संस्थानों के केन्द्र से आवाज़ उठायी जा रही है, कि अल्पसंख्यकों के संवैधानिक रूप से गारंटीकृत अधिकारों पर राजनीतिक क्षेत्र में नये सिरे से बातचीत की जानी चाहिए। इसने भारत में धर्मनिरपेक्षता के प्रश्न को एक नये भावनात्मक रूप से आवेशित सन्दर्भ में खड़ा कर दिया है।

एक और नया तत्त्व है जो हाल के महीनों में प्रासंगिक हो गया है। 11 सितम्बर की घटनाओं के बाद, संयुक्त राज्य अमेरिका ने आतंकवाद के ख़िलाफ़ विश्वव्यापी युद्ध छेड़ने का दावा करके विश्व राजनीति में एक नयी साम्राज्यवादी भूमिका अपनायी है। यह मेरे लिए आतंकवाद के ख़िलाफ़ तथाकथित युद्ध और जिसे वर्तमान प्रशासन अमेरिकी राष्ट्रीय हित मानता है, उसकी पूरी तरह से निंदनीय खोज के बीच सम्बन्ध का विश्लेषण करने का स्थान नहीं है। लेकिन दक्षिण एशियाई देशों में धर्मनिरपेक्षता की राजनीति के कम से कम दो तात्कालिक परिणाम हुए हैं। एक नयी वैधता है जो राष्ट्रीय सुरक्षा और आतंकवाद के ख़िलाफ़ लड़ाई के आधार पर नागरिक स्वतन्त्रता को कम करने वाले क़ानूनी उपकरणों को दी गयी है। उदाहरण के लिए, भारत में बिना मुक़दमे के हिरासत में रखने के लिए नये क़ानून पारित किये गये हैं और निगरानी के तरीक़ों का विस्तार किया गया है। नागरिक स्वतन्त्रता और लोकतान्त्रिक अधिकार आन्दोलन द्वारा लम्बे वर्षों के संघर्ष के परिणामों को एक झटके में रद्द कर दिया गया। सरकार के प्रवक्ता आत्मविश्वास से यह दावा करने में सक्षम थे कि यदि संयुक्त राज्य अमेरिका और ब्रिटेन जैसे उदार लोकतन्त्रों के पास आतंकवाद से लड़ने के लिए नये क़ानून हो सकते हैं, तो हम क्यों नहीं? दूसरा और अधिक सूक्ष्म प्रभाव अर्थों के नये परिसर से आता है जो अचानक 'आतंकवादी' शब्द के आसपास जमा हो गया है। बार-बार सवालों का सामना करते हुए, अमेरिकी राजनीतिक नेता इस बात पर ज़ोर देते रहे हैं कि आतंकवाद के ख़िलाफ़ युद्ध इस्लाम के ख़िलाफ़ युद्ध नहीं है। फिर भी, आतंकवाद के अर्थ के बारे में राजनीतिक स्पष्टता या स्थिरता की पूर्ण कमी को देखते हुए, संयुक्त राज्य अमेरिका द्वारा यथार्थवादी

राजनीतिक लक्ष्यों की निन्दनीय खोज के साथ, अधिकांश लोगों ने अपने स्वयं के निष्कर्ष निकाले हैं कि इस अशान्त समय में किसे आतंकवादी कहा जा सकता है। उदाहरण के लिए, एक हिन्दू दक्षिणपन्थी संगठन के नेता द्वारा लगाये गये हालिया आरोप में वैधता का एक नया घेरा तैयार हुआ, जिसने कहा, "सभी मुस्लिम आतंकवादी नहीं हो सकते हैं, लेकिन अधिकांश आतंकवादी मुस्लिम हैं।"[1] एक समय था जब ऐसी टिप्पणी को बेतुका कहकर ख़ारिज कर दिया जाता था। अब और नहीं, क्योंकि अब ऐसा प्रतीत होता है कि इसे वैश्विक स्वीकृति मिल गयी है। यहाँ तक कि गोवा में सत्तारूढ़ भारतीय जनता पार्टी के हालिया सम्मेलन में बोलते हुए भारत के प्रधानमन्त्री ने भी लगभग यही बात कही।

इसलिए हमारी वर्तमान स्थिति में हमें क्षुब्ध, क्रोधित और उत्तेजित महसूस कराने के लिए बहुत कुछ है। फिर भी मैं पेशेवर सामाजिक वैज्ञानिक और विश्लेषक के रूप में यह स्वीकार करता हूँ कि वैज्ञानिक सूझ-बूझ की स्वीकृति के भीतर धर्मनिरपेक्षता पर बहस जारी रखना हमारी ज़िम्मेदारी है। ऐसा करने के लिए, मैंने अफ़ग़ानिस्तान, पाकिस्तान या गुजरात के युद्धक्षेत्रों से दूर पूर्वी भारत के अपेक्षाकृत शान्त क्षेत्रों में जाने का विकल्प चुना है। मेरा अन्तर्ज्ञान यह है कि पश्चिम बंगाल जैसी जगह पर ध्यान केन्द्रित करके, जहाँ पिछले पच्चीस वर्षों से कम्युनिस्ट नेतृत्ववाली वाम मोर्चा सरकार ने शासन किया है, हम धर्मनिरपेक्षता की लोकतान्त्रिक राजनीति की स्थितियों के बारे में उपयोगी बात करने में सक्षम हो सकते हैं। मैं विशेष रूप से भारत में धर्मनिरपेक्षता की राजनीति के भीतर विरोधाभासों से निपटने के तरीक़ों पर ध्यान केन्द्रित करना चाहता हूँ।

दो

कुछ साल पहले प्रकाशित एक निबन्ध में, मैंने भारत में धर्मनिरपेक्षता की राजनीति के दो विरोधाभासों की पहचान की थी।[2] सबसे पहले, हालाँकि भारतीय राजनीतिक नेताओं का एक महत्त्वपूर्ण वर्ग धर्म और राजनीति के क्षेत्रों को अलग करने की इच्छा रखता था, स्वतन्त्र भारतीय राज्य के पास, विभिन्न ऐतिहासिक कारणों से, ख़ुद को विनियमन, वित्त पोषण और कुछ मामलों में, यहाँ तक कि विभिन्न धार्मिक संस्थानों के प्रशासन में शामिल करने के अलावा कोई विकल्प नहीं था। दूसरा, भले ही भारतीय नागरिकों के कुछ वर्गों को क़ानूनी रूप से अपने स्वयं के व्यक्तिगत क़ानूनों का पालन करते हुए अल्पसंख्यक धार्मिक समुदायों से सम्बन्धित माना गया था और उन्हें अपने स्वयं के शैक्षणिक संस्थानों की स्थापना और प्रशासन करने का

अधिकार था, लेकिन यह निर्धारित करने की कोई प्रक्रिया नहीं थी कि राज्य के साथ उनके व्यवहार में इन अल्पसंख्यक समुदायों का प्रतिनिधित्व कौन करेगा।

पिछले दो दशकों में भारत में धर्मनिरपेक्षता और साम्प्रदायिकता की राजनीति का इतिहास उथल-पुथल भरा रहा है। लेकिन मुझे नहीं लगता कि ये दोनों विरोधाभास दूर हो गये हैं या सुलझ गये हैं। मेरा मानना है कि जब तक हम इन विरोधाभासों से नहीं जूझते तब तक धर्मनिरपेक्षता की अधिक लोकतान्त्रिक राजनीति के लिए स्थितियाँ नहीं बनायी जा सकतीं। यह कार्य किसी भी तरह से आसान नहीं है, जैसा कि मैं पश्चिम बंगाल के एक हालिया प्रकरण पर चर्चा करके दिखाऊँगा, जिसे मीडिया ने 'मदरसा विवाद' का नाम दिया था।

19 जनवरी, 2002 को, सिलीगुड़ी में एक सार्वजनिक बैठक में बोलते हुए, पश्चिम बंगाल के मुख्यमन्त्री, बुद्धदेव भट्टाचार्य ने कहा कि ऐसे कई मदरसे (मुस्लिम धार्मिक स्कूल) थे, जो पश्चिम बंगाल मदरसा बोर्ड से सम्बद्ध नहीं थे, जहाँ पाकिस्तान ख़ुफ़िया एजेंसी के कार्यकर्ताओं सहित राष्ट्र-विरोधी आतंकवादी सक्रिय थे। इन अनधिकृत मदरसों को बन्द करना होगा। हालाँकि इस टिप्पणी का वह असर नहीं होता जो हुआ होता, अगर तीन दिन बाद कोलकाता में एक बड़ी घटना नहीं घटी होती।

22 जनवरी 2002 को, सुबह-सुबह, दो मोटरबाइक कोलकाता में अमेरिकन सेंटर के सामने आयीं। उस समय वहाँ सुरक्षा ड्यूटी पर तैनात पुलिसकर्मी शिफ़्ट बदल रहे थे। अचानक, मोटरसाइकिल पर पीछे बैठे लोगों ने स्वचालित राइफ़लें निकालीं और गोलीबारी शुरू कर दी। इस अप्रत्याशित हमले से ज़ाहिर तौर पर पुलिसकर्मी इतने घबरा गये कि वे जवाब देने में असमर्थ रहे। चालीस सेकेंड के बाद, जिसके दौरान दोनों राइफ़लमैन ने साठ राउंड से अधिक गोलियाँ चलायीं, पाँच पुलिसकर्मियों की मौत हो गयीं और कई अन्य घायल हो गये। यह घटना तुरन्त अन्तरराष्ट्रीय सुर्ख़ियों में आ गयी और पहली धारणा यह थी कि यह संयुक्त राज्य अमेरिका के ख़िलाफ़ इस्लामी आतंकवादियों द्वारा किया गया एक और हमला था। बाद में पता चला कि यह हमला दुबई स्थित एक आपराधिक गिरोह द्वारा किया गया था, जो पुलिस के साथ मुठभेड़ में अपने एक सहयोगी की मौत का बदला लेना चाहता था। लेकिन आपराधिक नेटवर्क भारत के विभिन्न हिस्सों में सक्रिय सन्दिग्ध इस्लामी आतंकवादियों के साथ ओवरलैप हो गया। हत्याओं के सिलसिले में गिरफ़्तार किये गये पहले सन्दिग्धों में से एक उत्तरी 24 परगना के एक मदरसे का गणित शिक्षक था, जो कोलकाता से लगभग तीस मील उत्तर में था। उसे प्रतिबन्धित इस्लामिक छात्र संगठन सिमी का सदस्य बताया गया था। एक अन्य

मदरसा शिक्षक को मुर्शिदाबाद ज़िले में गिरफ़्तार किया गया, जो पाकिस्तानी ख़ुफ़िया सेवाओं से जुड़ा बांग्लादेशी नागरिक था।

24 जनवरी को, कोलकाता में प्रेस से बात करते हुए, बुद्धदेव भट्टाचार्य ने अपनी पिछली टिप्पणियों को स्पष्ट करते हुए कहा, "कुछ मदरसे, सभी मदरसे नहीं, मैं दोहराता हूँ, कुछ मदरसे राष्ट्र-विरोधी प्रचार में शामिल हैं। हमारे पास इस पर निश्चित जानकारी है। इसकी अनुमति नहीं दी जा सकती है।" चार दिन बाद, मुर्शिदाबाद के डोमकल में एक सार्वजनिक बैठक में उन्होंने कहा कि सभी मदरसों को मदरसा बोर्ड से सम्बद्धता लेनी होगी। उन्होंने कहा, "हम यहाँ असम्बद्ध मदरसों को चलने की इजाज़त नहीं देंगे।" उन्होंने ज़िला प्रशासन को मुर्शिदाबाद के सभी मदरसों का सर्वेक्षण करने और छात्रों, शिक्षकों, बोर्डरों की संख्या और धन के स्रोतों पर रिपोर्ट करने का निर्देश दिया।[3]

जैसा कि प्रेस में बताया गया, मुख्यमन्त्री की टिप्पणियों ने तुरन्त एक विवाद को जन्म दे दिया। आरोप लगाया गया कि मदरसों की पुलिस निगरानी का सुझाव देकर मुख्यमन्त्री ने पश्चिम बंगाल के पूरे मुस्लिम समुदाय को बदनाम किया है। यदि विशेष संस्थानों के ख़िलाफ़ विशिष्ट आरोप थे, तो अपराधियों को दण्डित किया जाना चाहिए, लेकिन अल्पसंख्यक शैक्षणिक संस्थानों की पूरी प्रणाली को क्यों सन्दिग्ध क़रार दिया जाना चाहिए? कोलकाता में प्रदर्शन कर रहे मदरसा छात्रों ने मुख्यमन्त्री से माफ़ी माँगने की माँग की। छात्रों ने कहा कि मदरसा शिक्षकों को परेशान किया जा रहा है और मदरसा शिक्षा प्रणाली की 'ग़लत सूचना और ख़राब समझ' के कारण जादू-टोना का माहौल बनाया गया है। यह बताया गया कि उर्दू प्रेस भट्टाचार्य की तुलना न केवल लालकृष्ण आडवाणी और बाल ठाकरे जैसे हिन्दू दक्षिणपन्थी नेताओं से कर रही थी, बल्कि 'पाकिस्तान के सैन्य तानाशाह मुशर्रफ़' से भी कर रही थी।[4] विरोध न केवल उन लोगों की ओर से हुआ, जिन्होंने मुस्लिम संगठनों या विपक्षी राजनीतिक दलों की ओर से बोलने का दावा किया, बल्कि सत्तारूढ़ वाम मोर्चे के सहयोगियों की ओर से भी विरोध प्रदर्शन हुआ। मोर्चा के कई नेताओं ने कहा कि मुख्यमन्त्री की टिप्पणी दिल्ली में भाजपा नेताओं की तरह चिन्ताजनक लगती है और इससे राज्य में अल्पसंख्यक समुदाय में ग़लत संकेत जायेगा। दरअसल, सरकार की स्थिति स्पष्ट करने के लिए 6 फरवरी को वाम मोर्चा की आपात बैठक बुलायी गयी थी।[5]

31 जनवरी को, राज्य अल्पसंख्यक आयोग ने मुस्लिम बुद्धिजीवियों और शिक्षाविदों की एक बैठक आयोजित की, जिसमें भारतीय कम्युनिस्ट पार्टी (मार्क्सवादी) के अल्पसंख्यक मामलों के मन्त्री मोहम्मद सलीम ने बताया कि

मुख्यमन्त्री ने सभी मदरसों के ख़िलाफ़ कोई सामान्य आरोप नहीं लगाया है और कोई भी साज़िश नहीं होने वाली है। दरअसल, उन्होंने मदरसा स्थापित करने के लिए समुदाय के नेताओं द्वारा की गयी पहल की सराहना की। "ये संस्थान एक राष्ट्रीय सम्पत्ति हैं। यह प्रशंसनीय है कि सरकार द्वारा वहाँ स्कूल खोलने से पहले ही कुछ व्यक्ति या संगठन किसी प्रकार की शिक्षा का प्रसार करने के लिए दूरदराज के ग्रामीण इलाक़ों में पहुँच गये हैं।" लेकिन उन्होंने यह कहकर मुख्यमन्त्री का बचाव किया कि सरकार को "भारत-बांग्लादेश सीमा पर राष्ट्र-विरोधी और साम्प्रदायिक ताक़तों के ख़िलाफ़ क़दम उठाना चाहिए क्योंकि यह क्षेत्र भारत-विरोधी ताक़तों के लिए दूसरा मोर्चा बन गया है। आतंकवाद कोई धर्म विशेष नहीं है। चाहे वह मदरसा, मस्जिद, मंदिर या क्लब हो, पर कार्रवाई की जायेगी।"[6]

फिर भी, ऐसी ख़बरें आती रहीं कि मुसलमान इस बात को लेकर उत्तेजित थे कि वे आतंकवाद के साथ मिलीभगत के एक पूरे समुदाय के ख़िलाफ़ एक अकारण आरोप को मानते हैं। उन्होंने आरोप लगाया कि मदरसा के कई शिक्षकों को अमेरिकन सेंटर हत्याओं के बाद पुलिस ने उठाया था और बाद में उनके ख़िलाफ़ सबूतों की कमी के कारण रिहा कर दिया गया था।[7] यह आरोप लगाया गया था कि पुलिस कुछ पूर्वकल्पित और अप्रमाणित सिद्धान्तों के आधार पर आगे बढ़ रही थी। उत्तर 24 परगना और नादिया के सीमावर्ती ज़िलों में कई स्थानों से ऐसी ख़बरें भी आयीं कि अल्पसंख्यक समुदाय से सम्बन्धित कम्युनिस्ट पार्टी के सदस्य चिन्तित थे कि मुख्यमन्त्री की टिप्पणियाँ भाजपा के गृहमन्त्री आडवाणी की टिप्पणियों से काफ़ी मिलती-जुलती थीं। चालीस साल तक कम्युनिस्ट पार्टी के साथ रहे वारिस शेख़ ने कहा, "मुख्यमन्त्री के ऐसे बयानों से केवल आतंकवादियों को बढ़ावा मिलेगा क्योंकि उन्हें नाराज़ मुसलमानों के बीच अपना संगठन फैलाने के लिए उपजाऊ ज़मीन मिलेगी।"[8] 4 फरवरी को, जमीयत उलेमा-ए-हिन्द द्वारा कोलकाता में आयोजित आश्चर्यजनक रूप से बड़ी रैली में एक बार फिर बुद्धदेव भट्टाचार्य से सार्वजनिक माफ़ी की माँग की गयी, इस बार उन्हें संयुक्त राज्य अमेरिका और इज़राइल का एजेंट बताया गया।[9]

मामला साफ़ तौर पर बहुत आगे बढ़ चुका था। यह घोषणा की गयी कि मुख्यमन्त्री ने 7 फरवरी को मुस्लिम संगठनों और बुद्धिजीवियों की एक बैठक बुलाई है जहाँ वह अपनी स्थिति स्पष्ट करेंगे।[10] उन्होंने यह भी दावा किया कि सिलीगुड़ी में उनकी टिप्पणियों को प्रेस और यहाँ तक कि सीपीआई (एम) पार्टी के अख़बार गणशक्ति द्वारा ग़लत तरीक़े से उद्धृत किया गया था। 6 फरवरी को वाम मोर्चा की

एक बैठक में, बुद्धदेव भट्टाचार्य की स्पष्ट रूप से मोर्चे के सहयोगियों और यहाँ तक कि पूर्व मुख्यमन्त्री ज्योति बसु द्वारा भी आलोचना की गयी थी।[11]

इस समय तक, नतीजों से निपटने की रणनीति पर काम करते हुए महत्त्वपूर्ण क़दम आतंकवाद के मुद्दे को मदरसा शिक्षा से अलग करना था। यह स्पष्ट किया गया कि न तो मुख्यमन्त्री और न ही सरकार ने कभी सुझाव दिया था कि सभी मदरसे आतंकवादी प्रचार या भर्ती में शामिल थे। क़ानून के अनुसार जब ऐसी संलिप्तता के विशिष्ट सबूत होंगे तो सरकार विशेष संगठनों या व्यक्तियों के ख़िलाफ़ क़दम उठायेगी। मदरसा शिक्षा का मुद्दा बिल्कुल अलग मामला था और प्रेस ने इस विषय पर मुख्यमन्त्री की टिप्पणियों को आतंकवाद के सवाल से जोड़कर ग़लत तरीक़े से प्रस्तुत किया था। जहाँ तक मदरसा शिक्षा का सवाल है, पश्चिम बंगाल में वाम मोर्चा सरकार ने भारत में किसी भी अन्य सरकार की तुलना में अधिक काम किया है। वाम मोर्चा के अध्यक्ष बिमान बोस ने बताया कि 1780 से लगभग दो सौ वर्षों में, जब वारेन हेस्टिंग्स द्वारा कोलकाता में आलिया मदरसा की स्थापना की गयी थी, 1977 में जब वाम मोर्चा सत्ता में आया, तब तक पश्चिम बंगाल में सरकारी मंज़ूरी के साथ कुल 238 मदरसे स्थापित किये गये थे। 1977 के बाद से पच्चीस वर्षों में यह संख्या दोगुनी से भी अधिक हो गयी है। 1977 में, मदरसा शिक्षा पर सरकारी ख़र्च 500,000 रुपये था; 2001 में, यह 1150 मिलियन रुपये थी, जो दो हज़ार गुना से अधिक की वृद्धि थी। राज्य मदरसा बोर्ड से सम्बद्ध मदरसों के शिक्षकों और सहायक कर्मचारियों के वेतन सहित पूरी वित्तीय ज़िम्मेदारी सरकार द्वारा वहन की गयी थी। पश्चिम बंगाल में सम्बद्ध मदरसों से स्नातक करने वाले छात्र सभी विश्वविद्यालयों और सभी व्यावसायिक पाठ्यक्रमों में प्रवेश के हक़दार थे। स्वतन्त्र भारत में यह अभूतपूर्व था।[12]

7 फरवरी को मुख्यमन्त्री ने लेखकों, पत्रकारों, शिक्षकों, डॉक्टरों और मस्जिदों के इमामों सहित मुस्लिम नेताओं और बुद्धिजीवियों की एक सभा से मुलाक़ात की। उन्होंने स्वीकार किया कि मीडिया द्वारा बताये गये उनके शब्दों से भ्रम और चिन्ता पैदा हो सकती है; वह इसके लिए दोष साझा करने और खेद व्यक्त करने के लिए तैयार थे। उन्होंने दोहराया कि राज्य में राष्ट्रविरोधी तत्त्व सक्रिय हैं, लेकिन स्पष्ट किया कि ऐसी गतिविधियाँ मदरसों तक ही सीमित नहीं हैं। जैसे कट्टरपन्थी हिन्दू संगठन थे, वैसे ही लश्कर-ए-तैयबा जैसे संगठन भी थे जो राष्ट्रविरोधी और आतंकवादी कृत्यों में शामिल थे। उन्होंने कभी यह सुझाव नहीं दिया कि सभी मदरसे सन्देह के घेरे में हैं। मदरसों के लिए सरकार की मंज़ूरी लेने की कोई क़ानूनी बाध्यता

नहीं थी, और ऐसा कोई क़ानून नहीं था जिसके द्वारा सरकार निजी स्कूलों को बन्द कर सके, चाहे उन्हें कोई भी चलाता हो। उन्होंने कहा, "संविधान अल्पसंख्यकों को अपने शैक्षणिक संस्थान चलाने के अधिकार की गारंटी देता है।" "ईसाई मिशनरियाँ और हिन्दू संगठन भी अपने स्कूल चला रहे हैं।" लेकिन मदरसा पाठ्यक्रम के आधुनिकीकरण का प्रश्न एक ज़रूरी मुद्दा था। सरकार ने इस मामले को देखने के लिए पूर्व राज्यपाल प्रोफ़ेसर ए.आर. किदवई की अध्यक्षता में एक समिति नियुक्त की थी। "हम ग़ैर-मान्यता प्राप्त मदरसों को अपने पाठ्यक्रम में संशोधन करने के लिए मनाने की कोशिश करेंगे ताकि धार्मिक अध्ययन के साथ-साथ आधुनिक विषयों को भी शामिल किया जा सके। हम उनसे शैक्षिक मुख्यधारा में शामिल होने का आग्रह करेंगे।" उन्होंने मुस्लिम समुदाय के नेताओं से मुस्लिम बच्चों को शिक्षित करने के तरीक़ों पर गम्भीरता से विचार करने का आग्रह किया ताकि उनके पास पेशेवर रोज़गार में प्रवेश के लिए बेहतर कौशल हो और वे देश के बाक़ी हिस्सों से अलग-थलग न पड़ जायें। बैठक के अन्त में दो प्रमुख मस्जिदों के इमामों ने कहा कि मुख्यमन्त्री की टिप्पणी को लेकर पिछले कुछ दिनों में काफ़ी तनाव पैदा हो गया है। उस संचार की प्रक्रिया में कटौती की गयी है।[13]

मीडिया ने आमतौर पर मुख्यमन्त्री के स्पष्टीकरण की व्याख्या पार्टी और वाम मोर्चे के भीतर और बाहर प्रतिकूल प्रतिक्रिया के कारण उन पर थोपे गये दबाव के रूप में की। कई टिप्पणीकारों ने आरोप लगाया कि भारत में धर्मनिरपेक्ष राजनीति के मानदण्डों के भीतर इस्लामी कट्टरवाद की समस्या से निपटने की एक साहसी पहल अल्पसंख्यक वोट बैंक के निरन्तर दबाव के कारण बाधित हो गयी है। दो दिलचस्प संगठनात्मक परिवर्तन भी बताये गये। सबसे पहले, यह सुझाव दिया गया कि ग़लतफ़हमी और विवाद को देखते हुए, मदरसा प्रशासन के मामलों को स्कूल शिक्षा मन्त्री कान्ति बिस्वास के प्रभार से हटाकर अल्पसंख्यक मामलों के मन्त्री मोहम्मद सलीम को दे दिया जायेगा। ऐसा कहा गया था कि बिस्वास ने मदरसा सुधार पर सख़्त रुख़ अपनाया था और सरकार समर्थित वरिष्ठ मदरसों, जो धार्मिक शिक्षा प्रदान करते थे, को उच्च मदरसों में बदलने पर ज़ोर दे रहे थे, जो सख़्ती से धर्मनिरपेक्ष पाठ्यक्रम का पालन करते थे। बिस्वास ने स्पष्ट रूप से पूछा था, "सरकार को मदरसों में धार्मिक शिक्षा प्रदान करने वाले शिक्षकों को वेतन क्यों देना चाहिए जबकि वह अन्य धार्मिक स्कूलों में ऐसा नहीं करती?"[14] दूसरा महत्त्वपूर्ण बदलाव सीपीआई (एम) पार्टी के दैनिक *गणशक्ति* में था। मुख्यमन्त्री ने

आरोप लगाया था कि पार्टी अख़बार द्वारा प्रकाशित रिपोर्ट में भी उनकी टिप्पणियों को ग़लत तरीक़े से प्रस्तुत किया गया था। वरिष्ठ ट्रेड यूनियनवादी और पूर्व संसद सदस्य दीपेन घोष को दैनिक के सम्पादक के रूप में अपना पद छोड़ने के लिए कहा गया था और 25 फरवरी को, राज्य समिति के अपेक्षाकृत अगोचर सदस्य नारायण दत्त को उनके स्थान पर नियुक्त किया गया था।

तीन

विवाद का पुनर्निर्माण करते हुए, भारत में धार्मिक अल्पसंख्यकों पर एक धर्मनिरपेक्ष राज्य-नीति की सम्भावनाएं और बाधाएँ दोनों स्पष्ट हो जाती हैं। पश्चिम बंगाल में वाम मोर्चा और विशेष रूप से सीपीआई (एम) ने हमेशा उचित गर्व के साथ घोषणा की है कि बड़ी संख्या में मुस्लिम अल्पसंख्यक होने और 1960 के दशक तक साम्प्रदायिक संघर्ष के लम्बे इतिहास के बावजूद, राज्य में पिछले पच्चीस वर्षों में अबाधित साम्प्रदायिक शान्ति देखी गयी है। 1992 में बाबरी मस्जिद विध्वंस और बांग्लादेश में हिन्दू मन्दिरों पर हमलों के बाद त्वरित प्रशासनिक और राजनीतिक कार्रवाई से नियन्त्रित किये गये एक संक्षिप्त विस्फोट को छोड़कर, वाम मोर्चा शासन के तहत पश्चिम बंगाल में कोई साम्प्रदायिक दंगा नहीं हुआ है। पश्चिम बंगाल में चुनावों के अधिकांश पर्यवेक्षकों के अनुसार, वामपन्थियों ने लगातार मुस्लिम वोटों का बड़ा हिस्सा जीता है। वामपन्थी दलों और एक बार फिर विशेष रूप से सीपीआई (एम) ने कई ज़िलों में अल्पसंख्यक समुदाय से नेताओं की भर्ती की है। सम्भावना है कि इनमें से कई युवा नेता अपनी धर्मनिरपेक्ष, आधुनिक और प्रगतिशील संगठन की छवि के कारण वाम दलों की ओर आकर्षित हुए थे।

हालाँकि आतंकवाद के सवाल से जुड़े होने के कारण मदरसों के आधुनिकीकरण का मुद्दा अचानक सार्वजनिक सुर्ख़ियों में आ गया, लेकिन यह मानने का कारण है कि सीपीआई (एम) नेतृत्व कुछ समय से इस मुद्दे पर लगा हुआ था। मदरसा बोर्ड से सम्बद्ध मदरसे, सरकारी वित्तीय सहायता के विस्तार के साथ-साथ, फ्रंट ने 1980 के दशक में परिवर्तन की एक प्रक्रिया भी शुरू की जिसके द्वारा उच्च और कनिष्ठ उच्च मदरसे जिनकी संख्या लगभग 400 थी, अरबी में एक अनिवार्य पाठ्यक्रम को छोड़कर, नियमित माध्यमिक विद्यालयों के समान पाठ्यक्रम का पालन करने लगे। दरअसल, हालिया विवाद के दौरान यह बात सामने आयी थी कि राज्य के उच्च मदरसों में ग़ैर-मुस्लिम छात्रों के साथ-साथ शिक्षकों की भी बड़ी संख्या है। उनमें पुरुषों की तुलना में महिलाएँ अधिक थीं, जो इस तथ्य को दर्शाता है कि कई मुस्लिम

परिवार अपनी बेटियों को नियमित माध्यमिक विद्यालयों के बजाय मदरसा में भेजने में अधिक सहज महसूस करते थे। शिक्षकों की भर्ती उसी स्कूल सेवा आयोग के माध्यम से की जाती थी जिसने अन्य सभी माध्यमिक विद्यालयों के लिए शिक्षकों का चयन किया था। मदरसा बोर्ड से सम्बद्ध और सरकार द्वारा आर्थिक रूप से समर्थित 100 से अधिक वरिष्ठ मदरसों ने एक संशोधित पाठ्यक्रम का पालन किया, जिसमें लगभग दो-तिहाई पाठ्यक्रम अंग्रेज़ी, बंगाली, भौतिक और जीवन विज्ञान, गणित, इतिहास और भूगोल और लगभग एक-तिहाई पाठ्यक्रम इस्लामी धर्म और क़ानून पर शामिल थे। यह आरोप लगाया गया था कि वरिष्ठ मदरसे एक विसंगति बन गये थे, क्योंकि वे अपने छात्रों को धार्मिक या धर्मनिरपेक्ष व्यवसायों के लिए पर्याप्त रूप से तैयार नहीं करते थे। बहुत कम छात्र थे, जो धार्मिक शिक्षा चाहते थे और मदरसा बोर्ड प्रणाली के बाहर कई निजी मदरसों में से किसी एक में जाना पसन्द करते थे।[15] मदरसा पाठ्यक्रम को और आधुनिक बनाने के लिए अब एक नयी पहल की गयी है। इस मामले को देखने के लिए प्रोफ़ेसर ए.आर. किदवई की अध्यक्षता में एक समिति गठित की गयी थी। हालिया विवाद के दौरान दिये गये एक साक्षात्कार में किदवई ने ख़ुद सुझाव दिया था कि पारम्परिक यूनानी चिकित्सा और आधुनिक अरबी को मदरसों में पेश किया जा सकता है ताकि उनके पाठ्यक्रम को नये रोजगार अवसरों के लिए अधिक उपयुक्त बनाया जा सके।[16]

बहरहाल, यह एक तथ्य है कि आतंकवादी इस्लामी समूहों की गतिविधियों और प्रचार में ग़ैर-सम्बद्ध मदरसों की भागीदारी ने अमेरिकन सेंटर हत्याओं से पहले ही पार्टी नेतृत्व को चिन्तित करना शुरू कर दिया था। यह केवल इसलिए नहीं था कि पुलिस की ख़ुफ़िया रिपोर्टें ऐसी संलिप्तता का संकेत दे रही थीं। पार्टी के मुस्लिम नेता स्वयं इस बात से अवगत हो गये कि मुस्लिम इलाक़ों में कट्टरपन्थी प्रचार का प्रभाव पड़ रहा है। *गणशक्ति* में एक ऑप-एड लेख में सीपीआई (एम) मन्त्री अनीसुर रहमान द्वारा एक उल्लेखनीय उदाहरण प्रदान किया गया था।[17] 'लादेन के लिए उपवास' शीर्षकवाले लेख में नेता की एक मुस्लिम गाँव की यात्रा का वर्णन किया गया है जहाँ उन्हें बताया गया है कि लोग उपवास कर रहे थे। आश्चर्य की बात है, क्योंकि रमजान का महीना बहुत दूर था, उन्होंने ग्रामीणों से पूछा कि उपवास किसलिए है। ग्रामीणों ने बताया कि वे ओसामा बिन लादेन की सुरक्षा के लिए प्रार्थना कर रहे थे, जिसे साम्राज्यवादी अमेरिकियों द्वारा हमले का निशाना बनाया गया था। मन्त्री जिस बैठक को सम्बोधित करने आये थे, वह सभी के उपवास तोड़ने के बाद देर शाम शुरू हुई। लेख का बाक़ी हिस्सा गाँव के एक बुज़ुर्ग रहमान चाचा के भाषण का सारांश है, जो राजनीतिक नैतिकता के साथ-साथ रणनीति से

सम्बन्धित कई तर्क देते हैं, कि भारत में मुसलमानों के पास बिन लादेन का समर्थन करने का कोई कारण क्यों नहीं था। तथ्य दिलचस्प है कि ये तर्क समुदाय के एक ग़ैर-राजनीतिक 'बुद्धिमान व्यक्ति' की आवाज़ में प्रस्तुत किये गये थे, न कि स्वयं कम्युनिस्ट मन्त्री की आवाज़ में। लेकिन लेख के बारे में सबसे ख़ास बात यह थी कि कुछ 'गर्म दिमाग़ वाले और विचारहीन युवाओं' का कई आम मुसलमानों पर जो प्रभाव पड़ रहा था, उसे स्वीकार किया गया।

बेशक, सबसे विवादास्पद मुद्दा निजी मदरसों का था, जिस पर सभी सहमत थे कि संख्या में तेज़ी से वृद्धि हो रही है। वास्तव में किसी को भी इसका ठीक-ठीक अन्दाज़ा नहीं था कि वहाँ कितने ख़ारिजी मदरसे मदरसा बोर्ड से सम्बद्ध नहीं थे। कई लोगों ने कहा कि राज्य समर्थित मदरसों की तुलना में निजी मदरसों की संख्या दस गुना अधिक है। यह व्यापक रूप से तर्क दिया गया था कि निजी मदरसे लोकप्रिय थे क्योंकि वे अपने छात्रों को भोजन और अक्सर भोजन और आवास की पेशकश करते थे। जैसा कि सीपीआई (एम) मन्त्री मोहम्मद सलीम ने कहा, "जिन बच्चों के परिवार दो वक़्त का भोजन नहीं जुटा सकते, वे इन मदरसों को पसन्द करेंगे जो उन्हें भोजन, आश्रय और कुछ प्रकार की शिक्षा प्रदान करते हैं।" यह बात बार-बार दोहराई गयी कि मदरसे कभी भी मुस्लिम माता-पिता की पहली पसन्द नहीं रहे, कम से कम अपने बेटों के लिए। यदि वे इसका ख़र्च वहन कर सकें तो वे हमेशा नियमित माध्यमिक विद्यालय को प्राथमिकता देंगे।[18] अधिकांश युवा मुसलमानों के लिए धार्मिक व्यवसायों में अधिक आकर्षण नहीं था, जो उनमें केवल इसलिए गये क्योंकि विकल्प कम वेतनवाला और अकुशल शारीरिक काम था। यहाँ तक कि जो लोग अल्पसंख्यकों के अपने स्कूल चलाने के अधिकार के बारे में इतने ज़ोर-शोर से बोलते थे, उन्होंने भी अपने बच्चों को मदरसों में नहीं भेजा। निजी मदरसे खुल रहे थे क्योंकि एक सामाजिक आवश्यकता थी जिसे राज्य पूरा करने में असमर्थ था; समुदाय वहाँ क़दम रख रहा था जहाँ सरकार विफल हो रही थी।

निजी मदरसों ने अपना धन कैसे जुटाया? समुदाय के नेताओं ने ज़ोर देकर कहा कि दान मुसलमानों के लिए एक धार्मिक कर्तव्य था, और कई लोगों ने उस दायित्व को गम्भीरता से लिया। अधिकांश निजी मदरसे आस-पड़ोस के परिवारों से एकत्र किये गये धन और भोजन पर चलते थे। हाँ, कुछ बड़े इस्लामिक फ़ाउंडेशन भी थे, यहाँ तक कि कुछ को सऊदी अरब और खाड़ी राज्यों में स्थित अन्तरराष्ट्रीय फ़ाउंडेशनों से धन प्राप्त होता था और ये कभी-कभी निजी मदरसों को अनुदान देते थे।

पश्चिम बंगाल में कुछ निजी मदरसों के पास बड़ी इमारतें थीं और उनमें से प्रत्येक में तीन या चार सौ छात्रों को मुफ़्त भोजन उपलब्ध कराया जाता था; ऐसे संसाधन स्थानीय स्तर पर नहीं जुटाये जा सकते थे। लेकिन इन मदरसों के प्रशासकों ने इस सुझाव पर नाराज़गी व्यक्त की कि यह दूषित धन है। उन्होंने ज़ोर देकर कहा कि सभी अनुदान क़ानूनी हैं और उन्हें दिल्ली में सम्बन्धित मन्त्रालयों द्वारा मंज़ूरी दी जानी चाहिए।[19]

इन निजी मदरसों में पढ़ाये जाने वाले पाठ्यक्रमों की सामग्री के बारे में क्या? मुख्यधारा की प्रेस में कुछ सनसनीखेज़ कहानियाँ थीं जिनमें कुछ प्राइमरों का हवाला दिया गया था जिसमें कथित तौर पर जिहादी योद्धाओं का महिमामण्डन किया गया था और माँग की गयी थी कि नागरिक संहिता को *शरिया* से बदल दिया जाये।[20] लेकिन एक बार फिर, यह स्पष्ट था कि राजनीतिक निष्ठाओं के बावजूद अधिकांश मुस्लिम प्रतिनिधियों की निजी मदरसों द्वारा दी जाने वाली शिक्षा की गुणवत्ता के बारे में कम राय थी। उनकी शिकायत थी कि राज्य-समर्थित स्कूल कम थे और ज़रूरी नहीं कि वे बेहतर ढंग से चल रहे हों और वैकल्पिक धर्मनिरपेक्ष निजी शिक्षा बहुत महँगी थी।

पश्चिम बंगाल की बहस ने एक महत्त्वपूर्ण तथ्य सामने रखा जो मुझे धर्मनिरपेक्षता की लोकतान्त्रिक राजनीति की स्थितियों का आकलन करने में महत्त्वपूर्ण लगता है। इस मुद्दे को एक धर्मनिरपेक्ष राज्य बनाम अपनी सांस्कृतिक पहचान को संरक्षित करने की माँग करने वाले अल्पसंख्यक समुदाय के रूप में सफलतापूर्वक प्रस्तुत नहीं किया जा सका। हालाँकि यह प्रवृत्ति शक्तिशाली थी, फिर भी इसने जीत हासिल नहीं की। ऐसे कई हस्तक्षेप हुए जिनसे यह बात स्पष्ट हुई कि सामाजिक सुधार का प्रश्न मुस्लिम समुदाय के भीतर से ही उभर रहा था। बाद की प्रवृत्ति भी किसी भी तरह से निर्णायक नहीं थी, लेकिन वह थी। इतना ही नहीं, यह इस सवाल को भी काफ़ी प्रभावित कर रहा था कि अल्पसंख्यक समुदाय का प्रतिनिधित्व कौन करता है। मुर्शिदाबाद से सीपीआई (एम) के सांसद मैनुल हसन के एक लेख में इन मुद्दों को अच्छी तरह से सामने लाया गया है।[21]

मदरसा शिक्षा के इतिहास और पाठ्यक्रम में हाल के बदलावों से गुज़रने के बाद, मैनुल हसन इस तर्क का खण्डन करते हैं कि निजी मदरसे बढ़ रहे थे क्योंकि पर्याप्त माध्यमिक विद्यालय नहीं थे। एक अन्दरूनी सूत्र के रूप में बोलते हुए, उनका तर्क है कि समुदाय के भीतर मदरसा शुरू करने की पहल का एक प्रमुख कारण मुस्लिम युवाओं को रोज़गार प्रदान करना था। अधिकांश मदरसे स्थानीय

सामुदायिक पहल के परिणामस्वरूप स्थापित किये गये थे, अक्सर राजनीतिक दलों के समर्थन से। धर्मार्थ दान *(ज़गत, फ़ितरा आदि)* के माध्यम से समुदाय के भीतर से धन जुटाना सम्भव था। अधिकांश मदरसे बहुत कम बजट पर चलते थे। लेकिन उन्होंने शिक्षित मुसलमानों को रोज़गार प्रदान किया जो निजी मदरसों में पढ़ाते थे, मस्जिदों में मौलवी बनते थे और साल भर धार्मिक सभाओं में व्याख्यान देते थे। ये आवश्यक थे, भले ही बहुत लाभदायक न हों, कार्य थे, और थोड़ी-बहुत शिक्षावाले मुसलमानों के पास कुछ अन्य अवसर खुले थे।

लेख का बाक़ी भाग मदरसों के और अधिक आधुनिकीकरण के लिए एक मज़बूत दलील है। कोई भी मुसलमान यह दावा नहीं कर सकता कि आधुनिक शिक्षा आवश्यक नहीं है। दूसरी ओर इस बात पर सभी सहमत थे कि निजी मदरसों में आधुनिक शिक्षा नहीं दी जाती, तो फिर सरकार को आधुनिक मदरसे शुरू करने के लिए आगे क्यों नहीं आना चाहिए, जो 'मुल्ला पैदा करने की फ़ैक्टरियाँ' नहीं हैं? मुस्लिम समुदाय को न केवल इस नीति का समर्थन करना चाहिए बल्कि आधुनिक शिक्षा प्रदान करने वाले मदरसों की स्थापना में सक्रिय रूप से, यहाँ तक कि आर्थिक रूप से भी योगदान देना चाहिए।

चार

अल्पसंख्यकों का प्रतिनिधित्व कौन करता है? मदरसा पर छिड़ी बहस में सीधे तौर पर सवाल उठाया गया। मुस्लिम बुद्धिजीवियों और मदरसा शिक्षकों के साथ मुख्यमन्त्री की बैठक के बाद, बैठक में क़ुरान के औपचारिक पाठ को लेकर पार्टी हलक़ों में शिकायतें शुरू हुई।[22] मुस्लिम समुदाय के प्रतिनिधियों के साथ बैठक का मतलब था कि अनिवार्य रूप से इमामों और मौलानाओं के साथ बैठक क्यों होनी चाहिए? जवाब यह था कि धार्मिक संस्थानों के बाहर सार्वजनिक क्षेत्र में कुछ संगठित मंच थे जो धार्मिक अल्पसंख्यक के रूप में चिह्नित समुदाय के प्रतिनिधि होने का दावा कर सकते थे। पश्चिम बंगाल में ऐसा मामला क्यों था जहाँ आबादी का पाँचवाँ हिस्सा मुस्लिम है और जहाँ मुस्लिम मध्यम वर्ग बढ़ रहा है? क्योंकि, जैसा कि कई मुस्लिम पेशेवरों ने समझाया, सामुदायिक संगठनों में धार्मिक वर्गों के पुरुषों का वर्चस्व था, जो उन मुसलमानों के प्रति सन्दिग्ध और नाराज़ थे, जिन्होंने सफलतापूर्वक शहरी धर्मनिरपेक्ष व्यवसायों में जगह बनायी थी। पश्चिम बंगाल में मुसलमानों का भारी बहुमत ग्रामीण और ग़रीब था; शहरी मध्यम वर्ग के मुसलमान उनका प्रतिनिधित्व करने में सक्षम नहीं थे, और शायद नहीं चाहते थे। जैसा कि

एक मुस्लिम नौकरशाह ने टिप्पणी की, "अशिक्षित या अर्ध-शिक्षित वर्ग असहिष्णु, कट्टर और ख़तरनाक है।"

उदारवादी विचारोंवाले पेशेवर मुसलमानों के लिए साम्प्रदायिक संगठनों द्वारा अपमान का निशाना बनना कोई असामान्य बात नहीं थी। परिणामस्वरूप, ऐसे व्यक्तियों ने आमतौर पर समुदाय या संगठनों से पूरी तरह दूर रहना चुना, जिससे उन्हें अपनी धार्मिक साख का दिखावा करने वाले पुरुषों के निर्विवाद प्रभुत्व पर छोड़ दिया गया। जैसा कि एक प्रमुख बंगाली दैनिक को लिखे एक संवाददाता ने कहा, पश्चिम बंगाल के नियमित माध्यमिक विद्यालयों में सभी छात्रों में से लगभग बीस प्रतिशत मुस्लिम हैं। फिर भी, यह निजी मदरसा का प्रश्न है, जिसमें केवल कुछ हज़ार छात्र शामिल हैं, जो राजनीतिक क्षेत्र को उत्तेजित करता है। "राजनीतिक नेता कब तक इमामों के आगे झुकते रहेंगे और मुस्लिम समाज के भीतर सुधारों पर रोक लगाते रहेंगे?" उसने पूछा। राज्य और राष्ट्रीय राजनीति में मुस्लिम राजनेता हमेशा मुख्यधारा के संस्थानों में शिक्षित होते थे और अक्सर धर्मनिरपेक्ष व्यवसायों में होते थे। फिर भी जब भी मुस्लिम समाज में सुधार पर बहस होती है, तो समुदाय के प्रतिनिधि के रूप में इमामों की बात सुनी जाती है। उन्होंने दावा किया, "मुस्लिम कट्टरवाद और धार्मिक कट्टरता के ख़िलाफ़ लड़ाई में मुख्य बाधा मुस्लिम समाज के बढ़ते शिक्षित और प्रबुद्ध वर्ग की चुप्पी है।"[23]

फिर सवाल उठता है : वे कौन से उपयुक्त संस्थान हैं जिनके माध्यम से एक धर्मनिरपेक्ष राजनीति में अल्पसंख्यक समुदायों के भीतर परिवर्तन पर बहस आयोजित की जा सकती है? आज़ादी के बाद से, जबकि भारत में आधुनिकीकरण करने वाला राज्य अक्सर क़ानूनी और प्रशासनिक हस्तक्षेप के माध्यम से पारम्परिक सामाजिक संस्थानों और प्रथाओं को बदलने की माँग करता रहा है, एक माँग हमेशा यह रही है कि अल्पसंख्यक धार्मिक समुदायों को अपनी धार्मिक और सांस्कृतिक पहचान की रक्षा करने का अधिकार होना चाहिए, अन्यथा वे एकरूपीकरण की बहुसंख्यकवादी राजनीति की दया पर निर्भर होंगे। भारतीय राज्य, सामान्य तौर पर, अल्पसंख्यक समुदायों की संस्थाओं और प्रथाओं के सम्बन्ध में आधुनिकीकरण के हस्तक्षेपवादी एजेंडे को आगे बढ़ाने से काफ़ी हद तक दूर रहा है। इसके परिणामस्वरूप, हाल के वर्षों में हिन्दू दक्षिणपन्थियों ने भारतीय राज्य और केन्द्र और वाम दलों पर 'छद्म धर्मनिरपेक्षता और अल्पसंख्यकों के तुष्टीकरण' का आरोप लगाते हुए एक भयानक अभियान चलाया है। जैसा कि हमने देखा, पश्चिम बंगाल के मामले में भी, इस सुझाव पर कि निजी मदरसों को सरकारी विनियमन के तहत लाया जा सकता है,

मुस्लिम समुदाय का प्रतिनिधित्व करने का दावा करने वालों ने काफ़ी आक्रोश व्यक्त किया और सरकार को ऐसा करने के लिए मजबूर किया जिसे कई लोगों ने उलट-फेर के रूप में देखा। अधिकांश सम्भावित सुधारकों द्वारा सामुदायिक संस्थानों के भीतर से सुधार के लिए काम करने का विकल्प बहुत कठिन और अव्यवहार्य माना जाता है। एक बार फिर, पश्चिम बंगाल के मामले में भी, हमने देखा है कि वर्ग, व्यवसाय और वैचारिक अभिविन्यास के कारक उदार मध्यम वर्ग के मुसलमानों को सामुदायिक संस्थानों में शामिल होने से रोकते हैं।

हालाँकि, एक तीसरी सम्भावना है, जो मुझे ऐसा लगता है, हालिया पश्चिम बंगाल बहस के सन्दर्भ में भी दिखाई देता है। यह एक प्रमुख प्रवृत्ति नहीं है, लेकिन यह एक विशिष्ट उपस्थिति बन गयी है। यह सुधारवादी हस्तक्षेप विशेष रूप से राज्य के क़ानूनी-प्रशासनिक तन्त्र के भीतर नहीं होता है। न ही यह नागरिक समाज के ग़ैर-राजनीतिक क्षेत्र में होता है, बल्कि यह विकास और कल्याण के व्यापक सरकारी कार्यों और सामुदायिक संस्थानों के कामकाज के बीच ओवरलैप में काम करता है जिन्हें मैंने कहीं और राजनीतिक समाज कहा है। यह अक्सर उचित नागरिकता के नागरिक मानदण्डों के विपरीत, पैरालीगल प्रथाओं का एक क्षेत्र है। फिर भी यहाँ ग़रीबों और वंचित लोगों के बड़े वर्ग के लिए सरकार के कल्याण और विकासात्मक कार्यों को उपलब्ध कराने के लिए निष्पक्षता और न्याय के नये, और अक्सर प्रासंगिक और अस्थायी मानदण्ड तैयार करने के प्रयास किये जा रहे हैं। यहाँ प्रतिनिधित्व के दावे हैं जिन्हें सरकारी कार्यों और सामुदायिक संस्थानों के बीच उस अतिव्यापी क्षेत्र पर स्थापित किया जाना है। मैं पश्चिम बंगाल मामले में राज्य के हस्तक्षेप या नागरिक सामाजिक कार्रवाई के बजाय राजनीतिक प्रतिनिधियों की एजेंसी के माध्यम से सुधार के अभियान को आगे बढ़ाने का प्रयास देखता हूँ। पश्चिम बंगाल में वाम दलों के जो राजनीतिक प्रतिनिधि मुस्लिम हैं, उन्हें आमतौर पर नौकरी, स्वास्थ्य, शिक्षा, पानी, सड़क, बिजली आदि जैसे लाभ देने के अपने वादे, यदि क्षमता नहीं है, के कारण उनके मुस्लिम घटकों के बीच बड़ा लोकप्रिय समर्थन प्राप्त है। लेकिन अल्पसंख्यक समुदाय के राजनीतिक प्रतिनिधियों के रूप में, वे आवश्यक रूप से समुदाय के आन्तरिक मामंलों पर बोलने के अपने अधिकार को नहीं छोड़ते हैं, यह केवल इसलिए कि सामुदायिक संस्थाएँ भी सरकारी कार्यों के नेटवर्क में बँधी हुई हैं। जैसा कि मैनुल हसन ने बताया, यहाँ तक कि निजी मदरसों को भी स्थानीय राजनीतिक नेताओं की सक्रिय भागीदारी के साथ स्थापित किया जाना

था। यह वह क्षेत्र है जहाँ सुधारवादी हस्तक्षेप का एक अलग तरीक़ा हो सकता है जो सरकार और समुदाय को बाहर और अन्दर फैलाता है। यह सम्भावित रूप से इस सवाल का लोकतन्त्रीकरण कर सकता है कि अल्पसंख्यकों का प्रतिनिधित्व कौन करता है।

मैंने यहाँ धर्मनिरपेक्ष राजनीति के एक भिन्न तौर-तरीक़े का संकेत मात्र प्रस्तुत किया है। मैं एक सम्भावना के रूप में इसके महत्त्व पर ज़ोर दे रहा हूँ, लेकिन मुझे इसकी वास्तविकता को बढ़ा-चढ़ाकर नहीं बताना चाहिए। बीसवीं सदी में बंगाल में हिन्दू-मुस्लिम सम्बन्धों के एक छात्र के रूप में, मैं वहाँ साम्प्रदायिक हिंसा के बड़े पैमाने पर सबूतों के साथ बहुत क़रीब से रहा हूँ, इसलिए बंगाली लोगों, चाहे हिन्दू हों या मुस्लिम, की किसी भी तरह की जन्मजात धर्मनिरपेक्षता के बारे में अच्छे विचार नहीं हैं। दरअसल, मैं अक्सर कई वामपन्थी और उदारवादी लोगों की सन्तुष्टि के बारे में चिन्तित रहता हूँ जो सोचते हैं कि पश्चिम बंगाल और बांग्लादेश में साम्प्रदायिक प्रशन किसी तरह हल हो गया है। दूसरी ओर, मुझे लगता है कि पिछले तीन दशकों में ग्रामीण पश्चिम बंगाल में हुई व्यापक राजनीतिक लामबन्दी का गहरा लोकतान्त्रिक निहितार्थ है। यह सर्वविदित है कि लोकतन्त्र स्वयं धर्मनिरपेक्षता की कोई गारंटी नहीं है, क्योंकि चुनावी बहुमत को अक्सर अल्पसंख्यक समुदायों के ख़िलाफ़ लामबन्द किया जा सकता है : हम इसे आज गुजरात में बहुत अच्छी तरह से देखते हैं। दूसरी ओर, यह भी सच है कि संरक्षित अल्पसंख्यक अधिकार अल्पसंख्यक समुदायों के भीतर परम्परावादियों और यहाँ तक कि कट्टरपन्थियों को प्रीमियम देते हैं, जब तक इस सवाल पर कि उनका प्रतिनिधित्व कौन करता है, एक अधिक प्रभावी लोकतान्त्रिक प्रक्रिया के तहत बातचीत की अनुमति नहीं दी जाती है, मुझे पश्चिम बंगाल के राजनीतिक समाज में इस प्रक्रिया के बारे में कुछ पता चल रहा है।

लेकिन इस विवाद में जिस दूसरे बिन्दु पर भी ज़ोर दिया गया है, वह स्थानीय स्थिति में निहित राजनीतिक सम्भावनाओं पर वैश्विक राजनीति के मानदण्डों द्वारा निर्धारित है। 11 सितम्बर, 2001 की घटनाओं के बाद संयुक्त राज्य अमेरिका द्वारा शुरू की गयी वैश्विक राजनीति की प्रवृत्तियों ने दुनिया के अधिकांश हिस्सों में राजनीतिक समाज पर नयी बाधाएँ डाल दी हैं। साम्राज्यवादी विशेषाधिकार जो अब तथाकथित 'आतंकवाद पर युद्ध', स्थापित अन्तरराष्ट्रीय क़ानूनों और प्रक्रियाओं के लिए अहंकारी उपेक्षा, मातृभूमि सुरक्षा के नाम पर नागरिकों और विदेशी निवासियों दोनों के नागरिक अधिकारों का हनन और सबसे ऊपर, 'आतंकवादी'

और 'आतंकवाद के प्रति सहानुभूति रखने वालों' की सर्वव्यापी और असीम रूप से निंदनीय अवधारणाओं के वैश्विक प्रसार के स्तर पर जो लगभग किसी भी व्यक्ति से जुड़े हो सकते हैं, पर ज़ोर दिया जा रहा है। ऐसे समूह, जातीयता या राष्ट्रीयता जिनकी राजनीतिक इच्छाएँ सत्तारूढ़ शासन और प्रमुख शक्तियों का ग़ुस्सा आकर्षित करने के लिए होती हैं, लोकप्रिय राजनीति पर केवल नकारात्मक प्रभाव डाल सकती हैं। जैसा कि मैंने बार-बार बताया है, राजनीतिक समाज सज्जनों के क्लब की तरह नहीं है; यह अक्सर एक गन्दा और ख़तरनाक स्थान हो सकता है। जब राजनीतिक समाज में हिंसक और घृणित गोलबन्दी उन लोगों द्वारा राज्य हिंसा की निन्दनीय तैनाती से अपनी वैधता प्राप्त कर सकती है जो आधुनिकता के मुक्त समाजों के लिए बोलने का दावा करते हैं, तो धैर्यवान, मानवीय और लोकतान्त्रिक सामाजिक परिवर्तन की कम आकर्षक परियोजनाएँ गम्भीर तनाव में आने के लिए उत्तरदायी हैं। हालाँकि पूर्ववाला ही आज अधिकांश समाचार बना रहा है, इतिहास बादवाले प्रयासों के माध्यम से बनाया जा रहा है।

सन्दर्भ

1. 27 मार्च 2002 को नयी दिल्ली में एक संवाददाता सम्मेलन में राष्ट्रीय स्वयं सेवक संघ (आरएसएस) के प्रवक्ता माधव गोविन्द वैद्य, 28 मार्च 2002 को *आनन्द बाज़ार पत्रिका* (कोलकाता) में रिपोर्ट की गयी।
2. पार्थ चटर्जी (1997), 'सेकुलरलिज़्म एंड *टॉलरेशन*, संकलित *ए पॉसिबल इंडिया : एसेज़ इन पॉलिटिकल क्रिटिसिज़्म*, दिल्ली : ऑक्सफ़ोर्ड यूनिवर्सिटी प्रेस, 228-262
3. *द टेलीग्राफ़* (कोलकाता), 29 जनवरी 2002
4. *टाइम्स ऑफ़ इंडिया* (कोलकाता) 31 जनवरी 2002
5. वही, 30 फरवरी 2002
6. वही, 1 फरवरी 2002
7. वही, 2 फरवरी 2002
8. वही, 3 फरवरी 2002
9. वही, 5 फरवरी 2002
10. *गणशक्ति* (कोलकाता) 5 फरवरी 2002
11. *टाइम्स ऑफ़ इंडिया* 7 फरवरी 2002
12. *गणशक्ति*, 7 फरवरी 2002
13. *द टेलीग्राफ़*, 8 फरवरी 2002; *आनन्द बाज़ार पत्रिका*, 8 फरवरी 200, *गणशक्ति*, 8 फरवरी 2002, *टाइम्स ऑफ़ इंडिया* 8 फरवरी 2002
14. *टाइम्स ऑफ़ इंडिया*, 12 फरवरी 2002
15. *आनन्द बाज़ार पत्रिका*, 29 जनवरी 2002, *द टेलीग्राफ*, 30 जनवरी 2002

16. वही, 29 जनवरी, 2002
17. *गणशक्ति,* 29 जनवरी 2002
18. *टाइम्स ऑफ़ इंडिया,* 1 फरवरी 2002
19. द *टेलीग्राफ,* 1 फरवरी 2002
20. *गणशक्ति,* 12 फरवरी 2002
21. वही, 6 फरवरी 2002
22. टेलीग्राफ़, 12 फरवरी 2002
23. *आनन्द बाज़ार,* 28 फरवरी 2002

अध्याय : सात

क्या भारतीय शहर अन्ततः बोर्ज़्वा बन रहे हैं?

यदि आप चाहें तो क्या हम यह पूछ सकते हैं कि भारतीय शहर सचमुच बोर्ज़्वा बन रहे है?

. एक

इससे कोई फ़र्क़ नहीं पड़ता कि अन्तर्निहित भावना क्या है, इस तरह का प्रश्न पूछने के कई कारण हैं। सबसे पहले, यह स्पष्ट है कि पिछले एक दशक में भारतीय शहरों की सड़कों को स्वच्छ करना, सार्वजनिक भूमि को अतिक्रमणकारियों से मुक्त करने और उचित नागरिकों के उपयोग के लिए सार्वजनिक स्थानों को पुनः प्राप्त करने के लिए एक ठोस प्रयास किया गया है। इस आन्दोलन को नागरिक समूहों द्वारा प्रेरित किया गया है और सक्रिय न्यायपालिका द्वारा इसका दृढ़ता से समर्थन किया गया है, जो एक स्वस्थ वातावरण में नागरिकों के अधिकारों की रक्षा करने का दावा करता है जिसमें हर कोई क़ानून का पालन करता है। दूसरा, जहाँ हर भारतीय महानगर में मध्यम वर्ग के उपनगरीकरण की प्रक्रिया जारी है, वहीं ऐतिहासिक तौर पर चाहे वह पूर्व औपनिवेशिक हो या उत्तर-औपनिवेशिक, वास्तुशिल्प और सांस्कृतिक विरासत के संरक्षण के लिए संगठित आन्दोलनों और क़ानूनी नियमों को लेकर चिन्ता भी ज़ाहिर की जा रही है। तीसरा, भले ही सार्वजनिक स्थानों को उचित नागरिकों के सामान्य उपयोग के लिए पुनः प्राप्त किया जाता है, फिर भी कुलीन उपभोग, कुलीन जीवनशैली और कुलीन संस्कृति के लिए अलग और संरक्षित स्थानों का प्रसार हो रहा है।

यह कई मायनों में आज़ादी के बाद के भारतीय शहरों द्वारा स्थापित पैटर्न का व्युत्क्रम है। वह पैटर्न ऐसा था जिसमें 1950 और 1960 के दशक में औपनिवेशिक

11-13 जनवरी 2003 को दिल्ली के विकासशील समाज अध्ययन केन्द्र में सराय द्वारा आयोजित सिटी वन सम्मेलन के पूर्ण सत्र में दिये गये भाषण में।

शासन के दिनों में उत्पन्न शहरी अभिजात वर्ग ने शहर पर अपने सामाजिक और राजनीतिक प्रभुत्व का प्रयोग किया, यूरोपीय लोगों को सरकारी प्राधिकरण के पदों पर प्रतिस्थापित किया और बड़े पैमाने पर चुनावी प्रतिनिधित्व के नये संस्थानों पर नियन्त्रण के तरीक़ों पर काम किया। उदाहरण के लिए, कोलकाता में, धनी ज़मींदार ही कांग्रेस पार्टी के संरक्षक तथा निर्वाचित प्रतिनिधि बन गये। शहरी पड़ोस को सामाजिक, सांस्कृतिक और नैतिक नेतृत्व प्रदान करने में सामान्य मध्यम वर्ग की भागीदारी में अमीर सबसे आगे थे। आमतौर पर पड़ोस के संस्थानों जैसे स्कूल, खेल क्लब, बाज़ार, चाय की दुकानें, पुस्तकालय, पार्क, धार्मिक सभाएँ, धर्मार्थ संगठन इत्यादि का एक काफ़ी घना नेटवर्क था, जो अमीर और मध्यम वर्ग द्वारा संगठित और समर्थित था, जिसके माध्यम से शहरी समुदाय की एक सक्रिय और भागीदारी की भावना पैदा की गयी और पोषित की गयी। तब मध्यवर्गीय बच्चों के लिए पड़ोस के स्कूल जाना और पड़ोस के पार्क में खेलना असाधारण के बजाय सामान्य था; पड़ोस के क्लब या चाय की दुकान में अड्डे के लिए युवाओं को इकट्ठा होने के लिए; गृहिणियों के लिए पड़ोस के पुस्तकालय से किताबें निकालना या पड़ोस के बाज़ार से कपड़े ख़रीदना; बुजुर्गों को धार्मिक प्रवचन और भक्ति संगीत सुनने के लिए पड़ोस की संस्था में एकत्रित होना असाधारण के बजाय सामान्य था। सड़क के सामने बड़ी-बड़ी हवेलियाँ या शानदार मध्यवर्गीय मकान होंगे, जो हमेशा पीछे की ओर भीड़-भाड़ वाली झुग्गियों को छिपायेंगे जहाँ श्रमशील आबादी रहती होगी। बेशक, शहर के औद्योगिक क्षेत्रों में बड़ी संख्या में झुग्गी-झोंपड़ी में रहने वाली आबादी रहती थी। हालाँकि, शहरी ग़रीब अक्सर संरक्षक-ग्राहक सम्बन्धों में धनवानों से बँधे होते थे, जो न केवल व्यक्तिगत होते थे, बल्कि अक्सर धर्मार्थ संगठनों और यहाँ तक कि प्रोटो-यूनियनों द्वारा भी मध्यस्थ होते थे, जैसा कि दीपेश चक्रवर्ती ने कोलकाता के जूट श्रमिकों पर अपनी किताब में दिखाया था।[1] यहाँ तक कि जब औद्योगिक श्रमिक वर्ग राजनीतिक कार्यकर्ताओं द्वारा संगठित किया गया था, तब भी यूनियनों ने मध्यम वर्ग के बुद्धिजीवियों और झुग्गी-झोंपड़ी में रहने वाले श्रमिकों के बीच एक सक्रिय सम्बन्ध स्थापित किये थे।

कम से कम जहाँ तक कोलकाता शहर का सवाल है। मैं तर्क देता हूँ कि मध्यम वर्ग के धनी और सांस्कृतिक नेतृत्व का सामाजिक और राजनीतिक प्रभुत्व आज़ादी के बाद एक दशक तक पड़ोसी संस्थानों के एक ग्रिड के माध्यम से क़ायम रहा। उन्होंने पड़ोस के समुदायों को बनाने और पोषित करने का प्रयास किया था। कोलकाता के पड़ोस वर्ग सजातीय नहीं थे, और वे अक्सर भाषा, धर्म या जातीयता के सन्दर्भ में मिश्रित थे[2], जबकि वर्गों के बीच सामाजिक सीमाएँ अलग-अलग सन्दर्भों में काफ़ी हद तक बनी हुई थीं। पड़ोस या पड़ोस के विचार के माध्यम से

वर्गों की बची हुई समुदाय की भावना को भी सक्रिय रूप से बढ़ावा दिया गया था। पड़ोसी संस्थाओं द्वारा इस विचार को दैनिक समर्थन के अलावा स्थानीय टीम और किसी अन्य टीम के बीच फ़ुटबॉल मैच या स्थानीय पार्क में ओपन एयर थिएटर और संगीत प्रदर्शन या वार्षिक दुर्गापूजा जैसे अवसरों पर बड़ी संख्या में निवासियों की समय-समय पर सभाएँ होती थीं। हालाँकि, वर्ग के सन्दर्भ में मिश्रित इन सामुदायिक संरचनाओं का अधिकांश भाग भाषा, धर्म या जातीयता के सन्दर्भ में सजातीय था। निर्मल कुमार बोस, जिन्होंने 1960 के दशक की शुरुआत में इस घटना का गहराई से अध्ययन करते हुए यह पाया कि अपने सामाजिक सम्बन्धों में, यदि हमेशा अपने आवासीय विकल्पों में नहीं, तो कोलकाता में जातीय समूह एक साथ एकत्रित होते थे। धर्म या भाषा द्वारा परिभाषित प्रत्येक जातीय समुदाय, हालाँकि पड़ोसी इलाक़ों में दूसरों के साथ अतिव्यापी या पृथक् था, वास्तव में अलग था। न केवल बंगाली बल्कि मारवाड़ी, ओड़िया, उर्दू भाषी मुसलमान, एंग्लो-इंडियन, गुजराती, पंजाबी, चीनी प्रत्येक के पास संघों का अपना नेटवर्क था। बोस का कुछ हद तक निराशाजनक निष्कर्ष यह था कि "शहर की आबादी में विविध जातीय समूहों का एक-दूसरे के साथ वैसा ही सम्बन्ध हो गया है जैसा कि पूरे भारत में जातियों का है।"[3] वास्तव में, शहर में बंगाली बोलने वालों का अनुपात 1961 में लगभग 63 प्रतिशत और इस तथ्य को देखते हुए कि केवल जातीय रूप से सजातीय पड़ोस ही बंगाली बोलने वालों द्वारा बसाये गये थे, कोलकाता शहर में बंगालियों की स्थिति कुछ हद तक ग्रामीण भारत के कई क्षेत्रों में प्रमुख जाति के समान कही जा सकती है। सार्वजनिक जीवन की इस सघनता और दृश्यता ने शहर को मुख्य रूप से बंगाल शहर के रूप में प्रस्तुत किया।

लेकिन धनवानों और शक्तिशाली लोगों के साथ संरक्षक-ग्राहक सम्बन्धों द्वारा क़ायम एक सहयोगी जीवन एक आधुनिक शहर में बोज़र्वा सार्वजनिक जीवन की परिभाषा के साथ बिल्कुल संगत नहीं है। स्पष्ट रूप से कोलकाता, 1950 और 1960 के दशक में अन्य भारतीय शहरों की तरह, उचित शहरी आधुनिकता में परिवर्तन करने में विफल रहा था। निर्मल बोस ने 1965 में *साइंटिफ़िक अमेरिकन* में प्रसिद्ध लेख में कोलकाता को 'समय से पहले महानगर' कहा था। यह इतिहास के चरण से बाहर है जो कथित औद्योगिक क्रान्ति से पहले पारम्परिक कृषि अर्थव्यवस्था की स्थापना में महानगर को जन्म देने के लिए दिखाई दिया था।[4] औद्योगिक कोलकाता में मज़दूर वर्ग के संगठन और चेतना की प्रकृति के बारे में दीपेश चक्रवर्ती का निष्कर्ष अलग नहीं था; उन्होंने तर्क दिया कि कारख़ानों और मलिन बस्तियों में सामाजिकता के पूर्व-बोज़र्वा तरीक़ों की दृढ़ता ने श्रमिकों की एक वर्ग के रूप में

कार्य करने की क्षमता को क्षीण कर दिया है।[5] मुझे याद है कि 1970 के दशक की शुरुआत में मुम्बई की मेरी पहली यात्रा के बाद वहाँ के शहर और उसके पूँजीपतियों के बीच जैविक सम्बन्धों को देखकर मुझे इस बात से ईर्ष्या हो रही थी कि मैं एक अद्भुत आधुनिक व्यक्ति हूँ। बम्बई के इतिहास से अधिक परिचित होने के कारण जल्द ही मुझे इस विचार से विमुख कर दिया गया कि यदि कोलकाता आधुनिक और बोज़्वा नहीं था, तो बम्बई भी आधुनिक नहीं था।

दो

सामाजिक-राजनीतिक प्रभुत्व की पुरानी संरचना 1970 और 1980 के दशक में लोकतन्त्र और विकास के दोहरे प्रभावों से काफ़ी हद तक बदल गयी थी। एक ओर, प्रतिद्वन्द्वी राजनीतिक दलों ने शहरों में चुनावी समर्थन जुटाने के अपने प्रयास तेज़ कर दिये। दूसरी ओर, बड़े शहरों की आबादी में भारी वृद्धि, जो मुख्य रूप से ग्रामीण इलाक़ों से पलायन के कारण हुई, ने राजनीतिक अशान्ति, अपराध, बेघरता, गन्दगी और बीमारी से चिह्नित विस्फोटक सामाजिक स्थितियाँ पैदा कीं। विशेष रूप से शहरी ग़रीबों के लिए आवास, स्वच्छता, पानी, बिजली, परिवहन, स्कूल, स्वास्थ्य सेवाएँ आदि प्रदान करने की एक नयी चिन्ता पैदा हुई। इन दशकों में, शहरी जीवन की संरचनाओं के भीतर ग़रीबों की बढ़ती आबादी को समायोजित करने के लिए, ज़्यादातर केन्द्र सरकार के वित्त पोषण और अक्सर विश्व बैंक जैसी एजेंसियों से पर्याप्त अन्तरराष्ट्रीय सहायता के साथ विकासात्मक और कल्याणकारी योजनाओं का प्रसार हुआ, भले ही उन संरचनाओं को उनकी सीमाओं तक दबाया जा रहा था।

एक ओर चुनावी लामबन्दी की माँगें और दूसरी ओर कल्याण वितरण का तर्क, ओवरलैप हो गया। नागरिक समाज की शास्त्रीय धारणा से इसे अलग करने के लिए मैंने अन्यत्र इस क्षेत्र को *राजनीतिक* समाज के रूप में वर्णित किया है। शहरी ग़रीबों के कल्याण के सरकारी प्रशासन को आवश्यक रूप से नागरिक समाज में संगठित नागरिकों के साथ राज्य के सामान्य सम्बन्धों से अलग तर्क का पालन करना पड़ता था। शहर के ग़रीब अक्सर सार्वजनिक भूमि पर अवैध रूप से क़ब्ज़ा किये थे, बिना भुगतान किये सार्वजनिक परिवहन में यात्रा करते थे, पानी और बिजली चुराते थे, सड़कों और पार्कों पर अतिक्रमण करते थे। उपलब्ध संसाधनों को देखते हुए, यह आग्रह करना अवास्तविक था कि सरकारी लाभ के लिए पात्र बनने से पहले वे अपने तरीक़े सुधारें और उचित नागरिक बनें। 1970 और 1980 के दशक की विभिन्न शहरी विकास परियोजनाओं में यह मान लिया गया कि ग़रीबों के बड़े

हिस्से को अपने निवास-स्थान पर वैध स्वामित्व के बिना शहर में रहना होगा। फिर भी अधिकारियों ने मलिन बस्तियों को पानी और स्वच्छता, स्कूल और स्वास्थ्य केन्द्र उपलब्ध कराये। बिजली कम्पनियों ने चोरी से होने वाले नुक़सान को कम करने के लिए सम्पूर्ण अवैध बस्तियों के साथ सामूहिक दरों पर बातचीत की। मुम्बई और कोलकाता में उपनगरीय रेलवे अधिकारी, अपने बजट की गणना करते समय, नियमित रूप से मानते थे कि आधे या अधिक दैनिक यात्री टिकट नहीं ख़रीदेंगे। शहरी ग़रीबों की आबादी को शान्त करना था और उनकी देखभाल भी करनी थी, आंशिक रूप से इसलिए क्योंकि वे शहर की अर्थव्यवस्था के लिए आवश्यक श्रम और सेवाएँ प्रदान करते थे और आंशिक रूप से क्योंकि यदि उनकी बिल्कुल भी देखभाल नहीं की गयी, तो वे सभी नागरिकों की सुरक्षा और कल्याण को ख़तरे में डाल सकते थे।

जब आपातकाल के दौरान दिल्ली के तुर्कमान गेट क्षेत्र से झुग्गियों को जबरन ध्वस्त करने और निवासियों को बेदख़ल करने की ख़बर फैली तो उस समय के सामान्य रवैये को देश भर में व्यापक विद्रोह में लगभग प्रतीकात्मक रूप से दर्शाया गया था। शहर की सफ़ाई में संजय गांधी के उत्साह को उत्तर-औपनिवेशिक शहर की लोकतान्त्रिक संस्कृति के विपरीत देखा गया। यह रवैया 1980 के दशक में शहरी ग़रीबों की सहायता के लिए न्यायपालिका की सामान्य इच्छा में भी परिलक्षित हुआ था, वस्तुतः यह मान्यता दी गयी थी कि उन्हें शहर में निवास और आजीविका का अधिकार है और सरकारी अधिकारी किसी प्रकार के पुनर्वास और इसके प्रावधान के बिना उन्हें बेदख़ल नहीं कर सकते हैं और न ही दण्डित कर सकते हैं।

हालाँकि, यह सोचना ग़लत होगा कि यह प्रक्रिया ग़रीबों के लिए नागरिकता के विस्तार का प्रतिनिधित्व करती है। वास्तव में, जैसा कि मैंने अन्यत्र अधिक विस्तार से तर्क दिया है, नागरिकों और आबादी के बीच सावधानीपूर्वक वैचारिक अन्तर किया गया था। जनसंख्या विशिष्ट सामाजिक या आर्थिक विशेषताओं वाले लोगों की अनुभवजन्य श्रेणियाँ हैं जो विकासात्मक या कल्याणकारी नीतियों के प्रशासन के लिए प्रासंगिक हैं। इस प्रकार, ग़रीबी रेखा से नीचे झुग्गी-झोंपड़ी में रहने वाले बच्चों या कामकाजी माताओं के लिए या कहें, बरसात के मौसम में बाढ़ की आशंकावाली बस्तियों के लिए विशिष्ट योजनाएँ हो सकती हैं। इस प्रकार की प्रत्येक योजना, या व्यापक नीति जिसके अन्तर्गत इसे तैयार किया गया है, विशिष्ट जनसंख्या समूहों की पहचान करेगी जिनका आकार और विशिष्ट

सामाजिक-आर्थिक या सांस्कृतिक विशेषताएँ अनुभवजन्य रूप से निर्धारित और जनगणना और सर्वेक्षणों के माध्यम से दर्ज की जायेंगी। जनसंख्या तब सरकारी ज्ञान की वर्गीकृत योजनाओं द्वारा निर्मित होती है। नागरिकता के विपरीत, जो राज्य की सम्प्रभुता में हिस्सेदारी का नैतिक अर्थ रखती है और इसलिए राज्य के सम्बन्ध में अधिकारों का दावा करती है, जनसंख्या में कोई अन्तर्निहित नैतिक दावा नहीं होता है। जब सरकारी एजेंसियों द्वारा उनकी देखभाल की जाती है, तो उन्हें केवल एक नीति का समर्थन मिलता है जिसका तर्क आर्थिक, राजनीतिक या सामाजिक परिणामों के सन्दर्भ में लागत और लाभ में से एक है। जब ये गणनाएँ बदलती हैं, तो नीतियाँ भी बदल जाती हैं और लक्ष्य समूहों की संरचना भी बदल जाती है। वास्तव में, अगर मैं अपने कारणों को विस्तार से बताये बिना यहाँ एक सामान्य सैद्धान्तिक बिन्दु बना सकता हूँ, तो मैं कहूँगा कि विकास और कल्याण के सरकारी प्रशासन ने एक विषम सामाजिक व्यवस्था का निर्माण किया, जिसमें कई जनसंख्या समूह शामिल थे, जिन्हें कई और लचीली नीतियों के माध्यम से सम्बोधित किया जाना था। यह नागरिकता की अवधारणा के बिल्कुल विपरीत था जिसमें सजातीय राष्ट्रीयता पर ज़ोर मौलिक और निरन्तर दोनों था।

इसके स्पष्ट कारण थे कि शहरी ग़रीबों से सम्बन्धित जनसंख्या समूहों के साथ उचित नागरिकों के बराबर व्यवहार नहीं किया जा सका। यदि अतिक्रमणकारियों को सार्वजनिक या निजी भूमि पर उनके अवैध क़ब्ज़े में सरकारी अधिकारियों द्वारा किसी भी प्रकार की वैधता दी जाती है, तो क़ानूनी रूप से रखी गयी सम्पत्ति की पूरी संरचना ख़तरे में पड़ जायेगी। शहरी ग़रीबों के बड़े हिस्से को वैध नागरिक नहीं माना जा सकता क्योंकि उनका निवास और आजीविका अक्सर क़ानून के उल्लंघन पर आधारित होती है। और फिर भी, जैसा कि मैंने पहले उल्लेख किया है, शहर के आवश्यक निवासियों के रूप में इन आबादी को कुछ प्रकार के लाभ और सुरक्षा प्रदान करने के शक्तिशाली सामाजिक और राजनीतिक कारण थे। नगरपालिका प्राधिकारियों, पुलिस, स्वास्थ्य सेवाओं, परिवहन विभाग, बिजली आपूर्ति कम्पनियों आदि जैसी विभिन्न एजेंसियों के अधिकारियों ने ऐसे कई तरीक़े ईजाद किये हैं जिनमें वैधता और सम्पत्ति की समग्र संरचना को ख़तरे में डाले बिना, ऐसी सुविधाएँ और लाभ केस-टू-केस, तदर्थ या असाधारण आधार पर बढ़ाये जा सकते हैं। कोई कह सकता है कि 1970 और 1980 के दशक में भारतीय शहरों के शासन में यह शायद सबसे उल्लेखनीय विकास था यानी शहर के सार्वजनिक जीवन में कम

वेतनवाली श्रमिक और सेवा आबादी के एकीकरण के लिए, सरकारी अधिकारियों द्वारा बनायी गयी या कम से कम मान्यता प्राप्त अर्धन्यायिक व्यवस्थाओं की एक सम्पूर्ण उपसंरचना का उद्‌भव।

ये व्यवस्थाएँ नागरिक समाज और राज्य के बीच सम्बन्धों के धरातल पर न तो कारगर थीं और न ही हो सकती थीं। वह एक ऐसा इलाक़ा था जहाँ उचित नागरिक रहते थे, जिनके राज्य के साथ सम्बन्ध संवैधानिक रूप से संरक्षित अधिकारों की संरचना के भीतर तय किये गये थे। नागरिक समाज में नागरिकों के संगठन अधिकार के तौर पर सरकारी अधिकारियों का ध्यान आकर्षित करने की माँग कर सकते हैं, क्योंकि वे क़ानून का पालन करने वाले नागरिकों का प्रतिनिधित्व करते हैं। अधिकारी अतिक्रमणकारियों या फ़ुटपाथ फेरीवालों के संघठनों के साथ नागरिक समाज के वैध-संगठनों की भाँति दर्जा नहीं दे सकते थे।

शहरी ग़रीबों के जनसंख्या समूहों के साथ सरकारी एजेंसियों के सम्बन्ध नागरिक समाज के आधार पर नहीं, बल्कि राजनीतिक समाज के आधार पर निर्धारित किये गये थे। यह विषम सामाजिक क्षेत्र था, जहाँ कई और लचीली नीतियों को लागू किया गया था, जिससे जनसंख्या समूहों से कई और रणनीतिक प्रतिक्रियाएँ पैदा हुईं, जो इन नीतियों को अपनाने, सामना करने या उनका उपयोग करने की माँग कर रहे थे। सरकारी तन्त्र के इस क्षेत्र में नीतियाँ कभी भी केवल दान देने का मामला नहीं होती हैं, बल्कि वांछित परिणाम प्राप्त करने के लिए हमेशा पुरस्कार और लागत, प्रोत्साहन और दण्ड को सन्तुलित करने का प्रयास किया जाता है। इस प्रकार, मलिन बस्तियों को इस उम्मीद में स्वच्छता प्रदान की जा सकती है कि झुग्गीवासी सड़कों या पार्कों को गन्दा नहीं करेंगे। यदि यह अपेक्षा के अनुरूप काम नहीं करता है, तो पुरस्कार और लागत की एक अलग संरचना की कोशिश की जा सकती है। ज़ाहिर है, यह अधिकारियों और जनसंख्या समूह के बीच निरन्तर बातचीत का एक क्षेत्र बनाता है। किस समूह को क्या लाभ दिया जायेगा और कितने समय तक यह रणनीतिक वार्ता की एक श्रृंखला पर निर्भर करेगा।

यह राजनीतिक समाज का क्षेत्र है। हम यहाँ नागरिक समाज में राज्य और नागरिकों के बीच सम्बन्धों के बारे में बात नहीं कर रहे हैं। इसके विपरीत, ये जनसंख्या समूहों और नीति का संचालन करने वाली सरकारी एजेंसियों के बीच सम्बन्ध हैं। अधिकारियों के साथ रणनीतिक राजनीतिक वार्ता का खेल खेलने के लिए, जनसंख्या समूहों को भी ख़ुद को संगठित करना होगा। सरकारी नीति हमेशा

उन्हें विषम सामाजिक के असतत तत्त्वों के रूप में निपटाने की कोशिश करेगी। जनसंख्या समूह की अनुभवजन्य विसंगति को एक समुदाय की नैतिक एकजुटता में ढालना राजनीतिक संगठन का कार्य है। 1970 और 1980 के दशक में अक्सर हुआ कि भारत में शहरी राजनीतिक समाज इसे हासिल करता रहा।

इसमें राजनीतिक नेताओं और पार्टियों द्वारा लामबन्दी और मध्यस्थता का क्षेत्र खुलना आपेक्षिक था। एक तरफ़ धनी अभिजात वर्ग और मध्यम वर्ग और दूसरी तरफ़ ग़रीबों के बीच संरक्षक-ग्राहक सम्बन्धों की पुरानी संरचना तेज़ी से बदल गयी थी। ग़रीबों के लिए कल्याणकारी योजनाओं के सरकारी प्रशासन की राजनीति ने राजनीतिक दलों और नेताओं द्वारा प्रतिस्पर्धी लामबन्दी एक बिल्कुल नया क्षेत्र तैयार किया। इस अवधि में बॉम्बे और कलकत्ता जैसे पुराने औद्योगिक शहरों में होने वाली सबसे महत्त्वपूर्ण प्रक्रियाओं में से एक कारख़ाने के आसपास आयोजित ट्रेड यूनियनों की प्रभावशीलता में गिरावट और झुग्गी-झोंपड़ियों पर केन्द्रित संगठित आन्दोलनों का उदय था। मुम्बई की कम्युनिस्ट नेतृत्ववाली ट्रेड यूनियनों को मनमौजी श्रमिक संगठनकर्ता दत्ता सामन्त के नेतृत्व में आन्दोलनों द्वारा और फिर हिन्दू-अन्धराष्ट्रवादी दक्षिणपन्थी शिव सेना की पड़ोस-आधारित शाखाओं के संगठित नेटवर्क के माध्यम से कुचल दिया गया। कोलकाता में, 1971-72 में सीपीआई (एम-एल) और सीपीआई (एम) के कार्यकर्ताओं पर पहली बार राज्य आतंक का हमला हुआ था, जिसमें हज़ारों लोग मारे गये थे और कई हजार लोगों को जेल में डाल दिया गया था या उनके घरों से निकाल दिया गया था। 1977 में आपातकाल के अन्त तक, शहर में कम्युनिस्ट पार्टियों की लगभग किसी भी राजनीतिक गतिविधि की अनुमति नहीं थी। यह वह अवधि थी जब इन्दिरा गांधी की कांग्रेस पार्टी के युवा नेताओं ने नये शहरी राजनीतिक समाज की संरचना तैयार की थी।

एक बार फिर, यह मुख्य रूप से पड़ोस पर आधारित था, अक्सर यथासम्भव स्पष्ट रूप से पहचानने के लिए सावधानीपूर्वक सीमांकित किया जाता था कि कौन किस स्थानीय संघ से सम्बन्धित है। इन स्थानीय समूहों ने अधिकारियों द्वारा दण्डात्मक कार्रवाई से ख़ुद को बचाने और सरकारी नीति के लाभों को प्राप्त करने के लिए राजनीतिक नेता या पार्टी से प्रतिनिधित्व की माँग की। जब कम्युनिस्ट 1977 के बाद शहर की राजनीति में लौटे, तो वे भी उसी तर्ज पर पड़ोस को संगठित करने के लिए आगे बढ़े। दिलचस्प बात यह है कि भले ही वाम दलों ने अब पश्चिम बंगाल में शासन किया है। पच्चीस वर्षों से अधिक समय से, 1970 के दशक की

शुरुआत में कोलकाता के पुराने हिस्सों में कांग्रेस नेताओं द्वारा निर्मित समर्थन की कई संरचना बरक़रार रही है।

1970 और 1980 के दशक में ग़रीबों की प्रतिस्पर्धी चुनावी लामबन्दी ने उन्हें एक नया रणनीतिक संसाधन प्रदान किया। वे अब एक विकल्प का प्रयोग कर सकते थे, या कम से कम प्रयोग करने की धमकी दे सकते थे। यदि कोई नेता या पार्टी उनके लिए काम नहीं कर सकती थी, तो वे धमकी दे सकते थे। पाला बदल लें और अगले चुनाव में प्रतिद्वन्द्वी पार्टी को वोट दें। वास्तव में, यह बड़े भारतीय शहरों में कई मौक़ों पर हुआ है। बेशक, चूँकि राजनीतिक समाज में इस तरह की अधिकांश बातचीत में ऐसी गतिविधियाँ शामिल होती हैं जो क़ानून का उल्लंघन करती हैं, इसलिए उनमें हमेशा हिंसा का संकेत अधिक होता है। अक्सर, राजनीतिक समाज में प्रभावी लामबन्दी का मतलब हिंसा का नियन्त्रित संगठन होता है, ठीक इसलिए क्योंकि नागरिक समाज की शान्तिपूर्ण वैधता की सुरक्षा यहाँ हमेशा उपलब्ध नहीं होती है। कोई भी इसके कई उदाहरण पेश कर सकता है–मुम्बई, दिल्ली, कोलकाता या मद्रास की चॉलें और झुग्गियाँ। थॉमस ब्लॉम हेन्सन की हालिया किताब द शिव सेना इन बॉम्बे में इस घटना के बारे में सबसे व्यवस्थित अध्ययन शामिल है।[6]

तीन

स्थिति अब एक बार फिर बदल गयी है। 1990 के दशक से, और शायद पिछले पाँच वर्षों में सबसे नाटकीय रूप से, भारत में बड़े शहरों के प्रति सत्तारूढ़ दृष्टिकोण में एक स्पष्ट बदलाव आया है। यही वह बात है जिसने इस बारे में मेरे प्रारम्भिक प्रश्न को प्रेरित किया है–क्या भारतीय शहर आख़िरकार बोर्ज़्वा बन रहे हैं? ऐसा नहीं है कि 1980 के दशक की तरह राजनीतिक समाज पीछे हट गया है। यह बस हो सकता है कि शहर के प्रति सरकारी नीतियों में बदलाव के साथ-साथ राजनीतिक समाज के तहत संगठित विशेष जनसंख्या समूह भी बदल गये हैं। लेकिन इसमें कोई सन्देह नहीं है कि नागरिक समाज की गतिविधियों और दृश्यता में वृद्धि हुई है। भारतीय महानगरों के बाद महानगरों में संगठित नागरिक समूह प्रशासन और न्यायपालिका से माँग करने के लिए आगे आये हैं कि भूमि सार्वजनिक स्थानों और सड़कों के उचित उपयोग के लिए क़ानून और नियम बनाये जायें और नागरिकों के जीवन की गुणवत्ता में सुधार लाने के लिए इसका कड़ाई से पालन किया जाये। हर जगह प्रमुख नारा शहर को अतिक्रमणकारियों और प्रदूषकों से मुक्त करने और जैसा कि शहर को उचित नागरिकों को शहर वापस देना शामिल है।

इस परिवर्तन के कारणों को समझने के लिए, मेरा मानना है कि आधुनिक भारतीय कल्पना में शहर के स्थान पर विचार करना आवश्यक है। यह अक्सर बताया गया है कि ग्रामीण भारत को संरक्षित करने या बदलने के लिए कई अभिनव और उत्साही वैचारिक परियोजनाओं के विपरीत, राष्ट्रवाद के दौर ने भविष्य के वांछित भारतीय शहर के बारे में बहुत कम मौलिक सोच पैदा की। ज्ञान प्रकाश ने हाल ही में इस प्रश्न पर विचार किया है।[7] विरोधाभास वास्तव में प्रासंगिक है, क्योंकि उन्नीसवीं और बीसवीं शताब्दी में भारत में औपनिवेशिक आधुनिकता का स्थान स्पष्ट रूप से शहर था और यहीं पर भारत के राष्ट्रवादी अभिजात वर्ग का निर्माण हुआ। फिर भी, राष्ट्रवाद के युग में रहने और काम करने वाले सामाजिक और राजनीतिक विचारकों, विद्वानों और कलाकारों, कवियों और उपन्यासकारों की दो या तीन पीढ़ियों ने अपनी अधिकांश कल्पनाशील ऊर्जा को उत्पादन के कार्य में समर्पित कर दिया। यह भविष्य के भारतीय शहर का नहीं बल्कि ग्रामीण भारत का विचार है जो आधुनिक युग के लिए उपयुक्त था।

विरोधाभास का उत्तर शायद शहर के बारे में सोचने में भारतीय अभिजात वर्ग द्वारा एजेंसी की कथित कमी में निहित है। औद्योगिक शहर, आधुनिक उद्योग की तरह, निर्विवाद रूप से पश्चिमी आधुनिकता का निर्माण था। ब्रिटिश भारत के औपनिवेशिक शहर बड़े पैमाने पर निर्मित हुए थे, ब्रिटिश औपनिवेशिक शासकों को भारतीयों ने अपना लिया था। मुझे ऐसा लगता है कि भारत के महान औपनिवेशिक शहरों के मध्यवर्ग के बीच हमेशा अपने परिवेश पर नियन्त्रण न रखने की भावना थी। रामकृष्ण परमहंस, जिन्होंने उन्नीसवीं सदी के अन्त में कोलकाता के मध्यवर्ग पर काफ़ी आध्यात्मिक प्रभाव डाला था, अक्सर अपने भक्तों को उस नौकरानी के बारे में बताते थे जिसने अपना पूरा जीवन शहर के एक अमीर घर में रहकर और काम करते हुए बिताया था। वह अपने मालिक के घर को अपना घर कहती थी, लेकिन दिल से वह जानती थी कि वह उसका घर नहीं था; उसका घर बहुत दूर गाँव में था।[8] लम्बे समय तक, शायद 1950 के दशक तक, महानगर ने भारतीय मध्यम वर्ग के मन में घर की नैतिक सुरक्षा और स्थिरता हासिल नहीं की थी।

यहाँ तक कि जब यह एक अपरिवर्तनीय तथ्य बन गया कि उनका जीवन और भविष्य आवश्यक रूप से शहर के भाग्य से जुड़ा हुआ था, तब भी मध्यवर्ग बहुत ही दुविधा में था। बड़े शहर के प्रति लोकप्रिय रवैया एक बेहद अपवित्र जगह के रूप में था, जो पैसे और व्यापार से भ्रष्ट था और ख़तरनाक रूप से मोहक मनोरंजन से भरा हुआ, शहरी मध्यम वर्ग द्वारा भी साझा किया गया था। इसे 1820 के दशक

की शुरुआत से देखा जा सकता है जब भवानीचरण वन्द्योपाध्याय ने *कालिकाता कमलालय* लिखा था, जो सम्भवत: भारत में शहरी समाजशास्त्र का पहला पाठ था।[9] समय के साथ, विस्तारित परिवार के रूप में आर्थिक परिवर्तन के दबाव में ढहते हुए, एकल परिवार की एक नयी नैतिकता की माँग की गयी। लेकिन इस नयी नैतिकता ने शहरी परिवेश में और शहर की बाहरी दुनिया–उसके स्कूलों, सड़कों, पार्कों, बाज़ारों, थिएटरों को परिवार और विशेष रूप से बढ़ते बच्चों के लिए ख़तरनाक माना।[10] मध्यम वर्ग ने इन शहरी संस्थानों पर अपना नैतिक प्रभाव डालना शुरू कर दिया और इस प्रक्रिया में पड़ोस के नैतिक समुदाय की संरचनाओं का निर्माण किया, जिसका वर्णन मैंने पहले 1950 और 1960 के दशक में कोलकाता के लिए किया था।

लेकिन अभी भी कुछ ऐसा था जो ज़ाहिर तौर पर नियन्त्रण से परे था। जिसका सवाल यह था कि भारतीय औद्योगिक महानगर के नैतिक मानचित्र की कल्पित आकृति क्या थी? औपनिवेशिक शासकों के तत्त्वावधान में पश्चिमी मॉडलों की नक़ल की गयी, जिसके मिश्रित परिणाम सामने आये। जब मॉडल पूर्वानुमानित परिणाम देने में विफल रहे, तो शहरी भारतीयों ने ख़ुद को मूल की अपूर्ण प्रतियों में ढाल लिया, जिससे अक्सर 'समय से पहले महानगर' के बारे में निर्मल बोस की विलाप जैसी प्रतिक्रियाएँ उत्पन्न हुईं। लेकिन भारतीय औद्योगिक महानगर का कोई नया मॉडल नहीं था। जब जवाहरलाल नेहरू ने भारतीय इतिहास और परम्परा से अछूते भविष्य के शहर चण्डीगढ़ के निर्माण के लिए ली कोर्बुसियर को आमन्त्रित किया, तो यह शायद इतना काल्पनिक सपना नहीं था जितना हताशा का संकेत था, क्योंकि भविष्य के भारतीय शहर का कोई जैविक विचार उनके पास उपलब्ध नहीं था।

1970 के दशक में जैसे ही भारतीय महानगर में विस्फोट हुआ, जैसा कि मैंने पहले कहा है, विशेष रूप से शहरी ग़रीबों के लिए कल्याणकारी नीतियों के माध्यम से प्रभाव को नियन्त्रित करने और ख़तरे के परिणामों को शान्त करने का प्रयास किया गया था। इसका मतलब जनसंख्या समूहों को समायोजित करने के लिए नागरिक मानदण्डों और विनियमों के कई उल्लंघनों को सहना था, जिनके पास शहर में सभ्य जीवन जीने के लिए पर्याप्त संसाधन नहीं थे। शहरी सेवाएँ अक्सर पतन के बिन्दु तक तनावपूर्ण थीं और शहरी पर्यावरण की गुणवत्ता तेज़ी से ख़राब हो गयी थी। अधिकांश भाग के लिए, भीड़-भाड़ और गन्दगी या उन्हें तीसरी दुनिया के औद्योगीकरण के अपरिहार्य तत्त्वों के रूप में स्वीकार किया गया। यह तर्क दिया गया

कि पश्चिमी शहरों की तरह जीवन की समान गुणवत्ता की उम्मीद करना अनुचित था। क्या तीसरी दुनिया के अन्य शहरों–मैक्सिको सिटी, साओ पाउलो, लागोस, काहिरा, बैंकॉक, मनीला आदि में भी यही नहीं हो रहा था?

1970 और 1980 के दशक में राजनीतिक समाज के क्षेत्र में शहरी ग़रीबों के प्रबन्धन का मतलब, अन्य बातों के अलावा, न केवल शहर की राजनीति पर अमीरों के पुराने प्रभुत्व का अन्त था, बल्कि इससे भी अधिक महत्त्वपूर्ण रूप से, शहरी राजनीति की भाग-दौड़ से मध्यम वर्ग का अलगाव था। मुझे ऐसा लगता है कि यह 1990 के दशक के परिवर्तन के लिए एक महत्त्वपूर्ण पूर्व शर्त थी। जबकि नगरपालिका अधिकारियों, पुलिस, सम्पत्ति डेवलपर्स, आपराधिक गिरोहों, झुग्गी-झोंपड़ियों में रहने वालों या फ़ुटपाथ फेरीवालों के बीच सौदे करने का गन्दा व्यवसाय स्थानीय राजनेताओं के अप्रिय वर्ग के लिए छोड़ दिया गया था, वहीं सभ्य नागरिक समाज में वापस चले गये। मध्यवर्गीय सक्रियता, भले ही वह शहरी ग़रीबों के जीवन से जुड़ी हो, जैसा कि अक्सर होता था, जान-बूझकर ग़ैर-सरकारी संगठनों की दुनिया पूरी तरह से ग़ैर-राजनीतिक तक ही सीमित थी।

1990 के दशक में उत्तर-औद्योगिक शहर का एक नया विचार विश्व स्तर पर अनुकरण के लिए उपलब्ध हो गया। यह वह शहर है जिसने पारम्परिक विनिर्माण के पतन को देखा है जो औद्योगिक क्रान्ति का इंजन था। नया शहर विनिर्माण द्वारा नहीं बल्कि वित्त और कई उत्पादक सेवाओं द्वारा संचालित होता है। जैसे-जैसे दुनिया भर की राष्ट्रीय अर्थव्यवस्थाएँ पूँजी के वैश्वीकृत नेटवर्क के साथ एकीकृत हो जाती हैं और विनिर्माण और यहाँ तक कि सेवाएँ यूरोप और उत्तरी अमेरिका के पुराने औद्योगिक शहरों से दुनिया भर के स्थानों में फैल जाती हैं, प्रबन्धकीय नियन्त्रण के केन्द्रीकरण की आवश्यकता अधिक हो जाती है। नया शहर उन्नत परिवहन और दूरसंचार सुविधाओं और कार्यालय स्थान के साथ एक केन्द्रीय व्यापार ज़िले की विशेषता है। यह एक अन्तर-महानगरीय और वैश्विक नेटवर्क की गुत्थी है जो सूचना प्रसंस्करण और नियन्त्रण-कार्य को पूरा करता है। प्रबन्धन और वित्तीय संचालन के अलावा कुछ प्रकार की सेवाएँ, जैसे–विज्ञापन, लेखांकन, क़ानूनी सेवाएँ, बैंकिंग, व्यापार ज़िले में केन्द्रीकृत होती है।

व्यावसायिक फ़र्मों का नया संगठन घर में उत्पादित होने के बजाय बाज़ार में ख़रीदे गये सेवा इनपुट की एक बड़ी श्रृंखला की माँग पैदा करता है। नये महानगर का विकास मूल रूप से औद्योगिक विनिर्माण से सेवा-प्रधान शहरी अर्थव्यवस्था में बदलाव की विशेषता है। केन्द्रीय व्यापार ज़िला, इसीलिए शहर के बाक़ी हिस्सों के

लिए एक शहरी स्थान की विशेषता है जो सामाजिक दृष्टि से तेज़ी से विभेदित हो रहा है, भले ही यह पड़ोस की भौतिक निकटता से परे कार्यात्मक रूप से एक-दूसरे से जुड़ा हुआ है। इस प्रकार, प्रबन्धकीय और तकनीकी अभिजात वर्ग के लिए नये अलग और विशिष्ट स्थान हैं। ये कई अमेरिकी शहरों जैसे विशेष उपनगरों में या पेरिस, एम्स्टर्डम, ब्रुसेल्स, रोम या मिलान जैसे ऐतिहासिक शहर के नवीनीकृत और नवीनीकृत खण्डों में हो सकते हैं। नये उच्च-प्रौद्योगिकी उद्योग महानगर की सबसे नयी और पर्यावरण की दृष्टि से सबसे आकर्षक परिधि में स्थित होते हैं। साथ ही, जबकि नया महानगर विश्व स्तर पर जुड़ा हुआ है, यह अक्सर अपनी आबादी के बड़े हिस्से से स्थानीय रूप से कटा हुआ होता है जो कार्यात्मक रूप से अनावश्यक होते हैं और अक्सर सामाजिक या राजनीतिक रूप से विघटनकारी होते देखा जाता है।[11]

नये उत्तर-औद्योगिक वैश्वीकृत महानगर का यह विचार 1990 के दशक में भारत में प्रसारित होना शुरू हुआ था। बेंगलुरु वह शहर था जिसके बारे में कहा जाता था कि वह सम्भावओं में सबसे बेहतर है, लेकिन जल्द ही हैदराबाद ने भी अपना दावा घोषित कर दिया। हालाँकि, मुझे सन्देह है, एक शहर कैसा होना चाहिए और कैसा दिखना चाहिए, इसका विचार अब भारत में शहरी मध्यम वर्ग के बीच हर जगह औद्योगिकीकरण के बाद की इस वैश्विक छवि से गहराई से प्रभावित हुआ है। आर्थिक उदारीकरण द्वारा निर्मित माहौल में इसका कुछ योगदान है। कहीं अधिक प्रभावशाली सिनेमा, टेलीविज़न और इंटरनेट के साथ-साथ भारतीय मध्यम वर्ग की अन्तरराष्ट्रीय यात्रा तक अधिक पहुँच के माध्यम से वैश्विक शहरों की छवियों का प्रसार तीव्र हो गया है। राज्यों और यहाँ तक कि नगर पालिकाओं के स्तर पर भी सरकारी नीति वैश्विक अर्थव्यवस्था से जुड़ने और विदेशी निवेश को आकर्षित करने के तत्काल दबाव से सीधे तौर पर प्रभावित हुई है। परिणाम यह हुआ है कि एक ओर, मध्यम वर्ग के नागरिकों के संगठनों द्वारा सार्वजनिक स्थानों और मुख्य मार्गों तक निर्बाध पहुँच, स्वच्छ और स्वस्थ शहरी वातावरण के अपने अधिकार का अधिक-से-अधिक दावा किया जा रहा है। दूसरी ओर, सरकार की नीति तेज़ी से ग़रीबों को शहर के भीतर रहने में मदद करने के विचार से दूर हो गयी है और इसके बजाय उच्च प्रौद्योगिकी और नये सेवा उद्योगों के आयात के लिए स्थितियाँ बनाने के लिए बुनियादी ढाँचे में सुधार पर सबसे अधिक ध्यान दे रही है। इस प्रकार, विनिर्माण उद्योगों को शहर की सीमा से बाहर ले जाया जा रहा है; अवैध क़ब्ज़ा करने वालों और अतिक्रमणकारियों को बेदख़ल किया जा रहा है; सम्पत्ति और

किरायेदारी क़ानूनों को फिर से लिखा जा रहा है ताकि बाज़ार की ताक़तें पुराने शहर के भीड़-भाड़वाले और जीर्ण-शीर्ण हिस्सों को तेज़ी से उच्च मूल्यवाले वाणिज्यिक और आवासीय ज़िलों में बदल सकें। यदि यह इक्कीसवीं सदी की शहरीयता का नया वैश्विक बोर्ज़्वा स्वरूप है, तो इस बार हम इसे सफलतापूर्वक समझ सकते हैं।

हालाँकि, अपेक्षित सामाजिक और राजनीतिक लागतों का शायद अभी तक अनुमान नहीं लगाया गया है। इसमें कोई सन्देह नहीं है कि नया महानगर नयी सामाजिक विषमताओं का स्थान होगा। राज्य के नेतृत्ववाले औद्योगिकीकरण और आयात प्रतिस्थापन द्वारा उत्पादित मध्यम वर्ग के विपरीत, नयी महानगरीय अर्थव्यवस्था एक विस्तारित मध्यम वर्ग का उत्पादन करने की सम्भावना नहीं है, बल्कि यह अन्तरराष्ट्रीय बाज़ार में निर्यात और व्यक्तियों के बजाय संगठनों द्वारा सेवाओं की ख़पत पर निर्भर करेगा। नया महानगर प्रबन्धकीय और तकनीकी अभिजात वर्ग और बहुत उच्च भुगतानवाले श्रमिकों के एक नये वर्ग पेशेवर, मध्यम और निचले स्तर के प्रबन्धक, दलाल और सभी प्रकार के बिचौलियों से सम्बन्धित होगा। अभिजात वर्ग अपना स्वयं का समुदाय बनायेगा–व्यापार केन्द्र, अलग-अलग आवासीय क्षेत्रों, विशेष रेस्तराँ, क्लब, कला और संस्कृति-परिसरों के इर्दगिर्द पारस्परिक रूप से उपसंस्कृति के नेटवर्क शामिल होंगे, साथ ही हवाई अड्डों तक पहुँच भी बनेगी। हालाँकि यह शहर के सामान्य प्रशासन को लोकतान्त्रिक रूप से निर्वाचित प्रतिनिधियों को दे सकता है, लेकिन प्रबन्धकीय अभिजात वर्ग शायद रणनीतिक निर्णय लेने में राजनीतिक नेतृत्व के किसी भी हस्तक्षेप का विरोध करेगा, जो व्यावसायिक सम्भावनाओं को प्रभावित करता है। नये उपभोक्ता उद्योग पुराने दिनों की तरह, मितव्ययी मध्यम वर्ग के परिवारों द्वारा बनाये गये बाज़ार से नहीं, बल्कि नये उच्च-ख़र्चवाले श्रमिकों द्वारा संचालित होंगे। यह वह जगह है जहाँ एक नयी, विश्व स्तर पर शहरी, उपभोक्ता जीवनशैली और सौन्दर्यशास्त्र जड़ें जमायेगा। दुकानों, रेस्तराँ, कला के लिए अलग और विशेष स्थान होंगे। मनोरंजन का लक्ष्य इस ग्राहक वर्ग पर है। नयी अर्थव्यवस्था को कम वेतनवाले श्रमिकों की भी आवश्यकता होगी। वे शायद लम्बी दूरी तय करेंगे क्योंकि पुराने विकासात्मक राज्य की सुरक्षा के बिना, वे शायद ही शहर में रह पायेंगे। हालाँकि शहर के पुराने निवासियों का बड़ा हिस्सा नयी अर्थव्यवस्था के हिसाब से समतुल्य न हो तो क्या वे बिना विरोध के अपनी छँटनी स्वीकार करेंगे? क्या वे नयी और भयावह सामाजिक विषमताओं पर प्रतिक्रिया देंगे? यदि लोकतन्त्र वास्तव में भारत के शहरों में जड़ें जमा चुका है, तो क्या राजनीतिक समाज एक नये शहरी शासन में नियन्त्रित परिवर्तन

के लिए बातचीत करने के लिए साधन प्रदान करेगा या यह अराजक प्रतिरोध में विस्फोट करेगा?

ये बड़े अनसुलझे प्रश्न हैं जो हमारे वर्तमान शहरी का सामना करते हैं। शायद कोई तबाही नहीं होगी। जैसा कि आशिस नंदी ने हमें कई बार आश्वस्त किया है कि विज्ञान, क्रिकेट, सिनेमा, चिकित्सा और यहाँ तक कि आतंकवाद की तरह, इस बार भी हमारी स्थानीय प्रतिभा इसे भ्रष्ट कर देगी। उत्तर-औद्योगिक शहर का आयातित मॉडल इसे एक अशुद्ध, अकुशल, लेकिन अन्ततः कम द्वेषपूर्ण संकट में बदल दिया। हालाँकि, मुझे स्वीकार करना होगा कि अब तक के सबूत बहुत लाभप्रद नहीं हैं। कोलकाता शहर में, जो एक ऐसे राज्य में स्थित है, अपने ग्रामीण क्षेत्रों में राजनीतिक समाज के संचालन के कुछ सबसे सकारात्मक परिणाम देखे हैं, ऐतिहासिक परिस्थितियों ने पारम्परिक शहरी उद्योग की दर्दनाक मौत सुनिश्चित की है। यह नयी बाज़ार-ताक़तों के साथ मिलकर कुल जनसंख्या में लगातार गिरावट का कारण बना है। पिछले दो दशकों में शहर के उत्तरी और मध्य भागों के आधे से अधिक वार्डों में बंगाली मध्यम वर्ग का उपनगरीयकरण बढ़ रहा है–इतना कि पूरे कोलकाता महानगर ज़िले में बंगाली भाषी हैं, उनकी अब जनसंख्या केवल 51 प्रतिशत है, जबकि पुराने नगरपालिका क्षेत्र के भीतर उनकी संख्या सम्भवतः 40 प्रतिशत से अधिक नहीं है (1961 में 63 प्रतिशत की तुलना में)। इससे भी अधिक चौंकाने वाला तथ्य यह है कि जहाँ शहर की 22 प्रतिशत आबादी में भारत के अन्य राज्यों से आये प्रवासी हैं, वहीं केवल 12 प्रतिशत पश्चिम बंगाल के अन्य हिस्सों से हैं। ज़ाहिर है, 1960 और 1970 के दशक के विपरीत, शहर में कम वेतनवाले श्रम की माँग अब कोलकाता के भीतरी इलाक़ों से ग्रामीण प्रवासियों द्वारा आपूर्ति नहीं की जाती है। यह एक और चौंकाने वाले तथ्य से पुष्ट होता है : जितना शहर के बंगाली भाषियों में से एक-पाँचवाँ, दोनों पुरुष और महिलाएँ, विश्वविद्यालय के स्नातक हैं।[12] यह ग्रामीण पश्चिम बंगाल में भूमि सुधार और कृषि विकास की सफलता के लिए एक श्रद्धांजलि हैं, जिसने छोटे किसानों की ग़रीबी को रोक दिया है और ग्रामीण इलाक़ों में भूमिहीनों को पूरे वर्ष काम प्रदान किया है। लेकिन इसके प्रिय शहर पर बंगाली मध्यम वर्ग के सांस्कृतिक नेतृत्व को धमकी देने का अनपेक्षित और गहरा विडम्बनापूर्ण परिणाम हुआ है।

प्रतिक्रिया, जहाँ तक मैं देख सकता हूँ, पूरी तरह भ्रामक है। एक ओर, कई वैचारिक बाधाओं को पार करने के बाद, राजनीतिक नेतृत्व अन्ततः यह स्वीकार करने में मजबूर हो गया है कि कोलकाता का आर्थिक पुनरुद्धार उच्च प्रौद्योगिकी उद्योग पर निर्भर करता है, जो विदेशी निवेश द्वारा समर्थित है और वैश्विक बाज़ार

के लिए उत्पादन कर रहा है। इसके लिए स्थितियाँ बनाने के लिए, शहर को नवीनीकृत किया जाना चाहिए और नये बुनियादी ढाँचे को स्थापित किया जाना चाहिए। औद्योगिकीकरण के बाद के शहर के मॉडल को फ़िट करने के लिए शहरी स्थान के पुनर्गठन के लिए मैंने जिन सभी प्रक्रियाओं का वर्णन किया है, वे सभी काम कर चुकी हैं। कोलकाता में सरकारी प्रायोजन के साथ पहल की गयी, जिसमें अवैध क़ब्ज़ेदारों और फ़ुटपाथ स्टालों को बेदख़ल करना, कार्यालय ब्लॉक और अपार्टमेंट इमारतों के लिए रास्ता बनाने के लिए झुग्गियों को साफ़ करना, विशेष शॉपिंग मॉल, समृद्ध लोगों के लिए अलग और कठोर पुलिसवाले आवासीय क्षेत्र आदि शामिल हैं। अगर इन नीतियों के पीछे कोई योजना है, और अगर उस योजना को सफल होना है, तो हमें वैश्विक पूँजी के सर्किट में एकीकृत एक महानगर मिलना चाहिए, जिस पर सांस्कृतिक रूप से नये प्रबन्धकों, टेक्नोक्रेट, पेशेवरों और बिचौलियों का वर्चस्व हो या कम से कम एक वैश्वीकृत महानगरीय उपसंस्कृति से सम्बन्धित होने की आकांक्षा रखते हैं। फिर भी, राजनीतिक नेतृत्व की दूसरी प्रतिक्रिया एक नये बंगालीपन पर ज़ोर देने की रही है, जिसकी शुरुआत क़ानून द्वारा कलकत्ता के अंग्रेज़ी और हिन्दुस्तानी नामों को कोलकाता में बदलने से हुई है और एक शहर पर बंगाली मध्यम वर्ग के सांस्कृतिक प्रभुत्व को फिर से स्थापित करने के लिए कई अन्य उपायों को लागू करने की धमकी दी गयी है, जिसे उसने भौतिक रूप से त्याग दिया है।

यह सम्भव है कि किसी योजना, नैतिक मानचित्र या कल्पित आकृति विज्ञान का अभाव कोई बुरी बात नहीं है। शायद इसी तरह से वैश्विक डिज़ाइनों का स्थानीय प्रतिरोध अन्ततः सफल होता है। और फिर भी, मैं निःस्वार्थ स्थानीय अभ्यास की प्रतिकार करने की क्षमता के बारे में गम्भीरता से चिन्तित हूँ वैश्विकता की नयी व्यवस्था की भौतिक और कल्पनाशील शक्तियों द्वारा उत्पन्न विकट चुनौतियों के रूप में। हो सकता है कि यह केवल एक व्यावसायिक बीमारी हो जिससे मैं पीड़ित हूँ, लेकिन मैं यह कल्पना किये बिना नहीं रह सकता कि आत्म-जागरूक लोगों की सभाएँ सोचने के लिए कुछ सुराग़ प्रदान करेंगी, केवल ठोकर खाने के बजाय भारतीय शहरों के भविष्य की ओर ले जाने वाले रास्ते पर चलें। अगर मैं ग़लत हूँ तो इससे इतिहास पर कोई फ़र्क़ नहीं पड़ेगा, लेकिन अगर मैं सही हूँ,तो यह हमारे सामूहिक प्रयासों के लिए एक बड़ा इनाम होगा।

सन्दर्भ

1. दीपेश चक्रवर्ती (1989), *रीथिंकिंग वर्किंग-क्लास हिस्ट्री : बंगाल 1890-1940*, दिल्ली,

ऑक्सफ़ोर्ड यूनिवर्सिटी प्रेस।

2. 1961 की जनगणना पर आधारित सांख्यिकीय विश्लेषण के लिए, अरविन्द विस्वास, पार्थ चटर्जी और शिबानीकिंकर चौबे (1976), 'द एथनिक कम्पोजिशन ऑफ़ कलकात्ता एंड द रेजिडेंशियल पैटर्न ऑफ़ माइनॉरिटी' *जियोग्राफ़िकल रिव्यू ऑफ़ इंडिया* 38, 2 : पृ. 140-66

3. निर्मल कुमार बोस (1968), *कोलकाता 1964 : ए सोशल सर्वे*, बॉम्बे, लालवानी।

4. निर्मल कुमार बोस, 'कोलकाता : एप्रीमेच्योर मेट्रोपोलिस', *साइंटिफ़िक अमेरिकन 213*, 3 : पृ. 91-102

5. दीपेश चक्रवर्ती, *रीथिंकिंग वर्किंग-क्लास हिस्ट्री*।

6. थॉमस ब्लॉम हेन्सन (2001), *वेजेज़ ऑफ़ वायलेंस : नेमिंग एंड आइडेंटिटी इन पोस्टकोलोनियल बॉम्बे*, प्रिंसटन : प्रिंसटन यूनिवर्सिटी प्रेस।

7. ज्ञान प्रकाश (2002), द *अर्बन टर्न इन सराय रीडर 02 : द सिटीज़ ऑफ़ एवरीडे लाइफ़*, दिल्ली : सराय, पृ. 2-7

8. महेन्द्रनाथ गुप्ता (1983), *श्री श्रीरामकृष्ण कथामृत*, (1902-32) पुनर्मुद्रण, कोलकाता : आनन्द।

9. भवानीचरण बन्द्योपाध्याय (1987), *कालिकाता कमलालय*, 1823; पुनर्मुद्रण, कोलकाता : नबापत्रा।

10. उदाहरण के लिए, प्रदीप कुमार बोस (1995), 'सन्स ऑफ़ द नेशन', पार्थ चटर्जी (संकलित), *टेक्स्ट्स ऑफ़ पावर : इमर्जिंग डिसिप्लिंस इन कोलोनियल बंगाल*, मिनियापोलिस : यूनिवर्सिटी ऑफ़ मिनेसोटा प्रेस, पृ. 118-19

11. नये वैश्विक शहरों पर अब एक बड़ा साहित्य उपलब्ध है, उदाहरण के लिए, सास्किया सासेन (1991), द *ग्लोबल सिटी : न्यूयॉर्क, लन्दन, टोक्यो*, प्रिंसटन : प्रिंसटन यूनिवर्सिटी प्रेस।

12. उपरोक्त सभी आँकड़े 1996 में किये गये सीएमडीए सर्वेक्षण से हैं, नन्दिता चटर्जी, निखिलेश भट्टाचार्य और अनिमेश हलदर (1999), *सोसिओ इकॉनोमिक प्रोफ़ाइल ऑफ़ हाउसहोल्ड्स इन कोलकाता मेट्रोपॉलिटन एरिया*, कोलकाता : कोलकाता मेट्रोपॉलिटन डेवलपमेंट अथॉरिटी।

उपसंहार

मार्च का विचार

जिस तरह से चीज़ें बढ़ रही हैं, उसमें अनिवार्यता का एक तीखा एहसास है। बाढ़ इंच-दर-इंच बढ़ रही है, सिवाय इसके कि यह कोई प्राकृतिक आपदा नहीं है जो घटित होने का इन्तज़ार कर रही हो। ये ऐसी घटनाएँ हैं जो पूरी तरह से उच्च दाँव पर खेलने वाले विश्व नेताओं के नियन्त्रण में हैं। दुनिया को गर्त में क्यों धकेला जा रहा है?

आरम्भ करने के लिए, आइए हम इराक़ के साथ युद्ध करने वाले नैतिक कारणों को एक तरफ़ कर लें। एक कूटनीतिक मुद्दे को आगे बढ़ाने के भाषायी उपकरण के सिवाय उनके समर्थक भी उन पर विश्वास नहीं करते। न केवल ये नैतिक कारण चयनात्मक रूप से लागू होते हैं–इराक़ न कि उत्तर कोरिया, फ्रांस न कि सऊदी अरब या पाकिस्तान, इराक़ न कि इजरायल; इस प्रकार उनके दोहरे मानदण्डों के आरोपों की न सिर्फ़ पुष्टि होती है, बल्कि कूटनीतिक खेलों की आवश्यकताओं के अनुरूप उन्हें बदला भी जाता है। हमें पहले बताया गया था कि सैन्य कार्रवाई का वास्तविक लक्ष्य शासन को बदलना और इराक को आज़ाद कराना होगा। फिर जब संयुक्त राष्ट्र में समर्थन माँगना ज़रूरी हो गया तो उद्‌देश्य बदलकर इराक़ का निरस्त्रीकरण कर दिया गया। अब, जब संयुक्त राष्ट्र का समर्थन असम्भव लग रहा है, तो नैतिक मामला एक बार फिर सद्‌दाम हुसैन को हटाना और इराक़ की मुक्ति है। कौन विश्वास करेगा कि ये नैतिक तर्क अन्य उद्‌देश्यों को सुरक्षित करने के लिए डिज़ाइन किये गये वाद्य उपकारणों की भाषा से कही अधिक कुछ हैं?

वास्तविक उद्‌देश्य क्या हैं? इसमें कोई सन्देह नहीं है कि घटनाओं की वर्तमान शृंखला अगस्त 2002 में राष्ट्रपति बुश द्वारा अचानक शुरू की गयी थी। हमने हाल के दिनों में बहुत कुछ सुना है कि दुनिया ने इराक़ को निरस्त्र देखने के लिए बारह

मूलत: 'द टेलीग्राफ़' (कलकत्ता) में 18 मार्च 2003 को प्रकाशित। अनुमति से पुनमुद्रित।

वर्षों तक इन्तज़ार किया है। यदि संयुक्त राष्ट्र वास्तव में इस दौरान कार्रवाई करने में विफल रहता है, तो निश्चित रूप से संयुक्त राज्य अमेरिका को संयुक्त राष्ट्र के अन्य प्रमुख सदस्यों के साथ इसकी ज़िम्मेदारी साझा करनी होगी। तथ्य यह है कि विश्वशक्तियों के बीच इस बात पर आम सहमति थी कि इराक़ पर प्रभावी ढंग से क़ाबू पाया जा रहा है। एकमात्र विवाद यह था कि क्या संयुक्त राष्ट्र द्वारा लगाये गये प्रतिबन्ध हटा दिये जाने चाहिए। पिछले साल अगस्त में राष्ट्रपति बुश द्वारा इराक़ पर अचानक उठाये गये शोर ने विश्व राजनयिक समुदाय को पूरी तरह से आश्चर्यचकित कर दिया।

अमेरिकी प्रशासन ने इराक़ पर अपनी नज़रें फेरने का फ़ैसला क्यों किया? यह ज्ञात है कि 2002 में, प्रशासन के भीतर सबसे प्रभावशाली समूह, जिसमें वरिष्ठ जॉर्ज बुश के सहयोगी जैसे डिक चेनी, डोनाल्ड रम्सफ़ेल्ड, पॉल वोल्फ़ोविट्ज़, रिचर्ड पेर्ले और अन्य शामिल थे, ने यह विचार रखा कि 11 सितम्बर के बाद की घटनाओं ने संयुक्त राज्य अमेरिका के लिए इतना संकट नहीं, जितना एक नया अवसर पैदा किया था। आतंकवाद के विरुद्ध वैश्विक युद्ध और संयुक्त राज्य अमेरिका के प्रति विश्वव्यापी सहानुभूति को सम्पूर्ण विश्व व्यवस्था को पुनर्गठित करने और 'अमेरिकी सदी' के उद्घाटन के क्षण में बदला जा सकता है। रोकथाम और निवारण के बजाय, संयुक्त राज्य अमेरिका को भारी सैन्य श्रेष्ठता और किसी भी कथित ख़तरे के ख़िलाफ़ पूर्वव्यापी हमले के अधिकार पर ज़ोर देना चाहिए। राष्ट्रीय सम्प्रभुता की आड़ में विश्व के दुष्ट शासनों और समस्याग्रस्त स्थानों को पनपने देने के बजाय, संयुक्त राज्य अमेरिका को विश्व के राजनीतिक मानचित्र को बदलने और एक नये विश्व साम्राज्य के उदार स्वामी के रूप में अमेरिका की सच्ची नियति को पूरा करने के लिए सशक्त हस्तक्षेप करना चाहिए। मध्य पूर्व वह रंगमंच था जहाँ इस साम्राज्यवादी दृष्टिकोण को सबसे नाटकीय ढंग से प्रकट किया जा सकता था। सद्दाम हुसैन से छुटकारा पायें और इराक़ में स्थायी अमेरिकी सैन्य उपस्थिति स्थापित करें। कोशिश करें और एक लचीला इराक़ी प्रशासन स्थापित करें, जिसकी लागत इराक़ी तेल राजस्व से चुकायी जाये। इससे सऊदी अरब और सीरिया पर तत्काल दबाव बनेगा। असर इतना बड़ा होगा कि फ़िलिस्तीनी इन्तिफादा की कमर टूट जायेगी। यह इज़राइल और फ़िलिस्तीन पर एक स्थायी दो-राज्य समाधान लागू करने का समय होगा। इस्लामी उग्रवाद अपनी सबसे शक्तिशाली हुजूम को खो देगा। नये उत्साह और उद्देश्य से प्रेरित अमेरिकीय साम्राज्यवाद दुनिया में शान्ति क़ायम करेगा।

नैतिक कट्टर लोग अक्सर एक भयावह आत्मविश्वास हासिल कर लेते हैं जो उन्हें इस बात के लिए प्रेरित करता है कि सभी साधन, चाहे वे कितने भी सन्दिग्ध

या अलोकप्रिय क्यों न हों, अपने लक्ष्य तक पहुँचने के लिए उचित हैं। अमेरिकी प्रशासन आज एक दक्षिणपन्थी गुट के नेतृत्व में है, जिसका रवैया और महत्त्वाकांक्षाएँ इसे हाल के वर्षों में पश्चिमी लोकतन्त्र पर क़ब्ज़ा करने वाली सबसे प्रतिक्रियावादी ताक़त देती हैं। मालूम हो कि यह समूह इराक़ में युद्ध से पहले संयुक्त राष्ट्र की मंज़ूरी लेने के पक्ष में नहीं था। राष्ट्रपति बुश को स्पष्ट रूप से टोनी ब्लेयर और कॉलिन पॉवेल ने सैन्य कार्रवाई के लिए अधिक अन्तरराष्ट्रीय वैधता सुरक्षित करने के लिए संयुक्त राष्ट्र का रास्ता अपनाने के लिए राज़ी किया था। अब जबकि यह प्रयास कूटनीतिक आपदा में समाप्त हो गया है, संयुक्त राष्ट्र अमेरिकी निन्दा का निशाना बन गया है। अमेरिकी मीडिया में न केवल फ्रांस पर, बल्कि एक अन्तरराष्ट्रीय संस्था पर भी अनर्गल दुर्व्यवहार किया जा रहा है, जो ग़रीब और अशिक्षित लोगों से भरे गिनी और अंगोला जैसे देशों को अमेरिकी विदेश नीति पर निर्णय लेने की अनुमति देता है। इससे अमेरिकी टिप्पणीकारों के अहंकार और बमुश्किल छुपाये गये नस्लवाद के बारे में जो पता चलता है, वह आश्चर्यजनक है। नयी बात यह है कि विश्व व्यवस्था के भविष्य के लिए ऐसे विचारों का महत्त्व है जिसका पहले से ही इल्म है।

यही बात मार्च 2003 को निर्णायक क्षण बनाती है। फ्रांस, रूस, चीन, जर्मनी और सुरक्षा परिषद् के कई अन्य सदस्यों ने तथाकथित दूसरे प्रस्ताव का विरोध इसलिए नहीं किया है क्योंकि उन्हें सद्दाम हुसैन का समर्थन करने से लाभ होगा। यदि कुछ भी हो, तो संयुक्त राज्य अमेरिका की इच्छा का उल्लंघन करके वे सम्भवत: बहुत कुछ खो देंगे। एक तो यह कि इराक़ में क़त्लेआम ख़त्म होने के बाद उन्हें गिद्धों की दावत में निश्चित रूप से आमन्त्रित नहीं किया जायेगा। उनके प्रतिरोध का कारण बहुपक्षीय और लोकतान्त्रिक विश्व निकाय को नष्ट करने और उसके स्थान पर साम्राज्यवादी आधिपत्य की एक नयी संरचना स्थापित करने की अनिच्छा है।

संयुक्त राज्य अमेरिका वास्तव में जो माँग कर रहा है, वह यह है कि नयी अमेरिकी सदी में किसी भी देश के पास संयुक्त राज्य अमेरिका पर वीटो का अधिकार नहीं होना चाहिए। दूसरे शब्दों में, यदि संयुक्त राष्ट्र को एक विश्व निकाय के रूप में कार्य करना है, तो संयुक्त राज्य अमेरिका प्रभावी रूप से वीटोवाला एकमात्र देश होना चाहिए। इराक़ पर बहस ने सभी देशों के सामने यह तय करने की चुनौती खड़ी कर दी है कि क्या वे उस योजना को मंज़ूरी देने के लिए तैयार हैं। फ़िलहाल ज़्यादातर ने इनकार कर दिया है। दुनिया भर में युद्ध के ख़िलाफ़ अभूतपूर्व लोकप्रिय लामबन्दी के कारण उन्हें ऐसा करने के लिए काफ़ी हद तक साहस मिला। संयुक्त राष्ट्र, दुनिया की सर्वोच्च प्रतिनिधि संस्था, ने अमेरिकी सैन्य योजनाकारों द्वारा

कई महीने पहले एकतरफ़ा तय की गयी युद्ध की समय सारणी को मंज़ूरी देने के लिए मजबूर होने से इनकार कर दिया।

अब संयुक्त राष्ट्र की मंज़ूरी के बिना इराक़ में युद्ध शुरू किया जायेगा। सद्दाम हुसैन को हटा दिया जायेगा और देश को तबाह कर दिया जायेगा। लेकिन इतिहास यहीं ख़त्म नहीं होगा। चुनौती रहित आधिपत्य की अमेरिकी खोज दुनिया में सैन्य और आर्थिक शक्ति के वर्तमान वितरण के अनुरूप हो सकती है। लेकिन यह इस युग की लोकतान्त्रिक भावना के बिल्कुल विपरीत है। संयुक्त राष्ट्र द्वारा प्रस्तुत सिद्धान्त हर जगह लोकतान्त्रिक संस्थाओं से सम्बन्धित हैं : उनका उद्देश्य पूर्ण शक्ति पर नियन्त्रण लगाना है। यदि संयुक्त राष्ट्र का कोई अर्थ है, तो उसे संयुक्त राज्य अमेरिका की निरपेक्षता को सीमित करना होगा। वह लड़ाई अभी तक हारी नहीं है। युद्ध और उसके परिणाम की लागत का मिलान होने पर इसे फिर से शुरू किया जायेगा। आख़िरकार, जैसा कि अब भूले हुए अमेरिकी टिप्पणीकार वाल्टर लिपमैन ने एक बार अपने पाठकों को याद दिलाया था, "शासितों की सहमति अज्ञानी अत्याचारियों के ख़िलाफ़ सुरक्षा से कहीं अधिक है; यह परोपकारी निरंकुशों के विरुद्ध भी एक बीमा जैसा है।"

ग्रन्थ-सूची

यूरोपीय भाषा-स्त्रोत

समाचारपत्र

- *कोलम्बिया यूनिवर्सिटी रिकॉर्ड* (न्यूयार्क)
- *द स्टेटमैन* (कोलकाता)
- *द टेलीग्राफ़* (कोलकाता)
- *टाइम्स ऑफ़ इंडिया* (कोलकाता)

किताबें और लेख

- इब्राहिम अबू लुघोद (1963), *अरब रिडिस्कवरी ऑफ़ यूरोप : ए स्टडी इन कल्चरल एनकाउंटर्स*। प्रिस्टन : प्रिस्टन यूनिवर्सिटी प्रेस।
- बी.आर. अम्बेडकर (1945), *पाकिस्तान ऑर द पार्टीशन ऑफ़ इंडिया* (दूसरा संस्करण), बॉम्बे : ठाकर।
- ---(1970), *हु वेयर शुद्रा? हाउ दे कम टु बी द फ़ोर्थ वर्ना इन द इंडो-आर्यन सोसायटी*। पुनर्संस्करण, बम्बई : ठाकर्स।
- ---(1948), द *अनटचब्लेस : हु वेयर दे एंड व्हाई दे बिकम अनटचब्लेस*। नयी दिल्ली : अमृत बुक कम्पनी।
- शाहिद अमीन (1984), 'गांधी ऐज महात्मा' संकलित रणजीत गुहा (सम्पादित), *सबाल्टर्न स्टडीज़*, वोल्यूम 3, दिल्ली : ऑक्सफ़ोर्ड यूनिवर्सिटी प्रेस, पृ.-1-61
- ---(1995), *इवेंट, मेटाफ़र, मेमोरी : चौरी चौरा 1992-1992*, दिल्ली : ऑक्सफ़ोर्ड यूनिवर्सिटी प्रेस।
- बेनेडिक्ट एंडरसन (1983), *इमेजिंड कम्युनिटीज़ : रिफ़लेक्शंस ऑन द ओरिजिन एंड स्प्रेड ऑफ़ नैशनलिज़्म*, लन्दन : वर्सो।

- ---(1998), द *स्पेक्टर ऑफ़ कंपैरिजन्स : नैशनलिज़्म, साउथ ईस्ट एशिया एंड द वर्ल्ड,* लन्दन : वर्सो।
- श्लोमो एविनेरी और अवर डे शालिट (1992), *कम्युनिटेरियनिज़्म एंड इंडिविजुअलिज़्म,* ऑक्सफ़ोर्ड : ऑक्सफ़ोर्ड यूनिवर्सिटी प्रेस।
- एटियेन बालिबार (1994), *मासेज़, क्लासेज़, आइडियाज़ : स्टडीज़ ऑन पॉलिटिकल एंड फ़िलॉसफ़ी बिफ़ोर एंड आफ़्टर मार्क्स,* न्यूयार्क : रूटलेज।
- होमी भाभा (1990), 'डिस्सेमीनेशन' संकलित भाभा (सम्पादित) नेशन एंड *नैरेशन,* लन्दन : रूटलेज, पृ.291-322।
- द्वैपायन भट्टाचार्य (2001), 'सिविक कम्युनिटी एंड इट्स मार्जिंस : स्कूल टीचर्स इन रूरल वेस्ट बंगाल', *इकॉनॉमिक एंड पॉलिटिकल वीकली,* 36, संख्या 8
- अरविन्द विस्वास, पार्थ चटर्जी और शिबानी किंकर चौबे (1976), 'द एथनिक कॉम्पोजिशन ऑफ़ कलकत्ता एंड द रेजिडेंशियल पैटर्न ऑफ़ माइनॉरिटी', *जियोग्राफ़ी रिव्यू ऑफ़ इंडिया,* 38, 2 : 140-166
- निर्मल कुमार बोस (1968), *कोलकाता 1964 : ए सोशल सर्वे,* बॉम्बे : लालवानी।
- ---'कोलकाता : प्रीमैच्योर मेट्रोपोलिस'। *साइंटिफ़िक अमेरिकन* 213, संख्या 3 : 91-102
- प्रदीप कुमार बोस (1995), 'सन्स ऑफ़ द नेशन', पार्थ चटर्जी (संकलित), *टेक्स्ट्स ऑफ़ पावर : इमर्जिंग डिसिप्लिंस इन कोलोनियल बंगाल,* मिनियापोलिस : यूनिवर्सिटी ऑफ़ मिनेसोटा प्रेस, पृ.118-44
- माइकल एम. सेर्निया (1999), द *इकॉनॉमिक्स ऑफ़ इनवॉलंटरी रिसेटलमेंट : क्वेश्चन एंड चैलेंजेज़,* वाशिंगटन, डी.सी. : विश्व बैंक।
- दीपेश चक्रवर्ती (1989), *रीथिंकिंग वर्किंग-क्लास हिस्ट्री : बंगाल 1890-1940,* दिल्ली : ऑक्सफ़ोर्ड यूनिवर्सिटी प्रेस।
- नन्दिता चटर्जी, निखिलेश भट्टाचार्य और अनिमेष हलदर (1999), *सोसिओ इकॉनॉमिक प्रोफ़ाइल ऑफ़ हाउसहोल्डस इन कोलकाता मेट्रोपॉलिटन एरिया,* कोलकाता : कोलकाता मेट्रोपॉलिटन डेवलपमेंट अथॉरिटी।
- पार्थ चटर्जी (2000), 'टू पोएट्स एंड डेथ : ऑन सिविल एंड पॉलिटिकल सोसाइटी इन द नॉन-क्रिश्चियन वर्ल्ड', टिम मिशेल (सम्पादित), *क्वेश्चन ऑफ़ मॉडर्निटी,* मिनियापोलिस : यूनिवर्सिटी ऑफ़ मिनेसोटा प्रेस।
- ---(1998), 'बियांड द नेशन? ऑर विदिन?' *सोशल टेक्स्ट, 56* : 57-69

- ---'कम्युनिटी इन द ईस्ट', इकोनॉमिक एंड पॉलिटिकल विकली, 33, 6 : 277-82
- ---(1998), 'द वेजेज़ ऑफ़ फ्रीडम', संकलित पार्थ चटर्जी, द *वेजेज़ ऑफ़ फ्रीडम : फ़िफ़्टी ईयर्स ऑफ़ द इंडियन नेशन-स्टेट,* दिल्ली : ऑक्सफ़ोर्ड यूनिवर्सिटी प्रेस, पृ. 1-20
- ---(1997), *ए पॉसिबल इंडिया : एसेज़ इन पॉलिटिकल क्रिटिसिज़्म,* दिल्ली : ऑक्सफ़ोर्ड यूनिवर्सिटी प्रेस।
- ---(2000), 'रिसेन्ट स्ट्रेटेजिस ऑफ़ रिसेटेलमेंट एंड रिहैबिलिटेशन इन वेस्ट बंगाल', पेपर प्रजेंटेड ऐट द वर्कशॉप ऑन सोशल डेवलपमेंट इन वेस्ट बंगाल, सेंटर फ़ॉर स्टडीज़ इन सोशल साइंसेज़, कोलकाता।
- जीन एल. कोहेन और एंड्रयू अराटो (1992), *सिविल सोसाइटी एंड पॉलिटिकल थ्योरी,* कैम्ब्रिज : एमआईटी प्रेस।
- सोफिया डाब्सन कोलेट (1900 व 1962), द *लाइफ़ एंड लेटर्स ऑफ़ राजा राममोहन राय,* सम्पादित दिलीप कुमार विश्वास और प्रभात चन्द्र गांगुली, कोलकाता : साधारण ब्रह्म समाज।
- वरुण डे (1976), 'सुशोभन चन्द्र सरकार', संकलित *एसेज़ इन ऑनर ऑफ़ प्रोफ़ेसर एस.सी. सरकार,* नयी दिल्ली : पीपुल्स पब्लिशिंग हाउस।
- निकोलस बी. डर्क्स (2001), *कास्ट्स ऑफ़ माइंड : कॉलोनियलिज़्म एंड द मेकिंग ऑफ़ मॉडर्न इंडिया,* प्रिंसटन : प्रिंसटन यूनिवर्सिटी प्रेस।
- ज्यां द्रेज़ तथा वीणा दास (15 जून 1996) संकलक, पेपर्स ऑन डिस्प्लेसमेंट एंड रिसेटलमेंट, प्रेजेंटेड एट वर्कशॉप एट द डेल्ही स्कूल ऑफ़ इकोनॉमिक्स, *इकॉनॉमिक एंड पॉलिटिकल वीकली* : 1453-1540
- मिशेल फूको (1998), 'डिफ़रेंट स्पेसेस' संकलित जेम्स डी. फ़ौबियन (सम्पादित), *एसेंशियल वर्क ऑफ़ फूको,* वोल्यूम 2, *एस्थेटिक्स, मेथड एंड एपिस्टेमोलोजी,* न्यूयार्क : न्यू प्रेस, पृ. 175-85
- ---(1991), 'गवर्नमेंटालिटी', संकलित ग्राहम बर्चेल, कॉलिन गॉर्डन एंड पीटर मिलर (सम्पादित), द *फ़ौकॉल्ट इफ़ेक्ट : स्टडीज़ इन गवर्नमेंटालिटी,* शिकागो : शिकागो यूनिवर्सिटी प्रेस, 87-104
- मार्क गैलेंटर (1984), *कम्पेटिंग इक्वालिटीज़ : लॉ एंड द बैकवर्ड क्लासेज़ इन इंडिया,* दिल्ली : ऑक्सफ़ोर्ड यूनिवर्सिटी प्रेस।
- रणजीत गुहा (1982), 'ऑन सम एस्पक्ट ऑफ़ द हिस्ट्रीयोग्राफ़ी ऑफ़ कोलोनियल इंडिया', संकलित *सबाल्टर्न स्टडीज़* (1), दिल्ली : ऑक्सफ़ोर्ड यूनिवर्सिटी प्रेस, पृ. 1-8

- ---(1998), *डोमिनेशन विदआउट हेजेमनी : हिस्ट्री एंड पॉवर इन कोलोनियल इंडिया,* कैम्ब्रिज : हावर्ड यूनिवर्सिटी प्रेस।
- इयान हैकिंग (1990), द *टैमिंग ऑफ़ चांस,* कैम्ब्रिज : कैम्ब्रिज यूनिवर्सिटी प्रेस।
- थॉमस ब्लॉम हेन्सन(2001), *वेजेज़ ऑफ वायलेंस: नेमिंग एंड आइडेंटिटी इन पोस्टकोलोनियल बॉम्बे,* प्रिंसटन : प्रिंसटन यूनिवर्सिटी प्रेस।
- डेविड हार्डीमैन (1987), द *कमिंग ऑफ़ द देवी : आदिवासी असर्शन इन वेस्टर्न इंडिया,* दिल्ली : ऑक्सफ़ोर्ड यूनिवर्सिटी प्रेस।
- सी.एल.आर. जेम्स (1963), द *ब्लैक जैकोबिंस : टूसेंट ल'ऑवरचर एंड द सैन डोमिंगो रिवोल्यूशन,* न्यूयार्क, विंटेज बुक्स।
- कौसर कबीर (1980), *सीक्रेट कॉरेस्पॉन्डेंस ऑफ़ टीपू सुल्तान,* नयी दिल्ली : लाइट एंड लाइफ़।
- सुदीप्ता कविराज (1998), 'द कल्चर ऑफ़ रिप्रेजेंटेटिव डेमोक्रेसी', संकलित पार्थ चटर्जी (सम्पादित), द *वेजेज़ ऑफ़ फ्रीडम : फ़िफ़्टी ईयर्स ऑफ़ द इंडियन नेशन स्टेट,* दिल्ली : ऑक्सफ़ोर्ड यूनिवर्सिटी प्रेस, पृ. 147-75
- रविन्दर कुमार (1987), 'गांधी, अम्बेडकर एंड द पूना पैक्ट, 1932', संकलित जिम मस्सेलोस (सम्पादित), *स्ट्रगलिंग एंड रूलिंग : द इंडियन नेशनल कांग्रेस 1885-1985,* नयी दिल्ली : स्टर्लिंग।
- टी.एच. मार्शल (1949), *सिटीजनशिप एंड सोशल क्लास, सम्पादित टी. बोटोमोर,* लन्दन : प्लूटो प्रेस, पृ. 3-51
- कार्ल मार्क्स (1843), 'ऑन द ज्यूइश क्वेश्चन', संकलित कार्ल मार्क्स और फ्रेडरिक एंगेल्स (1975), कलेक्टेड वर्क्स (वाल्यूम-3), मॉस्को : प्रोग्रेस पब्लिशर्स, पृ. 146-74
- ---(1954), *कैपिटल,* वोल्यूम (1), अनुवादित सैमुअल मूर और एडवर्ड एवेलिंग, मॉस्को : प्रोग्रेस पब्लिशर्स, पृ. 667-724
- ---(1979 व 1853), 'द ब्रिटिश रूल इन इंडिया', संकलित मार्क्स एंड एंगेल्स, कलेक्टेड वर्क्स (वाल्यूम-12) मॉस्को : प्रोग्रेस पब्लिशर्स, पृ. 125-53
- ---(1974), द *एथ्नोलॉजिकल नोटबुक्स,* लॉरेंस क्रैडर (सम्पादित), एसेन : वान गोर्कम।
- ---फ्रेडरिक एंगेल्स (1998), द *कम्युनिस्ट मेनिफ़ेस्टो,* न्यूयॉर्क : मन्थली रिव्यू प्रेस।

- निवेदिता मेनन (1999), *जेंडर एंड पॉलिटिक्स इन इंडिया,* दिल्ली : ऑक्सफ़ोर्ड यूनिवर्सिटी प्रेस।
- पीटर मिलर और निकोलस रोज़ (1995), 'प्रोडक्शन, आइडेंटिटी एंड डेमोक्रेसी', *थ्योरी एंड सोसाइटी,* 24 : 427-67
- मिशेल टिमोथी (1988), *कोलोनिज़िग इजिप्त,* कैम्ब्रिज : कैम्ब्रिज यूनिवर्सिटी प्रेस।
- संजय मित्रा (2002), 'प्लांड अर्बनजेशन थ्रू पब्लिक पार्टीसिपेशन : केस ऑफ़ द न्यू टाउन, कोलकाता', *इकॉनॉमिक एंड पॉलिटिकल वीकली,* 37, संख्या 11 : 1048-54
- एंटोनियो नेग्री और माइकल हार्ड्ट (2000), *एम्पायर,* कैम्ब्रिज : हावर्ड यूनिवर्सिटी प्रेस।
- आदित्य निगम (2000), 'सेकुलरिज़्म, मॉडर्निटी, नेशन : एपिस्टेमोलोजी ऑफ़ द दलित क्रिटिक', *इकॉनॉमिक एंड पॉलिटिकल वीकली* 35, संख्या 48।
- गेल ओम्वेट (1994), *दलित एंड द डेमोक्रेटिक रिवोल्यूशन : डॉ. अम्बेडकर एंड द दलित मूवमेंट इन कोलोनियल इंडिया,* नयी दिल्ली : सेज़।
- थॉमस ओसबोर्न (1998), *एस्पेक्ट ऑफ़ इनलाइटमेंट : सोशल थ्योरी एंड द एथिक्स ऑफ़ ट्रुथ,* लन्दन : यूसीएल प्रेस।
- फ़िलिप पेटिट (1997), *रिपब्लिकनिज़्म : अ थ्योरी ऑफ़ फ्रीडम एंड गवर्मेंट,* ऑक्सफ़ोर्ड यूनिवर्सिटी प्रेस।
- मैरी पूवे (1995), *मेकिंग ए सोशल बॉडी,* शिकागो : शिकागो यूनिवर्सिटी प्रेस। ----(1998), *ए हिस्ट्री ऑफ़ द मॉडर्न फ़ैक्ट,* शिकागो : शिकागो यूनिवर्सिटी प्रेस।
- ज्ञान प्रकाश (2002), 'द अर्बन टर्न', में *सराय रीडर 02 : द सिटीज़ ऑफ़ एवरीडे लाइफ़,* दिल्ली : सराय, पृ. 2-7
- रॉबर्ट डी. पुटनम, रॉबर्ट लियोनार्ड और राफ़ैला वाई. नेनेटी (1993), *मेकिंग डेमोक्रेसी वर्क : सिविक ट्रेडिशंस इन मॉडर्न इटली,* प्रिंसटन : प्रिंसटन यूनिवर्सिटी प्रेस।
- रोज़ निकोलस (1999), 'पॉवर्स ऑफ़ फ्रीडम : रीफ्रेमिंग पॉलिटिकल थॉट', कैम्ब्रिज : कैम्ब्रिज यूनिवर्सिटी प्रेस।
- माइकल सैंडल (1984), *लिबरलिज़्म एंड इट्स क्रिटिक्स,* न्यू यॉर्क : न्यू यॉर्क यूनिवर्सिटी प्रेस।
- सुशोभन चन्द्र सरकार (1970), *बंगाल रेनसां एंड अदर्स एसेज़,* नयी दिल्ली : पीपुल्स पब्लिशिंग हाउस।

- सस्किया सस्से (1996), *लुसिंग कंट्रोल? सोवेरीनेटी इन एन एज ऑफ़ ग्लोबलाइजेशन,* न्यूयॉर्क : कोलम्बिया यूनिवर्सिटी प्रेस।
- ----(1991), द *ग्लोबल सिटी : न्यूयॉर्क, लन्दन, टोक्यो,* प्रिंसटन : प्रिंसटन यूनिवर्सिटी प्रेस।
- अमर्त्य सेन (1999), *डेवलपमेंट ऐज़ फ्रीडम,* न्यूयॉर्क : रैंडम हाउस।
- अशोक सेन (1991), 'द बाइनरी वर्कर्स ऑफ़ दफ़्तरीपारा : (1) फ़ॉर्म्स एंड फ्रैगमेंट्स', अकेशनल पेपर 127, सेंटर फ़ॉर स्टडीज़ इन सोशल साइंसेज़, कोलकाता।
- ----(1991), 'द बाइनरी वर्कर्स ऑफ़ दफ़्तरीपारा (2), देयर ओन लाइफ़ स्टोरीज़', अकेशनल पेपर 128, सेंटर फ़ॉर स्टडीज़ इन सोशल साइंसेज़, कोलकाता।
- ----(1992), 'लाइफ़ एंड लेबर इन ए स्क्वाटर्स कॉलोनी', ओकेशनल पेपर 138, सेंटर फ़ॉर स्टडीज़ इन सोशल साइंसेज़, कोलकाता।
- शानिन टेओडोर (1983), *लेट मार्क्स एंड द रसियन रोड : मार्क्स एंड द पेरीफेरी ऑफ़ कैपिटलिज़्म,* लन्दन : रोत्लेज़ एंड केगन पॉल।
- अरुण शौरी (1997), 'वोर्शिपपिंग फ़ल्स गॉड्स : अम्बेडकर एंड द फ़ैक्ट्स व्हिच हेव बीन एरैज्ड, नयी दिल्ली : एएसए पब्लिकेशन।
- के. सुरेश सिंह (1995), *पीपल ऑफ़ इंडिया* (वोल्यूम 43), कोलकाता : एंथ्रोपोलोजिकल सर्वे ऑफ़ इंडिया।
- क्वेंटिन स्किनर (1997), *लिबर्टी बिफ़ोर लिबरलिज़्म,* कैम्ब्रिज : कैम्ब्रिज यूनिवर्सिटी प्रेस।
- एम.एन. श्रीनिवास (1966), *सोशल चेंज इन मॉडर्न इंडिया,* बर्कले : कैलिफ़ोर्निया यूनिवर्सिटी प्रेस।
- मिशेल राल्फ़ ट्रौइलाट (1995), *साइलेंसिंग द पास्ट : पॉवर एंड द प्रोडक्शन ऑफ़ हिस्ट्री,* बोस्टर : बीकन प्रेस।
- गौरी विश्वनाथन (1998), *आउटसाइड द फ़ोल्ड : कनवर्सन, मॉडर्निटी एंड बिलीफ़,* प्रिस्टन : प्रिस्टन युनिवेर्सिटी प्रेस।
- योगेन्द्र यादव (2000), 'अंडरस्टैंडिंग द सेकेंड डेमोक्रेटिक अपसर्ज : ट्रेंड्स ऑफ़ बहुजन पार्टिसिपेशन इन इलेक्टोरल पॉलिटिक्स इन द 1990', फ्रांसिन फ्रेंकल, ज़ोया हसन, राजीव भार्गव और बलवीर अरोड़ा सम्पा., *ट्रांसफ़ॉर्मिंग इंडिया : सोशल एंड पॉलिटिकल डायनेमिक्स ऑफ़ डेमोक्रेसी,* दिल्ली : ऑक्सफ़ोर्ड यूनिवर्सिटी प्रेस।

बंग्ला भाषा

समाचारपत्र

- *आजकल* (कलकात्ता)
- *आन्दबाज़ार पत्रिका* (कलकात्ता)
- *दैनिक प्रतिदिन* (कलकात्ता)
- *गणशक्ति* (कलकात्ता)

किताब और लेख

- भवानीचरण वन्द्योपाध्याय (1987), *कालिकाता कमलालय,* 1823; पुनर्मुद्रण, कलकत्ता : नबापत्र।
- सतीनाथ भादुड़ी (वॉल्यूम 1, 1949; वॉल्यूम 2, 1951), *ढोडाय चरितमानस* संकलित शंख घोष तथा निर्माल्य आचार्या (सम्पादित), *सतीनाम भादुरी ग्रन्थावली,* कोलकाता : सिगनेट, 1973, पृ. 1-296
- मिलन दत्ता (2002), 'मद्रासर बिरुद्धे प्रचार : एज सत्यता जेने निन', *आनन्दबाँजार पत्रिका*।
- मैनुल हसन (2002), 'मदरसा शिक्षा : बर्तमान समय ओ मुस्लिम समाज', *गणशक्ति*।
- महेन्द्रनाथ गुप्ता (1983), *श्री श्रीरामकृष्ण कथामृत* (1902-32), पुनर्मुद्रण, कोलकाता : आनन्द।
- अनीसुर रहमान (2002), 'लादेनेर रोजा', *गणशक्ति*।
- सुशोभनचन्द्र सरकार (1939), *महायुद्धेर परे इयोरोप,* कलकत्ता : कलकत्ता यूनिवर्सिटी प्रेस।
- सुशोभनचन्द्र सरकार (1993), *महायुद्धेर परे इयोरोप,* कलकत्ता : कलकत्ता यूनिवर्सिटी प्रेस।

अनुक्रमणिका

अंगोला 174
अंटार्कटिका 119
अधिकार 17, 18, 22, 24, 29, 35, 38, 41, 42, 43, 44, 45, 47, 49, 50, 51, 53, 54, 63, 73, 74, 81, 82, 83, 86, 88, 89, 90, 91, 119, 120, 124, 126, 129, 138, 140, 144, 147, 150, 151, 152, 155, 159, 160 161, 167, 173, 174
अनुसूचित जनजाति 71
अफ्रीका 111, 113
अभिजात 30, 53, 59, 62, 117, 134, 156, 162, 164, 166, 168
अमर्त्य सेन 82
अमू दरिया 135
अमेरिकन एक्सप्रेस 109
अमेरिका 5, 21, 41, 43, 48, 49, 110, 111, 112, 117, 119, 121, 122, 123, 124, 125, 130, 132, 133, 134, 135, 138, 140, 142, 152, 166, 173, 174, 175
अम्बेडकर 22, 23, 27, 28, 29, 30, 33, 34, 35, 36, 38, 47
अरब-अमेरिकियों 134
अरबी 134, 145, 146
अरस्तू 91
अर्जेंटीना 111, 112
आज तक 36
आदित्य निगम 90
आधुनिकता 17, 18, 19, 20, 21, 37, 41, 42, 52, 54, 60, 61, 63, 64, 88, 89, 108, 153, 157, 164

आशिस नंदी 168
ऑस्ट्रिया 122
इज़राइल 125, 142, 173
इन्दिरा गांधी 61, 68, 162
इमैनुएल कांट 123
इराक़ 134, 172, 173, 174, 175
इस्लाम 29, 138
ईसाई 26, 29, 37, 144
ईसाई धर्म 29
उर्दू 141, 157
एंगेल्स 64, 110, 131
एंग्लो-इंडियन 157
एमनेस्टी इंटरनेशनल 126
एशिया 39, 50, 51, 111, 112, 119, 130, 135, 137
कनाडा 111, 112
कम्युनिस्ट 69, 75, 79, 110, 131, 139, 162
कम्युनिस्ट पार्टी 68, 69, 77, 81, 117, 142
कलकत्ता 161, 162, 170
कलकत्ता उच्च न्यायलय 74
कश्मीर 34, 125
कांगो 126
कान्ति बिस्वास 144
कार्ल मार्क्स 44, 64, 110, 131
काली 73, 108
काहिरा 165
किदवई 144, 146
केप टाउन 42
कैरेबियन 42
कोइरी 31
कोलकाता 42, 54, 55, 56, 63, 64, 67, 72, 73, 74, 75, 76, 78, 84, 86, 107, 140, 141, 142, 143, 153, 156, 157, 158, 159, 162, 163, 164, 165, 169

कोलम्बिया विश्वविद्यालय 22, 122
कॉलिन पॉवेल 174
क्यूबा 117
क्लिंटन 128
गणशक्ति 142, 145, 146
गांधी 25, 28, 29, 30, 33, 61
गांधीवादी 79
गायत्री चक्रवर्ती स्पीवाक 109
गुजरात 138, 139, 152
गुजराती 157
गैलिलियो
ग्राम्सी 63
ग्रीक 91
ग्रीस 35
घोष 145
चण्डीगढ़ 165
चीन 117, 174
चीनी 157
जनसंख्या 19, 35, 41, 47, 48, 49, 50, 51, 53, 54, 60, 70, 71, 73, 74, 75, 78, 80, 84, 88, 89, 90, 159, 160, 161, 162, 163, 165, 169
ज़बिग्न्यू ब्रेज़िंस्की 135
जमीयत उलेमा-ए-हिन्द 142
जर्मनी 111, 174
जवाहरलाल नेहरू 165
जाति 18, 22, 23, 26, 27, 29, 30, 31, 37, 38, 43, 44, 51, 55, 59, 71, 91, 157
जातीय राजनीति 19
जादवपुर विश्वविद्यालय 107
जापान 111
जॉन डेवी 22
जॉर्ज बुश 173

ज्ञान प्रकाश 164
ज्योति बसु 143
टाकविल 49, 65
टी.एच. मार्शल
टीपू सुल्तान 41, 42
टोनी ब्लेयर 174
डिक चेनी 173
डेविड हार्डीमैन 26
डेविड हेल्ड 109
तालिबान 135
तुर्की 35, 122
तुलसीदास 23
थॉमस ओस्बोर्न 48
दलित 22, 28, 29, 30, 33, 38
दादाभाई नौरोजी 61
दिल्ली 74, 117, 131, 141, 144, 148, 153, 159, 163
दीपेश चक्रवर्ती 156, 157
दुबई 140
दुर्गा 73, 157
द्वितीय विश्वयुद्ध 111, 113, 119, 133
द्वैपायन भट्टाचार्य 79
धनगर 24, 26, 37
धोराई चरित्रमानस 23
नागर समाज 17, 18
नागरिकता 17, 18, 19, 22, 26, 27, 28, 30, 32, 33, 35, 36, 37, 41, 42, 43, 44, 46, 49, 50, 54, 74, 78, 88, 119, 120, 121, 129, 151, 159, 160
नारायण दत्त 145
निकोलस डर्क्स 50
निर्मल कुमार बोस 157
नीतियाँ 48, 117, 160, 161
नेपाल 120, 137
नेपोलियन बोनापार्ट 41
न्यूयार्क 122

पंजाब 34, 35
पंजाबी 27
परवेज़ मुशर्रफ़ 141
पश्चिम बंगाल 55, 56, 57, 58, 63, 71, 75, 78, 79, 81, 85, 139, 140, 141, 143, 145, 148, 149, 150, 151, 152, 162, 169
पाकिस्तान 33, 34, 35, 50, 62, 67, 71, 73, 134, 135, 137, 139, 140, 141, 172
पीटर मिलर 48
पूँजी 18, 19, 20, 21, 44, 45, 48, 68, 80, 88, 108, 110, 111, 113, 114, 115, 116, 117, 121, 127, 128, 129, 130, 166, 170
पूना 30
पूर्णिया 24, 26
पूर्वी बंगाल 67, 71
प्रथम विश्वयुद्ध 108, 111, 112, 113, 115
प्रेसीडेंसी कॉलेज 107
फ़िलिस्तीन 125, 134, 173
फ्रांस 41, 42, 43, 111, 122, 174
फ्रांसीसी क्रान्ति 41
बंगाल 35, 69, 83, 107, 152, 157
बंगाली 25, 31, 56, 76, 107, 146, 150, 152, 157, 169, 170
बरुण डे 107
बांग्लादेश 71, 115, 120, 137, 142, 145, 152
बाबरी मस्जिद 145
बाल ठाकरे 141
बालक ब्रह्मचारी 55, 56, 57, 59, 75
बालिबार 43
बिहार 24, 31, 83
बीरेन्द्र चक्रवर्ती 55
बुद्धदेव भट्टाचार्य 140, 141, 142, 143
बुल्गारिया 43
बेनेडिक्ट एंडरसन 18
बेलग्रेड 123

बेल्जियम 126
बैंकॉक 165
बैरिंग कम्पनी 114
बौद्ध धर्म 22, 23, 38
बॉम्बे 162, 163
ब्यूनस आयर्स 116
ब्राह्मण 23
ब्राह्मणवादी 24, 73
ब्रिटेन 48, 49, 110, 111, 122, 138
ब्रुसेल्स 167
भवानीचरण वन्द्योपाध्याय 164
भारत 22, 23, 24, 25, 26, 27, 28, 29, 30, 32, 33, 34, 35, 36, 38, 41, 42, 45, 50, 51, 52, 53, 54, 59, 61, 62, 63, 67, 68, 69, 77, 81, 83, 89, 90, 119, 120, 138, 139, 140, 142, 143, 144, 145, 147, 150, 157, 162, 163, 164, 167, 168, 169
भारतीय कम्युनिस्ट पार्टी (मार्क्सवादी) 55, 141
भारतीय जनता पार्टी 139
भारतीय राष्ट्रीय कांग्रेस 61
मद्रास 163
मध्य पूर्व 134, 173
महार 22
महाराष्ट्र 22
मार्क्सवादी 18, 45, 47, 52, 109, 123
मिशेल फूको 48, 60
मिस्त्र 41
मुम्बई 90, 158, 159, 162, 163
मुर्शिदाबाद 141, 148
मुस्लिम 19, 29, 30, 33, 34, 35, 139, 140, 141, 142, 143, 144, 145, 146, 148, 149, 150, 151, 152
मुस्लिम लीग 33
मैकियावेली 18
मैक्सिको 165

मैनुल हसन 148, 151
मोहम्मद अली ज़िन्ना
मोहम्मद सलीम 141, 144, 147
यूरोप 21, 41, 47, 48, 108, 110, 111, 112, 117, 118, 119, 120, 121, 122, 124, 129, 130, 166
रणजीत गुहा 130
राजनीतिक समाज 51, 53, 54, 60, 63, 64, 67, 69, 74, 75, 78, 80, 81, 84, 86, 87, 88, 89, 90, 91, 151, 152, 153, 158, 161, 162, 163, 166, 168, 169
राजनीतिक सिद्धान्त 44, 48, 51, 91
राजपूत 31, 32
राम 23, 24, 26, 32, 38, 55
रामकृष्ण परमहंस 164
रामचरितमानस 23
राममोहन राय 42
रामायण 23, 24, 32, 37, 38
राष्ट्रवाद 18, 19, 20, 23, 31, 36, 37, 38, 39, 43, 164
रॉबर्ट पुटनम 80
लन्दन 116
लश्कर-ए-तैयबा 143
लादेन 133, 135, 146, 147
लालकृष्ण आडवाणी 141
लीबिया 134
लेनिन 113, 129
लोकतन्त्र 17, 18, 39, 41, 46, 47, 52, 54, 59, 60, 61, 62, 63, 64, 83, 88, 90, 91, 121, 125, 126, 130, 131, 152, 158, 168, 174
वाल्टर बेंजामिन 18
वाशिंगटन 130
वियतनाम 108
विश्व बैंक 82, 158
वैश्वीकरण 109, 110, 111, 112, 113, 115, 116, 117, 120, 126, 128, 129, 130

शासितों की राजनीति 71, 83
शाहिद अमीन 25
शिवसेना 90
श्रीनिवास 26
श्रीलंका 120, 137
संजय गांधी 159
संयुक्त राष्ट्र 124, 172, 173, 174, 175
संस्कृतीकरण 26
सतीनाथ भादुड़ी 23, 24, 25, 26
सन्ताल 56, 59
सबाल्टर्न स्टडीज़ 52
समाजवाद 108, 117
समानता 23, 28, 30, 33, 36, 37, 38, 42, 43, 44, 45, 46, 47, 59, 88, 113
सम्प्रभुता 18, 41, 43, 48, 49, 50, 51, 60, 88, 91, 117, 118, 119, 120, 121, 122, 123, 124, 127, 128, 129, 160, 173
सरकारियत 18, 19, 23, 48, 49, 50, 54, 71, 73, 74, 82, 86, 88, 90
सर्बिया 123, 125, 128
साम्राज्यवाद 108, 119, 129, 132, 173
सिंगापुर 116
सिख 35
सीरिया 134, 173
सीलोन 50
सुभाष चक्रवर्ती 57, 58, 75
सुशोभन सरकार 107, 130
सेंटर फ़ॉर स्टडीज़ इन सोशल साइंस 67, 76
सेकुलरवाद 137
सोवियत संघ 117, 121, 134, 135
स्किनर 46
स्वतन्त्रता 18, 28, 31, 32, 37, 38, 42, 43, 44, 45, 46, 47, 59, 80, 82, 88, 119, 120, 138
हल्दिया 84

हिन्दी 23, 58
हिन्दू 28, 29, 30, 34, 35, 38, 71, 139, 141, 143, 144, 145, 150, 152, 162
हिन्दू महासभा 35
हेगेल 51
हैदराबाद 167
होमी भाभा 21, 30